A ORIGEM DAS MARCAS

A ORIGEM DAS MARCAS

AL & LAURA
RIES

Descubra as Leis Naturais da Inovação e da Sobrevivência de Produtos e Empresas

M. BOOKS

M. Books do Brasil Editora Ltda.

Rua Jorge Americano, 61 - Alto da Lapa
05083-130 - São Paulo - SP - Telefones: (11) 3645-0409/(11) 3645-0410
Fax: (11) 3832-0335 - e-mail: vendas@mbooks.com.br

Dados de Catalogação na Publicação

Ries, Al e Laura
A Origem das Marcas/Al Ries e Laura Ries
2006 – São Paulo – M.Books do Brasil Editora Ltda.
Inclui Índice Remissivo
1. Marketing 2. Marcas 3. Negócios
ISBN: 85-89384-79-9

Do original: The Origin of Brands

Original em inglês publicado por:
HarperCollins Publishers Inc.

EDITOR
MILTON MIRA DE ASSUMPÇÃO FILHO

Produção Editorial
Salete Del Guerra

Tradução
Mônica Rosemberg

Revisão de Texto
Silvio Ferreira Leite
Mauro de Barros

Capa
Design: ERJ (sob projeto original de Mucca Design)
Foto: Keiko Guest

Composição Editorial
ERJ Composição Editorial e Artes Gráficas Ltda.
(sob projeto original de Richard Oriolo)

2006

Dedicado à
"Divergência",
a Menos Compreendida
e Mais Poderosa
do Universo.

Sumário

ON

THE ORIGIN OF SPECIES

BY MEANS OF NATURAL SELECTION,

OR THE

PRESERVATION OF FAVOURED RACES IN THE STRUGGLE FOR LIFE.

BY CHARLES DARWIN, M.A.,

FELLOW OF THE ROYAL, GEOLOGICAL, LINNÆAN, ETC., SOCIETIES;
AUTHOR OF 'JOURNAL OF RESEARCHES DURING H. M. S. BEAGLE'S VOYAGE ROUND THE WORLD.'

LONDON:
JOHN MURRAY, ALBEMARLE STREET.
1859.

The right of Translation is reserved.

A primeira edição de A Origem das Espécies, de Charles Darwin, foi publicada em 24 de novembro de 1859. As vendas se esgotaram no mesmo dia.

INTRODUÇÃO

PASSARAM-SE 23 ANOS desde a publicação do primeiro livro de Al, *Posicionamento: A Batalha por Sua Mente.*

Coincidentemente, passaram-se 23 anos entre o dia em que Charles Darwin completou sua viagem no HMS *Beagle* e o dia em que sua obra magna foi publicada.

O tempo destila as idéias e os conceitos, tornando-os mais refinados e purificados. A despeito das centenas de milhares de palavras que já escrevemos sobre *branding*, acreditamos que a essência do tema nos escapou. Achamos que existe um princípio importante que nunca foi isolado, definido ou explicado.

Em nossa opinião, esse princípio é tão fundamental que a única analogia a lhe fazer justiça está no livro definitivo de Darwin sobre biologia, *A Origem das Espécies.*

Esse princípio é a *divergência*, a força menos compreendida e mais poderosa do mundo.

O que aconteceu na natureza também está acontecendo no mundo dos produtos e serviços. Em última análise, todas as categorias divergirão e se tornarão duas ou mais categorias, criando oportunidades infindáveis para se construir marcas.

A interação entre evolução e divergência proporciona um modelo para que se possa entender tanto o Universo quanto o universo das marcas.

A evolução ganhou toda a publicidade, mas a evolução sozinha não explica os milhões de espécies diferentes e incomuns que povoam a Terra. Se não existisse a divergência, a evolução teria criado um mundo habitado por milhões de procariotes unicelulares do tamanho dos dinossauros.

O mesmo ocorre no mundo das marcas. As marcas evoluem para se tornarem mais fortes e dominantes. Mas é a divergência que gera as condições que permitem a introdução de novas categorias e novas marcas.

Comparar *branding* com biologia parece questionável, mas não conseguimos pensar em nenhuma outra analogia que explicasse com tanta clareza e simplicidade o processo de *branding*.

Thomas Huxley disse, ao ler *A Origem das Espécies*: "Que grande estupidez não ter pensado nisso".

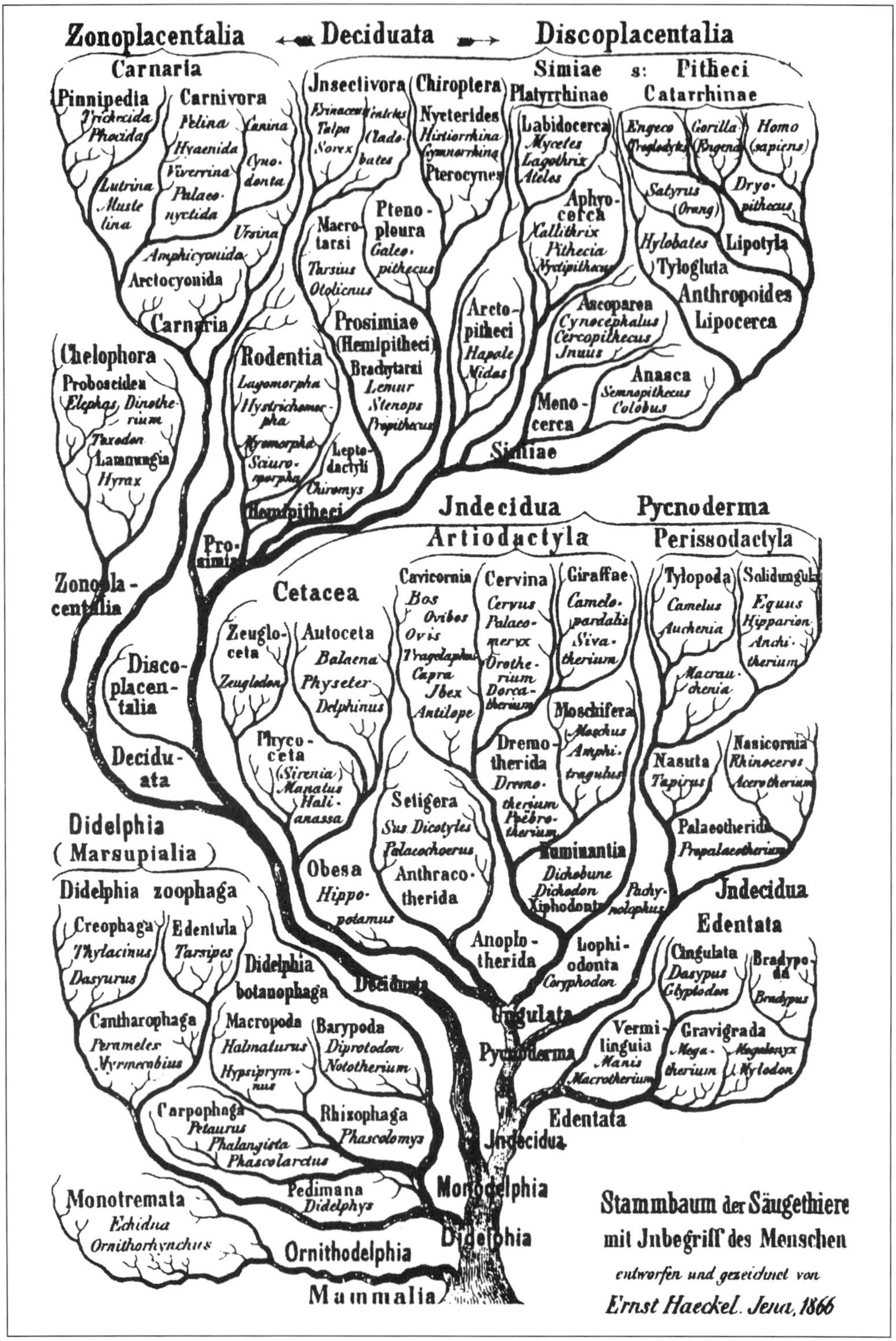

Uma das árvores evolucionárias do biólogo alemão Ernst Haeckel, do século XIX, freqüentemente reproduzida em modernos livros didáticos.

Capítulo 1

A Grande Árvore da Vida

A "GRANDE ÁRVORE DA VIDA" é como Charles Darwin descreveu sua metáfora para a origem das espécies.

"As afinidades entre todos os seres da mesma classe às vezes são representadas como uma grande árvore... os ramos verdes brotando representam espécies existentes; e aqueles produzidos em cada ano precedente representam a longa sucessão de espécies extintas. A cada período de crescimento, as ramificações tendem a estender os ramos em todas as direções, superando e destruindo as ramificações e os ramos ao redor, da mesma maneira que as espécies e os grupos de espécies tendem a suplantar outras espécies na grande luta pela vida."

Como surgem os ramos novos? Da divergência de ramos existentes. Como surgem espécies novas? Da divergência de espécies existentes.

Quando tinha apenas 28 anos, Charles Darwin descreveu sua visão da natureza: "Se dermos asas à conjetura, então os animais, nossos irmãos na dor, na doença, no sofrimento e na fome – nossos escravos nas tarefas mais laboriosas, nossos companheiros no divertimento –, possivelmente compartilham de nossa origem, a partir de um antepassado comum – talvez estejamos indistintamente misturados".

Indistintamente misturados, olhando-se para trás, mas diferenciados e divergentes, olhando-se para a frente.

A Grande Árvore de Produtos e Serviços

Na "grande árvore de produtos e serviços", como surgem as novas categorias? Pela divergência de categorias existentes.

- Primeiro, havia um ramo chamado computador. Hoje, esse ramo divergiu e agora temos mainframes, computadores de médio porte, computadores de rede, computadores pessoais, computadores portáteis e computadores de mão. O computador não convergiu para outra tecnologia. Divergiu.
- Primeiro, havia um ramo chamado televisão. Hoje, esse ramo divergiu e agora temos televisão analógica e digital, televisão comum e de alta definição, nos formatos padrão e *wide-screen*. A televisão não convergiu para outro meio. Divergiu.
- Primeiro, havia um ramo chamado rádio. Hoje, esse ramo divergiu e agora temos rádios portáteis, rádios de carro e rádios-relógios. O rádio não convergiu para outro meio. Divergiu.
- Primeiro, havia um ramo chamado telefone. Hoje, esse ramo divergiu e agora temos o telefone comum, o telefone sem fio, com fone de ouvido, o celular e o telefone por satélite. O telefone não convergiu para outra tecnologia. Divergiu.

Você já viu alguma árvore na qual dois ramos convergiram para formar um único ramo? Talvez, mas isso é praticamente improvável na natureza. Também é praticamente improvável para produtos e serviços.

Algumas Categorias Sobrevivem. Outras Morrem.

Darwin explica: "Das numerosas ramificações que cresceram quando a árvore era um mero arbusto, apenas duas ou três, agora galhos grossos, sobreviveram e sustentam as ramificações posteriores; assim como as espécies que existiram em períodos geológicos remotos, muito poucas deixaram descendentes modificados. Desde o crescimento inicial da árvore, muitos ramos morreram e caíram, e esses ramos caídos, de várias espessuras, podem representar todas aquelas ordens, famílias e gêneros que atualmente não possuem nenhum representante vivo, que conhecemos apenas em estado fóssil".

Um ramo chamado máquina de escrever, por exemplo, divergiu e formou vários ramos chamados máquina de escrever manual, máquina portátil e máquina elétrica. Hoje, o galho máquina de escrever pereceu e está prestes a cair, eliminado por um ramo próximo chamado computador pessoal.

A máquina de escrever é um dinossauro. Hoje, você encontra a maioria das máquinas de escrever, réguas de cálculo e calculadoras em estado fossilizado, isto é, no porão ou no sótão de alguém, e talvez listadas no eBay. (Recentemente, o eBay tinha 1.314 máquinas de escrever à venda.)

A caravela, o motor a vapor, o cavalo e a carroça seguiram caminhos semelhantes.

A Grande Árvore das Marcas

Se você quer construir uma marca de sucesso, precisa entender o que é divergência. Precisa buscar oportunidades de criar novas categorias por meio da divergência de categorias existentes. E então você deve se tornar a primeira marca na nova categoria emergente.

Na "grande árvore das marcas", uma marca bem-sucedida é aquela que domina uma marca emergente e depois se torna cada vez mais bem-sucedida, à medida que a marca em si se expande para impedir que a luz do Sol chegue às marcas próximas. O marketing tradicional não está focado na construção de novas categorias. O marketing tradicional está focado em criar novos clientes. O marketing tradicional envolve descobrir o que os consumidores querem, para depois lhes oferecer de forma melhor e mais barata que a concorrência.

O sumo sacerdote de uma companhia tradicional de marketing é o diretor de pesquisa de marketing. Para descobrir o que os consumidores querem, as companhias gastam somas generosas em pesquisa. Em um ano recente, as companhias americanas gastaram US$ 6,2 bilhões em pesquisas de marketing.

(Se você leu algum de nossos livros anteriores, sabe que somos adeptos das relações públicas, entretanto, RP é um negócio de apenas US$ 4,2 bilhões, um terço menos do que pesquisa de marketing.)

Somos Contra a Pesquisa de Marketing?

Sim e não. Somos contra a pesquisa de mercado, quando ela tenta prever o futuro. Isso acontece quando você pergunta aos consumidores o que eles *farão* em vez de o que eles *fizeram*.

Não somos contra a pesquisa de mercado que explora o passado. Por que os consumidores escolheram uma determinada marca, por exemplo.

Os consumidores não sabem o que farão, até que de fato lhes seja dada a oportunidade de tomar uma decisão. Outra forma de ver a situação é que as categorias não divergem, até que haja uma marca disponível para os consumidores comprarem.

Hoje, quatro de cada cinco marcas de cerveja mais vendidas são cervejas *light*. Antes do lançamento nacional da cerveja Lite nos Estados Unidos, em 1975, qual seria o benefício para a Miller Brewing em perguntar aos consumidores se eles comprariam uma cerveja diluída? Aliás, o lançamento da Gablinger's, em 1967, teria respondido a essa pergunta com um ressonante não.

O novo produto cerveja *light*, que recebeu o nome do químico que o desenvolveu (Hersch Gablinger), foi lançado com um programa de propaganda em massa. Tudo em vão. A Gablinger's teve morte rápida.

O Papel do Nome

Por que a Lite teve sucesso e a Gablinger's não? Uma razão é o nome. "Me dá uma Gablinger's?" Parece que você está pedindo uma salsicha polonesa. Se você vai inventar um novo tipo de cerveja, cuide para que tenha um bom nome alemão como Adolph Coors ou August Busch.

Nomes não importam, acreditam muitos gerentes; é o produto que importa. Com o produto certo e o preço certo, segue o pensamento, podemos vencer a batalha do mercado.

Uma companhia pode gastar centenas de milhões de dólares para desenvolver um novo produto e depois dar a esse produto um nome de marca que praticamente garante seu fracasso. A inovação sozinha nunca é suficiente.

Juntamente com a inovação, uma companhia precisa de marketing para assegurar o sucesso e a sobrevivência da marca. A essência de um bom programa de marketing é ter um excelente nome.

Se a pesquisa de marketing é uma ferramenta inútil para prever o comportamento do consumidor, como uma companhia pode descobrir o que acontecerá com uma nova marca no mercado?

O Papel do Teste de Marketing

E quanto a outro componente do marketing tradicional, o teste de marketing? Um novo produto deve ser testado em um mercado regional, ou local, antes do lançamento nacional?

O teste de marketing gera alguns benefícios, mas acreditamos que as desvantagens excedem em muito as vantagens. Algumas das desvantagens incluem:

TEMPO PERDIDO. Você não pode se dar ao luxo de perder o tempo que o teste de marketing requer, especialmente porque a essência do *branding* é penetrar primeiro na mente.

ALERTAR A CONCORRÊNCIA. O teste de marketing alertará os concorrentes e talvez estimulará um ou mais deles a lançar produtos semelhantes.

RESULTADOS IMPREVISÍVEIS. O teste de marketing para o creme dental Enamelon fez uma projeção de US$ 50 milhões em vendas anuais. Vendas reais: US$ 10 milhões.

Um dos problemas com o teste de marketing é o excesso de estímulo de demanda. Para obter resultados tangíveis suficientes para medição, geralmente é preciso implementar um programa de marketing local economicamente inviável em âmbito nacional.

A maioria dos testes de marketing não é feita para se tomar uma decisão sim/não. A maioria é feita visando a eficácia da propaganda da marca. E como você não precisa fazer muita propaganda para lançar uma marca, se é que precisa fazer alguma, o valor do teste de marketing é mínimo. (Veja o capítulo 16, "Lançando a Marca".)

Lançar um novo produto da forma tradicional inclui pesquisa de mercado, teste de marketing e um imenso orçamento de publicidade. Temos objeções a essas três atividades.

Se você quer melhorar suas chances, precisa esquecer tudo o que aprendeu sobre o marketing tradicional. Precisa de uma nova teoria sobre como construir uma marca.

Precisa aprender o princípio darwiniano da divergência.

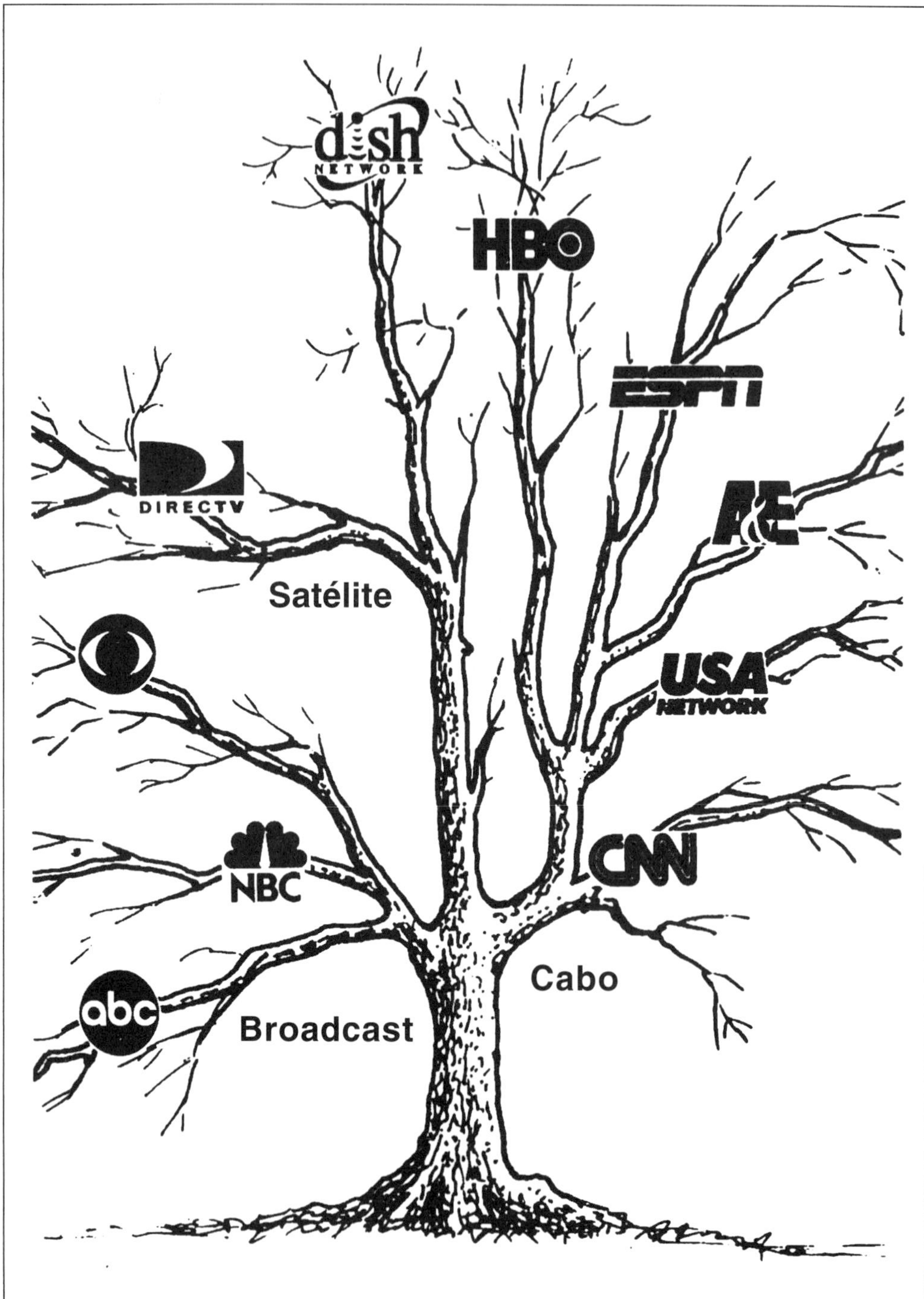

A TELEVISÃO SE RAMIFICOU EM TV A CABO E POR SATÉLITE, CRIANDO MUITAS OPORTUNIDADES NOVAS DE *BRANDING*.

Capítulo 2

Prevendo o Futuro

CHARLES DARWIN ERA UM VISIONÁRIO. Ele podia ver os efeitos ocorridos ao longo de milhões de anos, mesmo que tais efeitos não pudessem ser diretamente observados no mundo real.

Em *A Origem das Espécies*, Darwin descreve como a seleção natural aumenta gradualmente o número de espécies que povoam a Terra.

"Este aumento gradual do número de espécies de um grupo está estritamente em conformidade com a teoria, visto que as espécies do mesmo gênero, e os gêneros da mesma família, só podem aumentar lenta e progressivamente; o processo de modificação e a produção de um número de formas aliadas sendo necessariamente um processo lento e gradual, uma espécie dando origem primeiro a duas ou três variedades, que lentamente se convertem em espécies, que por sua vez produzem em passos igualmente lentos outras variedades e espécies, e assim por diante, como a ramificação de uma grande árvore a partir de um único caule, até que o grupo se torne extenso."

É mais fácil para nós. Podemos ver a evolução das marcas porque o processo ocorre bem na nossa frente. Onde quer que você olhe, vê sempre a mesma coisa: as categorias estão evoluindo e divergindo.

Na natureza, mudanças ambientais criam as condições que levam à divergência das espécies. Nos negócios, mudanças na tecnologia e no ambiente cultural criam as condições que levam as categorias a divergir.

A Árvore da Televisão

Primeiro havia a televisão aberta, que permitiu a criação, nos Estados Unidos, de três marcas de redes: CBS, NBC e ABC. Depois surgiu a televisão a cabo, seguida de uma proliferação de marcas afins: HBO, ESPN, CNN e muitas outras. Então a transmissão via satélite entrou em cena, criando oportunidades para a DirecTV e a Dish Network.

Coloque-se no lugar de um executivo de uma companhia disposta a entrar nesse setor, na época em que a televisão a cabo estava surgindo. Por um lado, a televisão aberta, com três redes, gerava centenas de milhões de dólares em receita. Por outro, a televisão a cabo tinha receita zero e um futuro incerto.

Onde Está a Oportunidade?

É melhor tentar conseguir uma fatia de um mercado estabelecido como o das redes abertas, ou tentar estabelecer uma nova marca em uma categoria nova e incerta como a da televisão a cabo?

Em uma visão retrospectiva, tudo é muito claro. Hoje, a resposta para a pergunta é televisão a cabo, mas isso não era tão óbvio em 1968, quando a FCC autorizou a primeira transmissão a cabo por assinatura.

- Não foi a ABC, nem a CBS ou a NBC que criou a CNN, a primeira rede de notícias da televisão a cabo. Foi o magnata da comunicação Ted Turner, que também implementou a primeira estação local de televisão em um satélite, criando a "superestação" WTBS.
- Não foi a ABC, nem a CBS ou a NBC que criou a ESPN, a primeira rede de esportes da televisão a cabo. Foram Scott Rasmussen e seu pai, Bill Rasmussen, que lançaram a ESPN com um financiamento de US$ 9 mil em um cartão de crédito.
- Não foi a ABC, nem a CBS ou a NBC que criou a HBO, a primeira rede *premium* da televisão a cabo. Foi Charles Dolan, o homem que dirigia a Sterling Manhattan, um sistema a cabo controlado pela Time Inc. (Dolan foi além e fundou a Cablevision Systems, a quinta maior operadora de cabo dos Estados Unidos.)

Agora, como parte da Time Warner, a HBO se tornou uma fábrica de dinheiro. Recentemente, por exemplo, constatou-se que a HBO ganhou mais dinheiro que a ABC, a CBS, a NBC e a Fox juntas.

As grandes empresas têm a tendência de enxergar as coisas da maneira que são e os empresários da maneira como deveriam ser.

Melhorando Sua Previsão

Esqueça a visão retrospectiva. Este livro foi escrito para melhorar sua visão perspectiva. Para mostrar que você não precisa ser um visionário para prever o futuro.

Todas as categorias divergirão. As categorias sempre divergiram e continuarão divergindo. É essa divergência que cria oportunidades para novas marcas. Que rumo essa divergência tomará é outra história. A única coisa com a qual você pode contar é que haverá divergência, de uma forma ou de outra.

É claro, existem marcas e marcas. A maioria das marcas é insignificante, algumas marcas têm valor e poucas estão entre os ativos mais valiosos que uma companhia pode ter. Nosso objetivo é ajudá-lo a construir marcas valiosas. Uma marca como Starbucks ou Red Bull ou Lexus.

Uma marca é valiosa por uma e somente uma razão. A Coca-Cola, a marca mais valiosa do mundo, é valiosa porque domina a categoria das colas mundialmente.

A Microsoft, a segunda marca mais valiosa do mundo, é valiosa porque domina a categoria de softwares para PCs mundialmente.

É difícil encontrar uma marca mais dominante em sua categoria do que a Microsoft. Nossa previsão é de que, em um futuro próximo, a Microsoft será a marca mais valiosa do mundo.

A Maioria das Marcas Novas Não Tem a Menor Chance

A cada ano, fabricantes de bens de consumo nos Estados Unidos introduzem mais de 30 mil produtos e serviços novos. Isso representa 30 mil oportunidades de lançar outra Southwest Airlines, outra Swiffer, outro Google, outro Gatorade.

Este é apenas o lado do consumidor. No lado industrial, as companhias americanas introduzem no mínimo esse montante de produtos e serviços novos com suas oportunidades correspondentes de lançar outra Adobe, outra FedEx, outra Gulfstream, outra Oracle.

A vasta maioria desses novos produtos e serviços (e as marcas associadas a eles) não tem a menor chance de se tornar grandes marcas porque foram lançados para atender a um mercado, em vez de criar um mercado.

Como você aumenta sua chance de sucesso no jogo dos produtos novos? É simples. Você apenas prevê o futuro.

Lançar uma nova marca é exatamente isso. Você aposta em sua habilidade de prever o que acontecerá com seu produto ou serviço novo no futuro.

Há Algo de Errado com Nossas Previsões

Um estudo recente da Nielsen BASES e da Ernest & Young colocou a taxa de fracasso de bens de consumo nos Estados Unidos em 95%, e de bens de consumo europeus em 90%.

Tampouco podemos nos gabar dos sucessos. Uma análise feita há alguns anos constatou que menos de duzentos das centenas de milhares de produtos novos introduzidos no período de dez anos tiveram vendas anuais superiores a US$ 15 milhões, e apenas um punhado deles vendeu mais que US$ 100 milhões de dólares.

Infelizmente, não há como prever o futuro. A única maneira que você tem de aumentar suas chances é estudando o passado. E o que você encontra quando compara as marcas de ontem com as de hoje?

Uma Explosão de Opções

Cinqüenta anos atrás, uma mercearia tinha em estoque cerca de quatro mil itens. Hoje, um supermercado estoca mais de 40 mil itens. O que aconteceu com as mercearias aconteceu também com as drogarias, lojas de roupas, lojas de eletrodomésticos, lojas de ferragens, lojas de bebidas, lojas de departamentos. Mais itens, mais categorias, mais marcas, mais opções.

Os consumidores podem reclamar da confusão, mas fundamentalmente eles gostam de opções. Tente abrir um supermercado com 20 mil itens em frente a um supermercado com 40 mil itens e você verá o que eu quero dizer. Nos rios, os peixes grandes comem os pequenos. No varejo, as lojas grandes comem as pequenas.

Para onde quer que você olhe, vê o mesmo fenômeno em ação. Uma categoria pode começar com um único produto, freqüentemente uma única marca. E, com o tempo, explode em muitas categorias diferentes e muitas marcas diferentes.

Considere a televisão, por exemplo. Não só o lado da transmissão explodiu em diferentes categorias, como também o da recepção. Agora, você pode escolher entre televisores de CRT (tubo de raios catódicos), de LCD (tela de cristal líquido), de projeção em LCD, de projeção em LCOS (tela de cristal líquido em silicone), DLP (televisão digital) e televisão de plasma. No futuro próximo, você provavelmente terá OLED (diodo de emissão de luz orgânica).

Com mais por vir.

Uma Categoria Nova Pede um Nome Novo

Cada categoria nova cria uma oportunidade para uma nova marca. Infelizmente, a maioria das companhias "estica" uma marca existente para incluir a nova categoria.

Isso representa o maior erro do marketing.

Considere os computadores. No início, todos eram mainframes, uma categoria dominada primeiro pela Remington Rand e depois pela IBM. Em seguida, a categoria divergiu e vieram os minicomputadores (Digital Equipment), os computadores pessoais (Apple), as estações de trabalho (Sun Microsystems), estações 3D (Silicon Graphics), *laptops* (Toshiba), computadores pessoais empresariais (Compaq) e computadores pessoais vendidos diretamente (Dell).

O que aconteceu com os mainframes está acontecendo hoje em muitas outras categorias. Grandes companhias introduzem suas marcas tentando tomar uma fatia de mercado do líder, enquanto empreendedores lançam novas categorias e se tornam multimilionários.

No caso dos mainframes, grandes companhias como General Electric, RCA, Motorola e Xerox tentaram invadir o território da IBM. Todas fracassaram.

Enquanto isso, empreendedores como Kenneth Olsen e Harlan Anderson criaram uma empresa de minicomputadores chamada Digital Equipment e fizeram fortuna. O mesmo aconteceu com os empreendedores Steve Jobs e Steve Wozniak no caso da Apple Computers. E os empreendedores Andreas Bechtolsheim, Scott McNealy, Vinod Khosla e William Joy com a Sun Microsystems. E o empreendedor James Clark com a Silicon Graphics. E os empreendedores Rod Canion, James Harris e William Murto com a Compaq Computer. E o empreendedor Michael Dell com a Dell Computer.

Nos computadores, a única exceção à regra geral de que os empreendedores que lançam novas marcas vencem grandes companhias que estendem sua linha é a categoria dos *laptops*, atualmente dominada pela Toshiba.

Curiosamente, a Compaq Computer começou como uma companhia de computadores portáteis (por isso o nome Compaq), antes de se ramificar para a categoria dos *desktops*, perdendo assim tanto seu foco quanto a oportunidade de dominar uma categoria emergente.

E se a Compaq tivesse permanecido como um fabricante de computador portátil (ou *laptop*)? Ela seria hoje uma empresa maior e mais bem-sucedida que a Dell?

Achamos que sim. No ano passado, as vendas de *laptops* ultrapassaram as vendas de *desktops*.

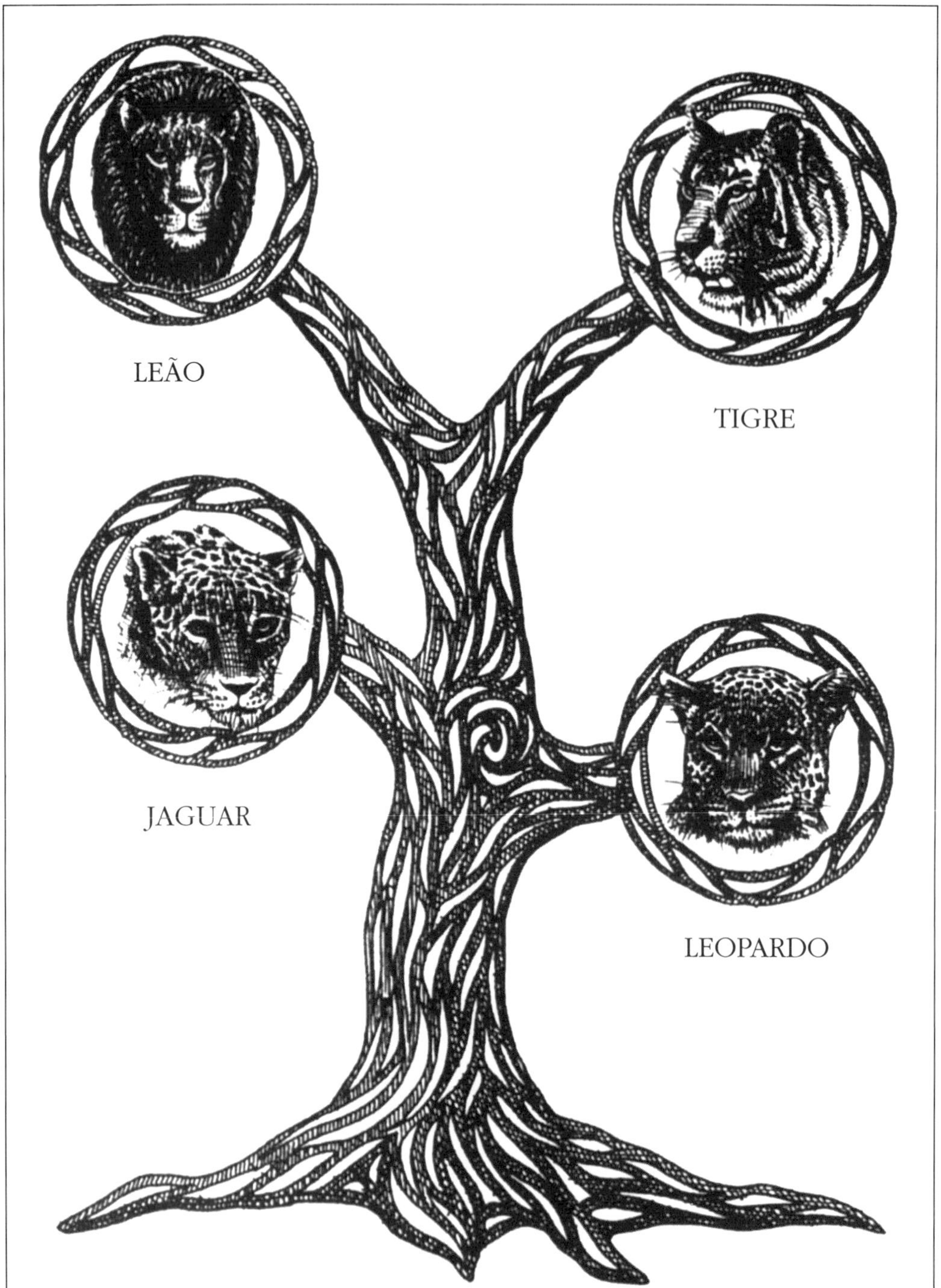

A pantera, um antigo animal, divergiu ao longo do tempo para criar o leopardo, o jaguar, o tigre e o leão.

Capítulo 3

Dividir e Conquistar

QUAL É O TAMANHO DO MERCADO?

Esta é a primeira pergunta que normalmente se faz, antes de começar um programa de *branding*. É também a pergunta errada a fazer.

As oportunidades de *branding* não estão vinculadas à busca de mercados existentes. As oportunidades de *branding* estão na criação de novos mercados.

Uma nova marca é como uma nova espécie. Uma espécie nova não evolui a partir de uma espécie existente. Se o "leão" for uma marca, você não pode criar uma nova marca aprimorando o leão. Não importa o quanto você aprimore a raça, um leão continua sendo um leão.

Novas espécies são criadas pela divergência de uma espécie existente. Em algum ponto no passado distante, o ancestral do leão (pantera) divergiu e uma nova espécie chamada leopardo foi criada. Da mesma forma, a pantera divergiu outras vezes criando o jaguar, o tigre e o leão. É assim que a natureza funciona.

É Assim Que o Branding *Funciona*

Se você quer criar uma nova marca poderosa, deve procurar formas em que seu produto ou serviço possa divergir de uma categoria existente. Em outras palavras, a melhor maneira de construir uma marca não é buscando uma categoria existente, mas criando uma nova categoria em que você é o primeiro.

É dividindo e conquistando que você constrói uma nova marca poderosa. Qual é o tamanho do mercado? A melhor resposta para essa pergunta, do ponto de vista do *branding*, é zero.

Para construir uma nova marca, você deve deixar para trás a idéia lógica de *atender* a um mercado. Em vez disso, deve focar em *criar* um mercado.

Considere as dez marcas mais valiosas do mundo e seus valores estimados, segundo a Interbrand, a companhia líder em avaliação de marcas.

Nº 1: Coca-Cola (US$ 70 bilhões)

É um número astronômico, pois corresponde a quase três vezes os ativos físicos da Coca-Cola Company, que os livros contabilizam US$ 24 bilhões.

Como a marca Coca-Cola atingiu um valor tão elevado? Não foi porque o lançamento da marca teve como objetivo atender a um mercado existente. O mercado de refrigerantes, naquela época, consistia de *root beer**, sarsaparrilha, *ginger ale*, refrigerante de laranja, limonada e outras misturas. A Coca-Cola tornou-se uma grande marca porque criou um novo mercado chamado cola.

A Coca-Cola criou um tigre em um mercado de leões, leopardos e jaguares. Marcas novas poderosas sempre são criadas assim... pela divergência de uma categoria existente. Nunca pelo aprimoramento de uma categoria existente ou combinação de duas categorias.

Nº 2: Microsoft (US$ 65 bilhões)

Como a poderosa Microsoft conseguiu essa proeminência de *branding* em espaço de tempo relativamente curto? (A companhia tem apenas 29 anos, enquanto a Coca-Cola tem 118.)

A Microsoft não se tornou poderosa construindo, para o computador pessoal, um sistema operacional melhor. Muitos especialistas gostam do Macintosh por seu design e interface superiores. A Microsoft ganhou a guerra do sistema operacional por ser a primeira. Quando sistemas operacionais de 16 bits para computador pessoal divergiram de sistemas de 8 bits como o OS da Apple e o CP/M da Digital Research, a Microsoft foi a primeira a se firmar como a marca líder de sistemas de 16 bits, graças à IBM.

Em agosto de 1981, a IBM introduziu o PC, juntamente com o sistema operacional da Microsoft. A marca Macintosh, da Apple (e seu sistema operacional), só foi lançada em janeiro de 1984.

Você não pode dar a um concorrente poderoso como a IBM uma vantagem de dois anos e meio e esperar ganhar a corrida. Quando o Mac surgiu, o IBM PC (e seu clones) já estavam perto de se tornar o padrão da indústria.

Nº 3: IBM (US$ 52 bilhões)

O que construiu a marca IBM? Em uma palavra, mainframe. A IBM não foi a primeira companhia a introduzir o computador comercial. (A Remington Rand saiu na frente com sua marca Univac, lançada em 1951.)

---

* *Root beer* – bebida não alcoólica à base de raízes e ervas. (N. da T.)

Mas a Remington Rand era um conglomerado, e a IBM concentrou todos os seus esforços em máquinas de informações para negócios.

Mesmo assim, a Remington Rand teria prevalecido com sua marca Univac, não fosse a rápida evolução do produto mainframe. O primeiro computador IBM, o 701, foi lançado em 1953. Um ano mais tarde, a IBM lançou o 702, que processava informações duas vezes mais rápido que o Univac.

É interessante notar que o que funcionou para a IBM nos mainframes não funcionou para os computadores pessoais deles, a IBM foi a primeira companhia a introduzir um computador pessoal sério de 16 bits (o IBM PC), mas perdeu a guerra dos computadores pessoais para imitações como Compaq, Hewlett-Packard e Dell.

Por quê? Colocar o nome IBM na marca foi o erro. IBM significava mainframe, não computador pessoal. Discutimos esse paradoxo no Capítulo 16, "Lançando a Marca".

Nº 4: General Electric (US$ 42 bilhões)

A GE pode retroceder sua história a Thomas Edison, que inventou a lâmpada elétrica em 1879. Sua companhia (Edison Light Company) tornou-se a General Electric Company.

Tão revolucionária na época quanto a Internet hoje, a lâmpada mudou fundamentalmente a sociedade, transformando dias de 12 horas em dias de 24 horas.

Nº 5: Intel (US$ 31 bilhões)

Assim como todas as marcas mais valiosas do mundo, foi um único desenvolvimento inspirado que construiu a marca Intel. Em uma palavra, microchip. A Intel foi a primeira companhia a lançar um microprocessador, o Intel 4004.

Além disso, a Intel sabiamente encerrou seu negócio de chips de memória para focar em sua nova linha de microprocessadores. Um exemplo do poder da poda. (Veja Capítulo 13.)

Nº 6: Nokia (US$ 29 bilhões)

O que construiu a marca Nokia? Em uma palavra, celular.

Honestamente, a sexta marca mais valiosa do mundo deveria ser a Motorola, a primeira companhia a lançar o telefone celular. Sim, a Motorola perdeu para a Nokia pela mesma razão que a IBM perdeu para a Compaq, a Hewlett-Packard e a Dell nos computadores pessoais. A Nokia significava "telefone celular" e a Motorola significava uma ampla gama de produtos, de equipamentos de comunicação a sistemas globais de satélite.

A Nokia fez o oposto. A companhia largou tudo (papel, produtos de borracha, incluindo pneus e botas, eletrônicos, maquinário e computadores) para focar em telefones celulares. Mais uma vez, o poder da poda.

Nº 7: Disney (US$ 28 bilhões)

O que construiu a marca Disney? Em duas palavras, *Mickey Mouse*.

A Disney foi a primeira marca identificada com filme de desenho animado ou fantasia. Branca de Neve e os Sete Anões, Pato Donald, Pluto e outros personagens de animação ajudaram a criar a marca Disney.

Nº 8: McDonald's (US$ 25 bilhões)

O que construiu a marca Big Mac? Bilhões e bilhões de hambúrgueres.

O primeiro restaurante McDonald's tinha exatamente onze itens no cardápio, mesmo contando todos os tamanhos e sabores como itens diferentes. Se você não fosse pedir um hambúrguer (ou seu primo mais sofisticado, um cheeseburger), não havia motivo para ir ao McDonald's. Tudo o mais, no cardápio, complementava o sanduíche.

Hoje, é claro, um restaurante típico do McDonald's tem cerca de cinqüenta itens no cardápio (mais de cem, se você contar todos os tamanhos e sabores) e a marca está com problemas. Podar?

Nº 9: Marlboro (US$ 22 bilhões)

Não nos sentimos felizes em celebrar as glórias do marketing do cigarro, mas não há dúvida de que o Marlboro se tornou uma das marcas mais poderosas do mundo. Como o Marlboro conseguiu isso? Foi um longo caminho, desde ser a primeira marca de cigarro.

A sabedoria convencional sugere a propaganda como o elemento dominante no sucesso do Marlboro. Mas a propaganda é apenas uma ferramenta. Você pode construir uma casa com um martelo, mas precisa de um arquiteto para erguer uma construção da qual possa se orgulhar.

O Marlboro representa o darwinismo puro em ação. Até o Marlboro, todos os cigarros eram marcas unissex, no sentido de que seu apelo era dirigido a homens e mulheres. O Marlboro divergiu dessa corrente usando a imagem do caubói, para criar uma marca de cigarro masculino.

Esqueça que praticamente a mesma quantidade de mulheres e homens fuma Marlboro. Marketing não tem a ver com mercados; marketing tem a ver com mentes. E, na mente, o Marlboro é um cigarro masculino, razão pela qual as mulheres fumam a marca, para expressar seu lado masculino.

Nº 10: Mercedes-Benz (US$ 21 bilhões)

Karl Benz inventou o automóvel em 1885 (um triciclo), seguido de Gottlieb Daimler, que produziu um veículo de quatro rodas, em 1886. Mais tarde, as companhias iniciadas pelos dois pioneiros automotivos se fundiram para formar a Daimler-Benz AG.

Mercedes-Benz foi a marca criada pela companhia Daimler-Benz. Hoje, Mercedes é uma das marcas de automóveis mais prestigiadas no mundo, embora a companhia esteja fazendo o melhor de si para destruir esse prestígio. Primeiro, fundindo-se com uma companhia popular, a Chrysler, e depois introduzindo uma série de modelos Mercedes populares.

A Irrelevância do Tamanho do Mercado

Qual era o tamanho do mercado de colas no dia em que a Coca-Cola foi lançada?

Qual era o tamanho do mercado de sistemas operacionais de 16 bits para computador pessoal no dia em que o MS/DOS da Microsoft foi lançado?

Qual era o tamanho do mercado de lâmpadas elétricas no dia em que Thomas Edison introduziu seu invento que fez história?

Qual era o tamanho do mercado de microprocessadores no dia em que o Intel 4004 foi lançado?

Qual era o tamanho do mercado de filmes de animação no dia em que o Mickey Mouse da Disney apareceu pela primeira vez?

Qual era o tamanho do mercado de hambúrgueres no dia em que os irmãos McDonald's abriram sua primeira unidade?

Qual era o tamanho do mercado de cigarros masculinos no dia em que o Marlboro foi reposicionado como marca voltada para homens?

Qual era o tamanho do mercado automotivo no dia em que Karl Benz lançou seu primeiro veículo?

Em todos esses oito casos, o tamanho do mercado, para todos os fins práticos, era zero. Oito das dez marcas mais valiosas do mundo foram criadas pela divergência de uma categoria existente.

O Poder de um Foco Estreito

Os dois casos remanescentes (IBM e Nokia) são a exceção à regra geral de que as marcas são construídas por divergência. Mas ambos demonstram outro princípio do *branding*. Você pode vencer fazendo a coisa certa ou pode vencer quando seu concorrente faz a coisa errada.

No caso da IBM e da Nokia, seus concorrentes cometeram erros.

Considere a Remington Rand, por exemplo. A companhia criou uma ampla variedade de produtos incluindo barbeadores elétricos, sistemas industriais de televisão, perfuradoras de cartão e computadores. Não conseguiu acompanhar o intenso desenvolvimento de produto que se dava no campo da computação.

Quatro anos depois do lançamento do primeiro Univac, a IBM tomou a liderança no mercado de mainframes, que a companhia nunca perdeu.

A Remington Rand cometeu o erro clássico de extensão de linha. Colocou o nome Motorola em uma nova categoria emergente chamada telefone celular.

Mas a IBM não fez a mesma coisa que a Motorola? Colocou o nome IBM nos mainframes, embora trabalhasse com outros produtos, principalmente perfuradoras de cartão? É verdade, mas o foco intenso da IBM em computadores transformou a marca IBM em marca de mainframes.

Isso nunca aconteceu na Motorola. A marca Motorola nunca representou uma marca exclusiva de telefone celular. Ela foi, e ainda é, uma marca de conglomerado que representa semicondutores, equipamentos de comunicação global, *cable modem*, decodificadores de televisão a cabo, equipamentos de *home theater*, radiocomunicadores, equipamentos eletrônicos militares e espaciais, além dos telefones celulares.

A Motorola também fez incursões fracassadas no campo dos computadores pessoais e mainframes. Com o nome Motorola, é claro.

Mercado Versus Mente

A chave para tomar decisões corretas de marketing é a habilidade de diferenciar mercado e mente.

O principal objetivo de um programa de *branding* nunca é o mercado para o produto ou serviço. O principal objetivo de um programa de *branding* é sempre a mente dos consumidores. A mente vem primeiro; o mercado segue a mente.

Muitos gerentes desprezam esse processo. Eles pensam em termos de mercados e ignoram a necessidade de primeiro influenciar as mentes. Essa forma de pensar pode ser a fonte de muita confusão sobre definições e posições de mercado.

Veja os cigarros Marlboro, por exemplo. Pode-se argumentar que o mercado alvo para a marca Marlboro é toda a categoria cigarro. E que o caubói foi apenas uma forma inteligente de atrair esse mercado.

Essa é a abordagem que guia a indústria da propaganda. O Marlboro teve sorte com o caubói, portanto a busca foi orientada para outras imagens inteligentes que podiam vender marcas de cigarro. Animais (Camel), piscinas (Parliament), pilotos de carros de corrida (Winston) e assim por diante.

A mente não pensa em mercados. A mente pensa em categorias.

A esse respeito, a imagem é apenas um meio para um fim. No caso do Marlboro, o fim é uma categoria que a mente identifica como cigarro "masculino".

Certamente, em última análise, você gostaria que sua marca dominasse todo o mercado, como a marca Marlboro acabou conseguindo. Mas a maneira de fazer isso é começar pequeno, não grande.

A primeira pergunta a fazer é: existe na mente uma categoria chamada cigarro "masculino"? A segunda pergunta é: você pode criar uma marca capaz de iniciar uma divergência da corrente atual no mercado de cigarros? Uma divergência que acabaria criando uma categoria de cigarros "masculinos"?

O Processo Não Depende do Mercado

Dezenas de marcas de cigarros masculinos poderiam estar no mercado no dia em que o Marlboro foi relançado como marca masculina. O importante é o que está na mente. Existe um espaço ou uma posição para uma nova categoria?

Havia dezenas de marcas de relógios caros no mercado em 2 de julho de 1908, dia em que Hans Wilsdorf registrou a marca Rolex. (A indústria de relógios suíços começou em Genebra em meados do século XVI.) Mas não existia na mente comum uma categoria chamada "relógio caro" e certamente não havia marcas nessa categoria, mesmo que o consumidor médio de relógios tivesse uma vaga idéia de que era possível comprar um relógio de US$ 5 mil.

Assim como o lançamento do Marlboro, o lançamento do Rolex criou a percepção de uma nova categoria (relógio caro), identificou a categoria com uma nova marca (Rolex) e eventualmente guiou o mercando nessa direção. Antes do Rolex, o mercado para relógios caros era insignificante. Hoje, os relógios caros representam uma fatia substancial desse mercado.

Qual é o tamanho do mercado?

Zero. Isso é ótimo! É esse o mercado que queremos atingir.

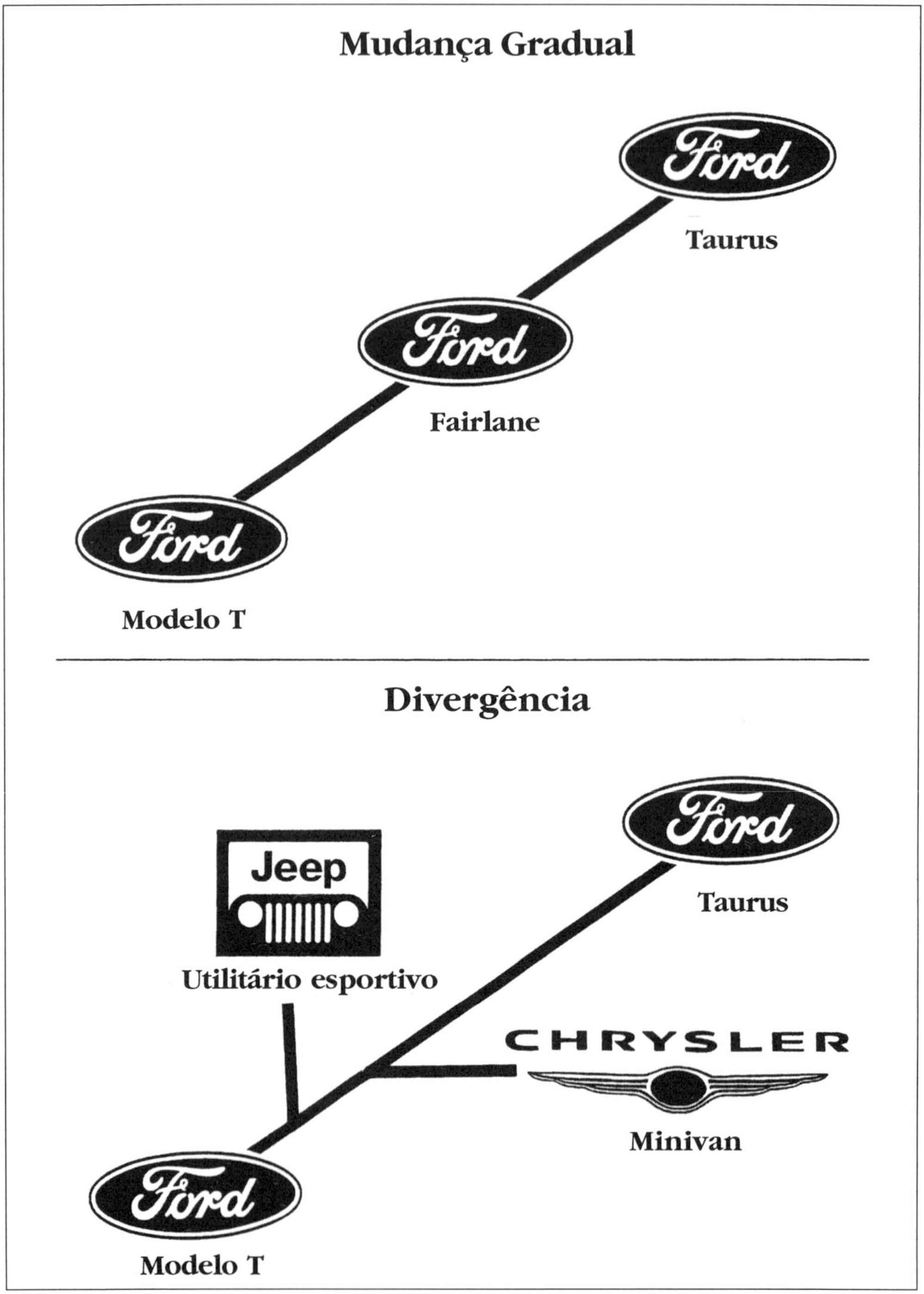

Os sedãs da Ford mudaram gradualmente. Mudanças abruptas ou divergências ocorrem quando novos tipos de veículo são introduzidos.

Capítulo 4

Mudança Gradual *Versus* Divergência

DARWIN RECONHECEU QUE A EVOLUÇÃO tinha dois aspectos. Um deles é a mudança gradual de uma condição ancestral para uma atual (anagênese). O outro é a divergência, ou a bifurcação de um ramo ancestral para criar novos ramos (cladogênese).

Na biologia, anagênese (mudança gradual) e cladogênese (divergência) são processos largamente independentes. A anagênese produz morangos do tamanho de ameixas. Mas não produzirá ameixa. Para tanto, é preciso uma divergência.

Nos negócios, os dois processos são, em grande parte, independentes também. O que pode causar problemas é confundir os dois. Você precisa reconhecer o que é normal, uma mudança natural, e que condições podem levar a uma divergência, que é uma mudança brusca.

Um Ford Taurus 2004 não se parece com um Ford Fairlane 1955, ainda assim ambos são sedãs.

Houve muitas mudanças nos sedãs da Ford ao longo dos anos, mas eles não evoluíram para minivans ou utilitários esportivos.

Se você vê a divergência como mudança natural, perde a oportunidade de criar uma nova marca lucrativa. Se você vê a mudança natural como uma divergência, pode lançar uma nova marca que se revelará um fracasso.

Princípio Nº 1: Mudança Gradual

O primeiro princípio fundamental da evolução é a sobrevivência dos mais adaptados. A competição entre indivíduos aprimora as espécies ao longo de um período extenso de tempo.

Darwin acreditava que todos os seres vivos travam uma batalha feroz pela existência e que isso tende a eliminar aqueles animais e plantas que herdam características desfavoráveis.

Com o tempo, uma espécie evolui e, devido à competição, se torna mais forte e resistente às condições adversas da vida.

Há cem anos, uma criança americana esperaria viver em média 47 anos. Hoje, sua expectativa de vida é de 75 anos.

Há duzentos anos, a altura média de um adulto americano do sexo masculino era de 1,68 m. Hoje, a altura média de um adulto americano do sexo masculino é de 1,73 m. Cinco centímetros em duzentos anos não parece uma mudança muito grande, até que você multiplique isso pelos milhares de séculos da existência humana.

Além do *Homo sapiens*, pássaros, abelhas, plantas e animais se aprimoram à medida que a natureza discrimina os fracos.

Nos Jogos Olímpicos de 1896, Thomas Burke, dos Estados Unidos, venceu a prova de corrida de 100 metros em 12 segundos. Nos Jogos Olímpicos de 2000, Maurice Green, dos Estados Unidos, venceu a prova em 9,87 segundos. Os indivíduos não mudam muito ao longo do tempo, mas a espécie sim. Todos os competidores de 1896 (na sua melhor forma) não teriam se qualificado para participar dos jogos de 2000.

Princípio Nº 2: Divergência

O segundo princípio fundamental da evolução deriva diretamente do primeiro. É o princípio da divergência. A competição entre as espécies as torna cada vez mais diferenciadas.

Darwin descreve o processo da seguinte forma: "Portanto, durante a modificação dos descendentes de qualquer espécie, e durante a incessante luta de todas as espécies para aumentar em número, quanto mais diversificados os descendentes se tornam, maior será sua chance de sucesso na batalha pela existência... A seleção natural, como foi ressaltado, leva à divergência da espécie e à extinção dos indivíduos menos aptos e das formas de vida intermediárias".

Um experimento famoso em biologia demonstra o princípio. Deixe duas espécies diferentes de paramécio em um tubo de ensaio e volte alguns dias depois. Uma espécie terá ocupado o topo do tubo de ensaio e a outra a parte inferior. A fronteira entre as duas é um deserto.

O mesmo acontece com as cracas. Uma espécie se prende na linha da maré alta e a outra no nível da maré baixa. (Em marketing, uma marca que tenta ocupar duas posições diferentes geralmente é referida como estando no *mushy middle* – algo como nem lá nem cá.)

Dois Tipos de Competição

Esses dois princípios da natureza têm grande relevância no campo antinatural do marketing. A competição entre dois indivíduos (marcas) aprimora a espécie. A competição entre espécies (categorias) torna as categorias cada vez mais diferenciadas.

Considere as marcas na categoria dos computadores pessoais. Um fabricante de PCs que não aprimora e atualiza continuamente seus produtos, logo se descobre fora do mercado. O mesmo destino é verdadeiro para a maioria dos produtos e serviços. Você não pode vender produtos de ontem para consumidores de hoje.

O segundo princípio de Darwin é igualmente válido no marketing. A competição entre espécies as torna cada vez mais diferenciadas. A Compaq lançou o primeiro computador portátil, que pesava 8 quilos. Era essencialmente um computador de mesa (*desktop*) com uma alça. Em vez de chamar o produto de computador "portátil", os usuários o chamaram de computador "mala".

Compare os *desktops* atuais com os computadores portáteis atuais (agora chamados *laptops*). Na mesa de Laura há um Dell Dimension XPS T550 (13 kg), um monitor Sony de 19 pol com tela de cristal líquido (7,7 kg), e um teclado ergonômico da Microsoft e um mouse (1,6 kg). Peso total: 22,3 kg.

Quando sai, entretanto, Laura leva um Toshiba Protégé, que pesa apenas 2 kg. Você não pode mais colocar uma alça em um *desktop* e chamá-lo de "portátil". O computador portátil ou *laptop* divergiu do *desktop*.

Visualmente seria difícil ver um ancestral comum ao *desktop* e ao *laptop*. Mas intelectualmente vemos a conexão, pois ambos utilizam softwares em comum e são chamados de computador pessoal.

O processo nunca pára. Hoje, a categoria *laptop* está se dividindo em máquinas completas que pesam de 2,7 kg a 3,6 kg e máquinas ultraleves que pesam de 1,3 kg a 1,8 kg.

Esse é um conceito importante, porque seu instinto pode levá-lo para a direção errada. Se você pensa "no" cliente como uma identidade única (como muitas companhias fazem), seu instinto é satisfazer a todos os desejos "do" cliente. Como resultado, um *laptop* precisa ser completo, porém ultraleve. Em outras palavras, você se coloca exatamente no *mushy middle*, onde não há mercado.

O *sweet spot** de um mercado é uma ilusão que logo dará lugar a múltiplos *sweet spots*. Então, qual posição você quer ocupar? O topo ou a base do tubo de ensaio? Tentar ocupar ambos o levará diretamente ao *mushy middle*.

A indústria automotiva tem caído freqüentemente na armadilha de satisfazer a todos os desejos do consumidor. Portanto, a cada ano os carros se tornam um pouco mais compridos, um pouco mais largos, um pouco mais cromados e um pouco mais caros. Cedo ou tarde, as marcas de automóveis são empurradas para fora de seu nicho.

---

* *sweet spot* – termo em inglês criado para definir o local ideal na raquete de tênis ou no taco de golfe, onde a bola produz o maior rendimento. (N. da T.)

A Pressão para Divergir

Darwin descreve nos humanos um exemplo da pressão que a natureza exerce sobre a espécie para que ela divirja. "No caso de um navio que estivesse naufragando perto da costa, seria melhor para os bons nadadores conseguir nadar até terra firme, enquanto seria melhor para os maus nadadores manterem-se agarrados aos destroços."

Se marinheiros fossem uma espécie, depois de bastante tempo e vários naufrágios, haveria por fim duas espécies de marinheiros: os que nadam e os que não nadam. Mais uma vez, o *mushy middle* é o lugar a evitar.

Se existissem apenas dois esportes no mundo, basquete e corrida de cavalos, você teria apenas dois tipos de atleta. Altos e baixos. Armadores e jóqueis. Girafas e gazelas.

No marketing, é fácil ver como determinada marca "evolui" ao longo do tempo. O Ford T de 1908 tornou-se o Ford Taurus de 2004. O que não fica tão óbvio é como a marca também "divergiu" durante esse mesmo período.

Em 1908, a Ford tinha um modelo, uma cor e um preço. Hoje, a Ford, nos Estados Unidos, tem dez modelos diferentes que você pode comprar:

- Ford Crown Victoria (carro de luxo)
- Ford Econoline (van)
- Ford Excursion (utilitário esportivo grande)
- Ford Explorer (utilitário esportivo)
- Ford Focus (carro compacto)
- Ford série F (caminhonete)
- Ford Mustang (carro esportivo)
- Ford Ranger (caminhonete compacta)
- Ford Taurus (sedã)
- Ford Windstar (minivan)

Os modelos Ford atuais apresentam visual e funções diferentes, mas obviamente tiveram um ancestral comum, o modelo Ford T.

A mudança gradual aprimorou a raça na Ford, enquanto a divergência criou nove categorias adicionais, onde antes havia apenas uma.

Note que cada categoria tem características praticamente exclusivas. A caminhonete não é um carro compacto modificado. O utilitário esportivo não é um carro esporte modificado. Embora, obviamente, tenham alguns elementos em comum.

O homem, de acordo com Charles Darwin, não descende dos macacos, embora os dois talvez tenham um ancestral comum. Em algum ponto no passado remoto, o *Homo sapiens* divergiu ou se ramificou da mesma árvore que também produziu primatas, gorilas, chimpanzés, orangotangos, gibões e macacos.

Acompanhando a Concorrência

Qualquer marca que queira acompanhar a concorrência deve "evoluir". Você não conseguiria vender um Ford T competindo com um Chevrolet Malibu 2004. A marca Ford é a mesma (até o logotipo permanece quase inalterado), mas o produto mudou drasticamente, para incorporar os avanços tecnológicos da indústria automotiva.

Em maior ou menor extensão, isso é verdadeiro para todas as marcas. Mudar é o preço que você paga para permanecer no jogo evolutivo.

A maior parte das marcas líderes não têm nada a temer com a passagem do tempo. Se fizerem um trabalho razoavelmente bom para "acompanhar a concorrência", deverão conseguir manter sua posição no mercado. Mesmo que a Chevrolet lance um carro melhor, é improvável que a Ford perca sua liderança no setor automotivo.

Por quê? Porque leva tempo para um produto melhor mudar as mentes dos compradores de automóveis. E o tempo está do lado do líder. Monitorar a concorrência e acompanhar (ou superar) suas novidades é o nome do jogo de manutenção da marca atualmente.

É o segundo princípio de Darwin que cria oportunidades (e causa problemas) para os profissionais de marketing. A divergência é o princípio evolucionário responsável pela criação de novas espécies. E uma nova espécie pode facilmente eliminar uma espécie existente. Veja o que o computador pessoal fez com a máquina de escrever. E o que a Internet está fazendo com o fax.

A Palavra 'Evolução' É Enganosa

A palavra *evolução* implica uma transformação gradual de uma espécie em outra. Isso não é o que ocorre na natureza.

Charles Darwin não usou a palavra *evolução* na edição original de *A Origem das Espécies*. Na verdade, ele só a usou relutantemente em edições posteriores quando se tornou óbvio que a palavra *evolução* permaneceria eternamente associada a seu trabalho.

Para Darwin, o princípio da divergência era tão importante quanto o princípio da mudança gradual. Se a natureza tomasse um único caminho "evolucionário", isso significa que muitas espécies estariam tão proximamente relacionadas que dificilmente poderíamos distingui-las. Aquele animal é um gato ou um cachorro? Bem, é difícil dizer. Pode tanto ser um como outro.

A genialidade de Darwin estava em reconhecer que espécies como gatos e cachorros talvez tivessem um ancestral comum, mas que se "ramificaram" ou divergiram em resposta a mudanças ambientais. Com o tempo, as diferenças entre as espécies tornaram-se acentuadas. Nos termos de Darwin, "a natureza favorece os extremos".

(Também no *branding* a natureza favorece os extremos. Veja o sucesso do Rolex, da Starbucks e do Ritz-Carlton no extremo de luxo, e do Swatch, do Wal-Mart e do Costco no extremo popular.)

Se houvesse apenas "evolução" na história da Terra, o mundo seria habitado pelos maiores, mais fortes, mais resistentes seres unicelulares que você pode imaginar.

Uma pena. A evolução das marcas é amplamente aceita como conceito de marketing. A divergência das marcas não. Entretanto, em longo prazo, é a divergência, e não a evolução, que cria a maioria das oportunidades para se construir uma marca.

Considere a Ford Motor Company. Ao longo do tempo, a Ford perdeu muitas oportunidades de "divergência" para lançar novas marcas. O ramo de carros esportivos, por exemplo, que atualmente é dominado pelo Porche, ou o ramo de carros de luxo, atualmente dominado pela Mercedes-Benz. A Ford também perdeu oportunidades no ramo de utilitários esportivos (Jipe) e no ramo de minivans (Chrysler.)

A "evolução" ou mudança gradual é uma estratégia óbvia: "A cada ano devemos tornar nossos produtos melhores, mais baratos e mais confiáveis do que nunca." Mas a divergência não é. Na verdade, seu instinto pode levá-lo exatamente na direção errada.

Kmart, Wal-Mart e Target

Compare o Kmart com o Wal-Mart. O Kmart estava perdendo a guerra das redes varejistas para seu arqui-rival de Bentonville, Arkansas. Então o que o Kmart fez?

Contratou uma nova administração, que eliminou os folhetos semanais com promoções de uma gama infindável de itens e os substituiu por uma política de "preços baixos todos os dias" semelhante à do Wal-Mart.

Os clientes gostam do que a indústria chama de PBTD, ou preços baixos todos os dias? Claro, é por isso que compram no Wal-Mart, a rede que promove (e cumpre) sua promessa de oferecer "sempre preços baixos".

O Target, por sua vez, tomou outro rumo para "divergir" do padrão Wal-Mart. Corredores amplos, mercadorias dispostas de forma organizada e artigos de grife diferenciam a marca Target da marca Wal-Mart. "Barato chique" é o tema. (Oprah Winfrey chama a loja de "Tar-zhey" – uma alusão à pronúncia dos franceses.)

O Target está divergindo da categoria rede varejista, para se tornar uma rede varejista de "luxo".

Se você colocar as marcas Target, Wal-Mart e Kmart em um tubo de ensaio denominado "redes varejistas" e agitar o tubo, verá o Target no topo, o Wal-Mart na parte inferior e o Kmart, que faliu, no *mushy middle*.

Se você estudar a história de Sam Walton e sua rede Wal-Mart, descobrirá que a marca passou por períodos tanto de divergência como de mudança gradual.

Inicialmente, a marca Wal-Mart era uma história clássica de divergência. O Kmart era a rede de descontos líder, com lojas na maioria das grandes cidades dos Estados Unidos. Em vez de competir cara a cara com o Kmart, o Wal-Mart abriu lojas apenas em comunidades pequenas.

Com pouca ou nenhuma concorrência, o Wal-Mart tornou-se mais sólido a cada ano. Tendo consolidado seus armazéns e sistemas de distribuição, o Wal-Mart estava forte o suficiente para avançar no território do Kmart. A "sobrevivência dos mais adaptados" determinou o desfecho dessa batalha clássica.

Duas Marcas Não Podem Ocupar a Mesma Posição

Na luta pela vida, duas espécies (ou duas marcas) não podem ocupar a mesma posição. Se tentarem, uma das espécies (ou das marcas) levará a outra à extinção.

O que é verdade em longo prazo, freqüentemente fica difícil de se ver em curto prazo. Uma promoção inteligente, uma onda de sorte ou algum outro milagre de marketing talvez ajude uma marca a prosperar... em curto prazo. Mas, a menos que a marca encontre uma estratégia eficiente, de modo geral está fadada a morrer em longo prazo.

Veja a Miller Lite. Após anos de queda na participação de mercado, a marca registrou recentemente um ligeiro aumento devido a sua campanha de "baixos carboidratos". (Atualmente, todo mundo fala em dietas de baixos carboidratos.)

Mas baixos carboidratos é uma estratégia de longo prazo viável para uma marca do povão? A Miller Lite precisa de uma idéia popular, se pretende ficar na mesma liga que a Bud Light ou a Coors Light. "Cerveja saudável" não vai funcionar.

Especialmente porque a Michelob Ultra foi lançada primeiro, focada exclusivamente em baixos carboidratos. E tem menos carboidratos que a Lite. A Ultra é a cerveja de baixos carboidratos de escolha. A Miller pode aumentar um pouco as vendas em curto prazo, mas em longo prazo voltará à estaca zero.

Manter uma marca existente é apenas metade da história. A outra metade é a criação de novas marcas. Muito tempo e esforços são dedicados a manter marcas, quando os mesmos recursos investidos em novas marcas poderiam produzir mais retorno.

Darwin acreditava que todos os seres vivos (plantas e animais) estariam relacionados pela sua descendência de um ancestral primitivo comum. Nesse caso, a quantidade de divergência é monumental. Hoje, conhecemos cerca de 1,7 milhão de espécies, com aproximadamente 50 mil descritas em detalhes. É uma pequena fração dos 10 a 100 milhões de espécies que se estima terem vivido na Terra.

O número também não leva em consideração milhões de espécies extintas ao longo dos séculos, como os dinossauros, os mamutes e muitos outros. Provavelmente o número de espécies extintas é maior do que as que existem hoje. (O mesmo é verdadeiro para as marcas.)

'Infinitas Formas Mais Belas e Admiráveis'

Essa multiplicação de formas de vida, criada pela divergência, pode ser vista como uma força positiva. Darwin resume sua visão da vida nas duas últimas frases de *A Origem das Espécies*. "Assim, dessa batalha na natureza, da fome e da morte, resulta o fato mais notável que somos capazes de conceber explicitamente, a produção de animais superiores. Existe grandiosidade nesta visão da vida, com suas várias capacidades, tendo sido inspirada originalmente em poucas formas ou em uma única, enquanto este planeta gira obedecendo à imutável lei da gravidade, as formas mais belas e admiráveis originárias de um início tão simples evoluíram e continuam evoluindo."

Observe as infinitas formas de produtos que não existiam há cinqüenta ou cem anos. Computadores, telefones celulares, câmeras digitais. Cervejas light, refrigerantes diet, bebidas energéticas. Muffins, café solúvel, iogurte. Fornos de microondas, televisão a cabo, videocassetes, DVDs.

Os laboratórios de pesquisa e desenvolvimento continuarão a despejar essa abundância de produtos novos no futuro? Certamente.

Na verdade, a grande maioria dos mais belos e maravilhosos produtos novos ainda está por vir. E cada um deles cria uma oportunidade para a introdução de uma nova marca.

Uma nova marca que pode torná-lo mais rico do que você jamais sonhou. Mas, primeiro, você precisa resistir aos encantos do pessoal da convergência.

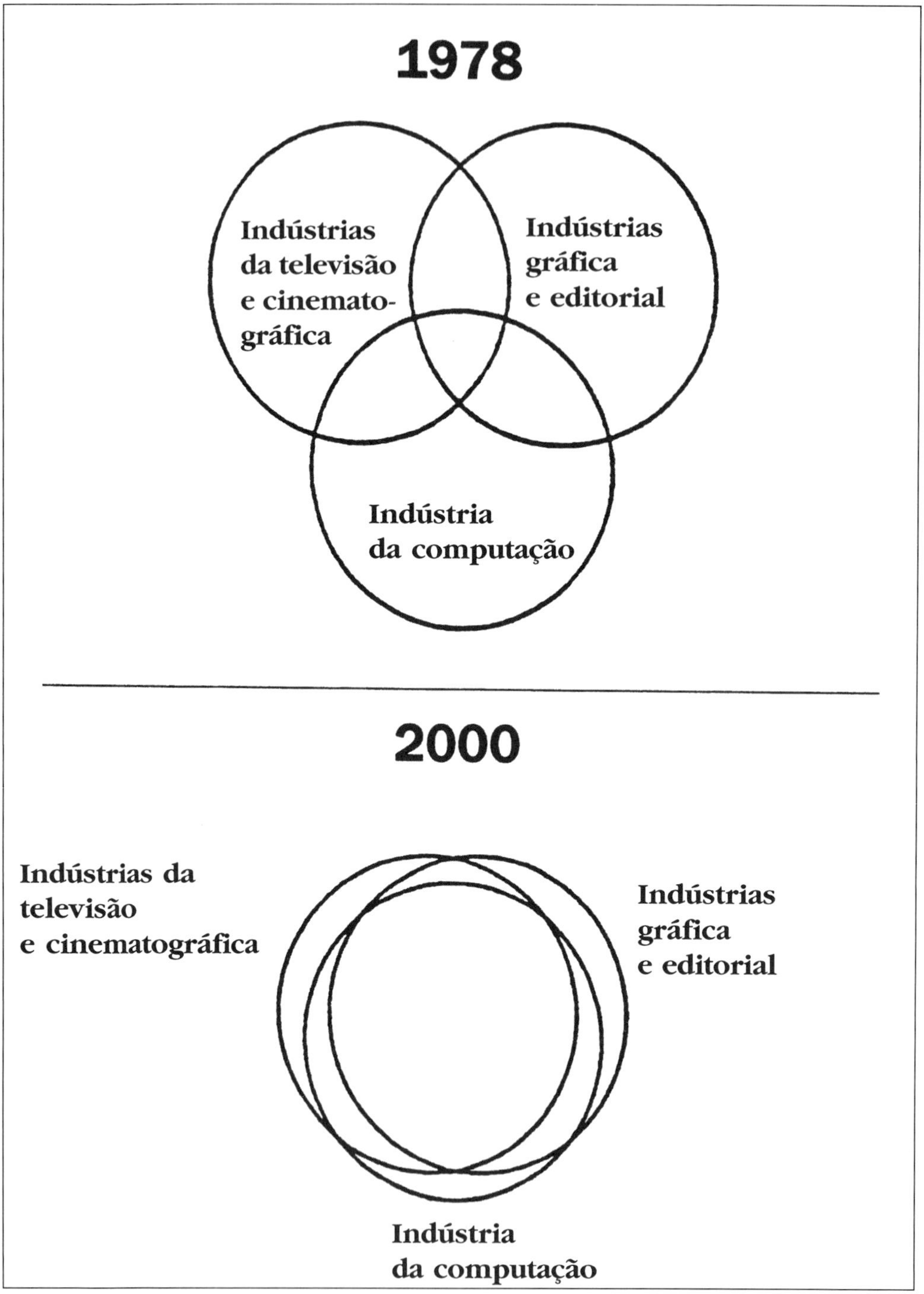

O FUNDADOR DO LABORATÓRIO DE MÍDIA DO MIT USOU UM DIAGRAMA COMO ESTE EM 1978 PARA MOSTRAR A FUTURA CONVERGÊNCIA DAS TRÊS INDÚSTRIAS MAIS IMPORTANTES.

Capítulo 5

A Maldição do Rádio-Relógio

O RÁDIO-RELÓGIO CAUSOU MAIS DANOS do que todas as agências governamentais e os bancos de investimentos de Wall Street juntos.

O sucesso do rádio-relógio* convenceu milhares de executivos, de outra forma racionais, de que o futuro pertence a um conceito chamado convergência.

Se o relógio pode ser combinado ao rádio para produzir um dispositivo interessante e útil, então o que acontecerá se indústrias inteiras convergirem?

Que Sculley Seja Louvado†

Algumas pessoas creditam (ou culpam) o recente aumento de interesse pela convergência a uma entrevista publicada no *New York Times* em 15 de setembro de 1992: "John Sculley, chairman da Apple, tem pregado sobre uma terra prometida pós-industrial, onde haverá a convergência de quatro grandes indústrias (computação, eletrônicos, comunicações e informação)".

O Sr. Sculley descreve uma indústria emergente que, segundo ele, será um negócio de US$ 3,5 trilhões dentro de uma década.

"Isso representa", ele afirma "mais da metade das economias dos Estados Unidos, Canadá e México juntas hoje".

No ano seguinte, o *Wall Street Journal* aderiu à onda da convergência: "Atualmente, choque é um estado comum entre os líderes das cinco maiores indústrias do mundo: computação, comunicações, eletrônicos, entretenimento e editorial. Sob um impacto tecnológico comum – a crescente capacidade de transmitir digitalmente grandes quantidades de vídeo, som, imagens e texto de forma barata – elas estão se transformando e convergindo".

---

* No termo *ubiquitous clock radio*, assim como em *ubiquitous computing* ou *ubiquitous connectivity*, a palavra *ubiquitous* – literalmente, ubíquo, onipresente, distribuído – significa convergente. (N. da T.)

† No original: *What Sculley Hath Wrought* – Alusão à primeira mensagem enviada por Samuel Morse por meio do telégrafo, *hat Hath God Wrought* - Que Deus Seja Louvado. (N. da T.)

Nesse mesmo ano, a revista *Fortune*, comentando sobre a proposta de aquisição da Tele-Communications Inc. pela Bell Atlantic, espalhou o fogo da convergência assim: "*Convergência* será o jargão da moda pelo resto da próxima década. Não se trata apenas do casamento entre cabo e telefone. Diz respeito às culturas e às corporações das principais indústrias – telecomunicações (incluindo companhias com serviços de longa distância), cabo, computação, entretenimento, editorial e inclusive varejista –, combinando-se em uma megaindústria que proporcionará informação, entretenimento, bens e serviços em sua casa e empresa".

Também naquele ano, o *New York Times* estava igualmente entusiasmado com a convergência: "A convergência digital não é uma previsão futurística, nem uma escolha dentre várias opções; é um trem em alta velocidade. A digitalização de todas as formas de informação (incluindo a transmissão de sensações) mostrou-se precisa, econômica, ecologicamente inteligente, universalmente aplicável, fácil de usar e rápida como a luz".

Título de um artigo recente no *The New York Times*: "À medida que duas indústrias poderosas convergirem, presenciaremos mudanças profundas". A reportagem dizia: "A convergência da mídia e da tecnologia, há muito prevista, porém ainda não concretizada, está enfim mostrando alguns sinais – com o acesso de alta velocidade à Internet possibilitando grande parte disso".

Apostando no Que Dizem

Além disso, as principais publicações estão provando que apostam no que divulgam. O *Wall Street Journal* publica um encarte em uma revista européia chamado *Convergence* – convergência. A *Business Week* promove uma conferência anual sobre convergência chamada "The Global Convergence Summit".

A Dow Jones realiza uma conferência anual em Londres sobre tecnologias convergentes chamada "*The Wall Street Journal Europe's* Annual CEO Summit on Converging Technologies". Os palestrantes da sétima conferência anual incluíram Michael Dell, CEO da Dell, e Michael Capellas, ex-CEO da Compaq e atual CEO da WorldCom.

Em 1999, a revista *Forbes ASAP* publicou uma edição especial intitulada "The Great Convergence" (A Grande Convergência). O editor se empolgou: "Grandes idéias já nos fizeram mudar muitas vezes antes. Dividimos muito da história da humanidade com base nas datas em que surgiram: fogo, domesticação dos animais, agricultura e comercialização, democracia, império, direito divino dos reis, perspectiva, mecânica newtoniana, liberdade, produção em massa, o Estado Nação, evolução e relatividade, fissão, abstração, digitalização, igualdade. A idéia emergente de nosso tempo é a convergência. E a metáfora reinante da virada do milênio".

Democracia, liberdade, igualdade, convergência? Qual dessas quatro "grandes idéias" está fora de contexto para você?

Convergência Versus Divergência

Esse é o tema mais importante do marketing atualmente. O caminho que você escolhe tem enormes implicações no sucesso de sua marca.

Criar uma categoria nova e depois garantir que o nome de sua marca representa essa nova categoria nas mentes não é fácil. Especialmente hoje, quando a ênfase do design e do desenvolvimento de produto não está na criação de categorias novas, mas na combinação de categorias existentes.

Se as categorias estiverem convergindo, então os nomes de marcas existentes (e as companhias donas dessas marcas) vão se tornar mais poderosos. Se o computador de mão (ou PDA) convergir com o telefone celular (como muitos gurus previram), então o mercado PDA/celular resultante provavelmente será dominado ou pela Palm, a marca de PDA dominante, ou pela Nokia, a marca de celular dominante.

Se as categorias estiverem divergindo, então surgirão oportunidades para novas marcas.

Você sabe no que acreditamos. A despeito do grande alarde da mídia para o oposto, acreditamos fortemente que a convergência nunca ocorrerá. Tecnologias não convergem. Elas divergem. Ainda bem, caso contrário seria praticamente impossível criar novas marcas.

Na melhor das circunstâncias, o *branding* não é uma tarefa fácil. Especialmente hoje, que a filosofia da convergência está tão incutida na psique corporativa.

A Onda Continua

George Orwell disse certa vez que algumas idéias são tão bobas que você deveria pertencer à *intelligentsia* para acreditar nelas. (Pense no comunismo.)

A convergência é mais uma dessas idéias. E a televisão interativa é um dos assuntos preferidos dos adeptos da convergência.

Diz a futurista Faith Popcorn: "Em algum momento, no futuro próximo, estarei assistindo a Ally McBeal. Gosto das roupas dela. Então, quando ponho a mão na tela da televisão, ela interrompe o programa e diz: 'Faith, você gosta do que estou usando hoje?' 'Sim, gosto do seu conjunto', respondo. E ela diz: 'Ele vem nessas cores'. Digo para Ally que vou ficar com o marinho ou o preto, talvez com ambos. 'Não, não vai, Faith. Seu armário está cheio de conjuntos marinho e preto. Acho que você deve experimentar o vermelho desta vez.' Concordo com ela e no dia seguinte recebo em casa o conjunto vermelho no meu tamanho".

Quando perguntada sobre quando isso deve acontecer, a Sra. Popcorn respondeu: "Dentro dos próximos cinco anos". (O seriado Ally McBeal já acabou, portanto Faith Popcorn nunca terá a chance de experimentar o serviço de televendas pessoal de Ally.)

Virtualmente, toda a *intelligentsia* apóia solidamente o conceito de convergência. Veja um exemplo:

- Alvin Toffler, autor de *Choque Futuro*: "Hoje estamos novamente em uma corrida rumo à metaconvergência – agora em aceleração máxima".
- John Naisbitt, autor de *Megatendências*: "Tudo está finalmente convergindo. É isso que criará a revolução nas telecomunicações de que se fala há tanto tempo. Aqui está uma lista das idéias e das mídias que estão em processo de convergência: fibras ópticas, interativo, digital, sem fio, computador, entretenimento, televisão, software, telefone, multimídia, celular, global, pagers, realidade virtual, redes".
- Denis Waitley, autor de *Sementes da Felicidade*: "Entramos recentemente em um dos grandes momentos críticos da história, que mudará para sempre a maneira como a sociedade trabalha. Temos um admirável mundo novo".
- John Malone, pioneiro do cabo: "Mídia, computadores e telecomunicações estão convergindo para formar uma indústria mundial da informação de zilhões de dólares".
- Mitch Kapor, fundador da Lotus Development Corporation: "A idéia de que existe uma indústria de telefonia e de cabo separadas está morta".
- Bill Gates, presidente da Microsoft: "A convergência dos mercados de PC e de eletrônicos é uma tremenda oportunidade. Cada vez mais os dispositivos eletrônicos estão se tornando tão poderosos, conectados e programáveis quanto o PC, portanto, é mais importante do que nunca criar softwares que permitam a esses dispositivos funcionarem bem conjuntamente".
- Bob Palmer, ex-CEO da Digital Equipment Corporation: "As indústrias da computação, telecomunicações, editorial, educação, entretenimento e eletrônicos estão convergindo. As diferenças entre seus produtos e serviços estão desaparecendo rapidamente".
- Nicholas Negroponte, diretor-fundador do Laboratório de Mídia do MIT: "Não se preocupe com a diferença entre o televisor e o PC; no futuro, eles serão iguais".
- Barry Diller, CEO da InterActive Corp.: "Todos sabem que a televisão, o computador e a rede de comunicações estão caminhando rapidamente para se tornar uma entidade única".

Acredite, a cidade de Denver está se promovendo como Corredor da Convergência. Um anúncio na revista *Forbes* diz: "É aqui. É agora. É Denver, Colorado, onde as companhias estão redefinindo a forma como o mundo se comunica, combinando voz, dados e vídeo (convergência) para uma integração global mais rápida e confiável. Tudo isso acontece em uma cidade que se reinventou como o Corredor da Convergência do século XXI".

Não fica atrás o Estado de Illinois, que está se denominando a Economia da Convergência. Veja como o estado se descreve: "Uma economia onde diferentes plataformas tecnológicas estão convergindo, guiando o sucesso dos negócios e criando novas oportunidades para o futuro. Para prosperar nessa dinâmica empresarial desafiadora, as companhias buscam um estado que lhes proporcione uma estrutura sólida, capaz de dar suporte a indústrias que tornam a convergência possível".

Case pela Convergência

Steve Case, ex-CEO da America Online, foi um dos primeiros e mais ardorosos defensores da convergência. Segundo o *New York Times*: "Então ele chamou o Sr. Levin (CEO da Time Warner) para descrever um futuro em que a mídia e a Internet parecem convergir cada vez mais – à medida que computador pessoal, televisão e telefone se tornam vias digitais paralelas para novos tipos de serviços de informação e entretenimento".

"Meu desejo é posicionar esta companhia como investidora na era da convergência", explicou Case.

O *USA Today* trombeteou os benefícios da fusão com: "O casamento da America Online com a Time Warner é um passo gigantesco em direção ao tipo de futuro previsto no passado pela ficção científica"...

A *Fortune* comentou o *case* de Case assim: "Ele pinta o quadro de um gigante orientado para o cliente – se isso não for uma contradição de termos – que será uma potência da mídia, comunicações, varejo, serviços financeiros, assistência médica, educação e turismo, competindo com tudo, desde jornais, televisão e estações de rádio a companhias telefônicas, bancos, corretoras, revendedoras de automóveis, agências de viagens, a loja de revelação de fotos local e bar da esquina. 'A interatividade fará cada vez mais parte do cotidiano das pessoas', afirma Case. 'Esta companhia está perfeitamente posicionada no epicentro da mudança'".

Perfeitamente posicionada? Steve Case já era. Jerry Levin já era. Mas a convergência continua.

Em 7 de fevereiro de 2000, a America Online e a Time Warner juntas valiam US$ 240 bilhões no mercado de ações. Atualmente, a companhia (que agora se chama simplesmente Time Warner) vale US$ 76 bilhões, uma queda de 68%.

Corporações pela Convergência

A convergência tem o suporte sólido da indústria de eletrônicos. Os eletrônicos, é claro, são mais que uma indústria. São a vanguarda da economia de um país. Assim como eles andam, anda a nação.

- **Sony.** Segundo a *Advertising Age*, a companhia acabou de passar por uma reorganização radical "para capitalizar na convergência de eletrônicos, tecnologia da informação, comunicações e entretenimento".

  Na convenção anual da Sony "Dream World" (mundo dos sonhos), realizada em Paris, em 2004, Sir Howard Stringer, chairman da Sony Corporation of América, disse: "Na Europa, somos uma marca de hardware, não uma marca de convergência. Estamos tentando mostrar nossa liderança em convergência digital, uma batalha que ainda continuamos travando".

  Quando questionado sobre o colapso da Vivendi Universal, a versão francesa de uma companhia convergente, sir Howard respondeu: "A Vivendi está saindo desse negócio, mas ninguém está nos dizendo para fechar o negócio". De acordo com um artigo do *New York Times*: "Na Sony, ele insiste, a idéia de convergência está tão arraigada que se manifesta em uma miríade de colaborações entre seus executivos de cinema e música, designers de videogames e engenheiros".

  Continue sonhando, sir Howard.

- **Samsung.** "Tornando a Convergência Digital uma Realidade" é o título de um anúncio recente da Samsung.

  O anúncio continua: "Samsung DigitAll é a promessa de tornar a convergência digital uma realidade, não importa onde você está, quem você é ou o que faz. É a televisão feita para navegar na Web (e também para assistir aos melhores episódios de seus seriados preferidos). Geladeiras que mantêm sua comida gelada (e permitem que você assista a um filme de receitas picantes transmitido sem fio, do DVD player, enquanto cozinha). Telefones que permitem que você veja, fale e escute".

  De acordo com o vice-presidente da Samsung Electronics, Jong Yong Yun, a convergência de tecnologias está destinada a mudar completamente nossa sociedade. "A evolução levará eventualmente à rede convergente", observou Yun. Ele acredita que essa sociedade futura estará livre da distinção entre, e das limitações individuais, das redes, equipamentos e do tempo.

  Embarque em uma viagem do HMS *Beagle,* Sr. Yun. A evolução se move na direção oposta. Rumo à divergência, não à convergência.

- **Philips.** A maior companhia européia de eletrônicos busca uma estratégia semelhante, que chama de Lar Conectado. Sua estratégia é "posicionar a companhia como líder, à medida que mudamos de dispositivos independentes para redes inteligentes, cujos elementos estão integrados nos móveis, nas roupas, nas janelas e paredes".

O Lar Conectado, segundo a Philips, "é um lugar onde os dispositivos estão conectados por meio de tecnologias *wireless* e Internet, em que se comunicam uns com os outros e trocam dados". Por exemplo, diz um folheto da Phillips: "Se alguém estiver assistindo a um filme na sala e quiser ir até a cozinha para fazer pipoca, o filme a acompanhará sem interrupção".

- **Microsoft.** A maior companhia de software do mundo está atualmente empenhando um esforço monumental para desenvolver um software que conectará tudo. "Bill Gates, atualmente chairman e diretor-arquiteto de software", segundo a revista *Fortune* "está determinado a tornar o código da Microsoft ainda mais convergente, conectando todos os tipos de dispositivos de informática, comunicações e eletrônicos em uma rede de software que transformará a Internet e tudo que está associado a ela em uma entidade programável única... isso significa também encontrar maneiras de implementar o código Microsoft em telefones celulares, videogames e outros dispositivos eletronicos – praticamente tudo que utilize corrente elétrica – para que possam funcionar juntos com um mínimo de manipulação humana."

- **Intel.** A maior companhia de microprocessadores anunciou um novo chip de silicone que pode "acabar com a distinção entre computação e comunicações".

  "É mais um passo rumo à convergência sobre a qual estamos discutindo nos últimos anos", disse Paul Otellini, presidente da Intel. "Antes havia dois mundos, computação e comunicações", disse Alan Huang, ex-físico dos Laboratórios Bell. "Agora eles serão o mesmo, e teremos computadores poderosos por toda parte."

- **Legend.** O maior fabricante de computadores pessoais da China acabou de lançar o Supremia2, um produto que elimina a lacuna entre computadores, estereoscopia e televisores. Com um Supremia2, uma família chinesa pode ver programas de televisão, fotos, e fazer suas contas.

  A Legend acredita que a convergência está em ação, visto que a gama de produtos da companhia já inclui câmeras digitais, laptops e PCs de bolso.

  É interessante que companhias que fabricam uma ampla gama de produtos (Sony, Samsung, Philips e Legend) acreditem fortemente na convergência.

  A gerência examina sua linha de produtos e pensa: como podemos juntar todas essas coisas?

- **NEC Corporation.** Desde 1977, a NEC Corporation, do Japão, tem se dedicado a um conceito de convergência que se chama C&C, de "computadores e comunicações". Projeto de estimação do ex-CEO Koji Kobayashi, o C&C tornou-se quase uma religião na NEC.

Alguns anos atrás, Hisashi Kaneko, outro ex-CEO, previu: "Haverá convergência entre o PC e outros produtos eletrônicos. Dentro de dez anos, todas essas tecnologias convergirão".

- **Hitachi.** "Aonde a convergência da computação, das comunicações e do conteúdo nos levará?" Este é o título de um anúncio da Hitachi publicado no *Wall Street Journal* vários anos atrás. (A lugar nenhum, podemos responder.)

- **Siemens.** O website da companhia já diz tudo: www.siemens.convergenceadvantage.com.

- **Canon.** Por que a companhia lançou uma linha de computadores pessoais para complementar sua linha de copiadoras e câmeras fotográficas? Segundo o vice-presidente da companhia, "a Canon precisa ter presença no mercado de PCs para tirar proveito da fusão das tecnologias de computadores, impressoras, copiadoras e fax".

Tudo isso chegou ao clímax na feira de produtos eletrônicos de Las Vegas de 2004, que atraiu mais de 100 mil visitantes e 2.500 expositores. Segundo a revista *Newsweek*, "a Consumer Electronics Show, na semana passada em Las Vegas, destacou-se ao exaltar que a tão prometida 'convergência digital' estava finalmente a caminho". Na feira de Las Vegas, os gigantes japoneses do setor de eletrônicos uniram-se em defesa da convergência. De acordo com o *Wall Street Journal*, em seu sentido mais estrito, 'convergência' refere-se a uma rede de dispositivos – aqueles pelos quais japoneses são famosos – que passam informações... Mas, para os conhecedores, descreve uma visão grandiosa onde tudo – de batatas a pessoas – está conectado a uma imensa rede acessível em qualquer lugar, a qualquer momento.

Que o Rádio-Relógio Seja Louvado

É possível que essas idéias malucas sobre conceitos de convergência tiveram início a partir do rádio-relógio? Nesse caso, talvez valha a pena examinar novamente esse produto seminal da convergência. O rádio-relógio é de fato o avanço revolucionário que parece ser?

Quantos relógios no mundo recebem sinais de rádio? Muito poucos.

Quantos rádios no mundo têm relógio? Muito poucos.

Tampouco o rádio-relógio é universalmente amado, especialmente aqueles dos quartos de hotel, que ninguém nos Estados Unidos parece saber como funciona. "Tenho mestrado em engenharia industrial e em administração de empresas", disse um usuário. "A primeira coisa que faço, quando entro em um quarto de hotel, é tirar o rádio-relógio da tomada, para garantir que não vou ser acordado no meio da noite com informações sobre o trânsito só porque um hóspede anterior programou o alarme para as 4 da manhã."

Outro usuário tentou obter informações com o pessoal do hotel. "Fui até a recepção à noite, para perguntar como se programava o alarme. Os dois recepcionistas disseram que muitas pessoas já haviam perguntado isso, mas que ninguém no hotel sabia como fazer."

Não é apenas o rádio-relógio que excita os adeptos da convergência. Outro dispositivo tem um efeito ainda maior.

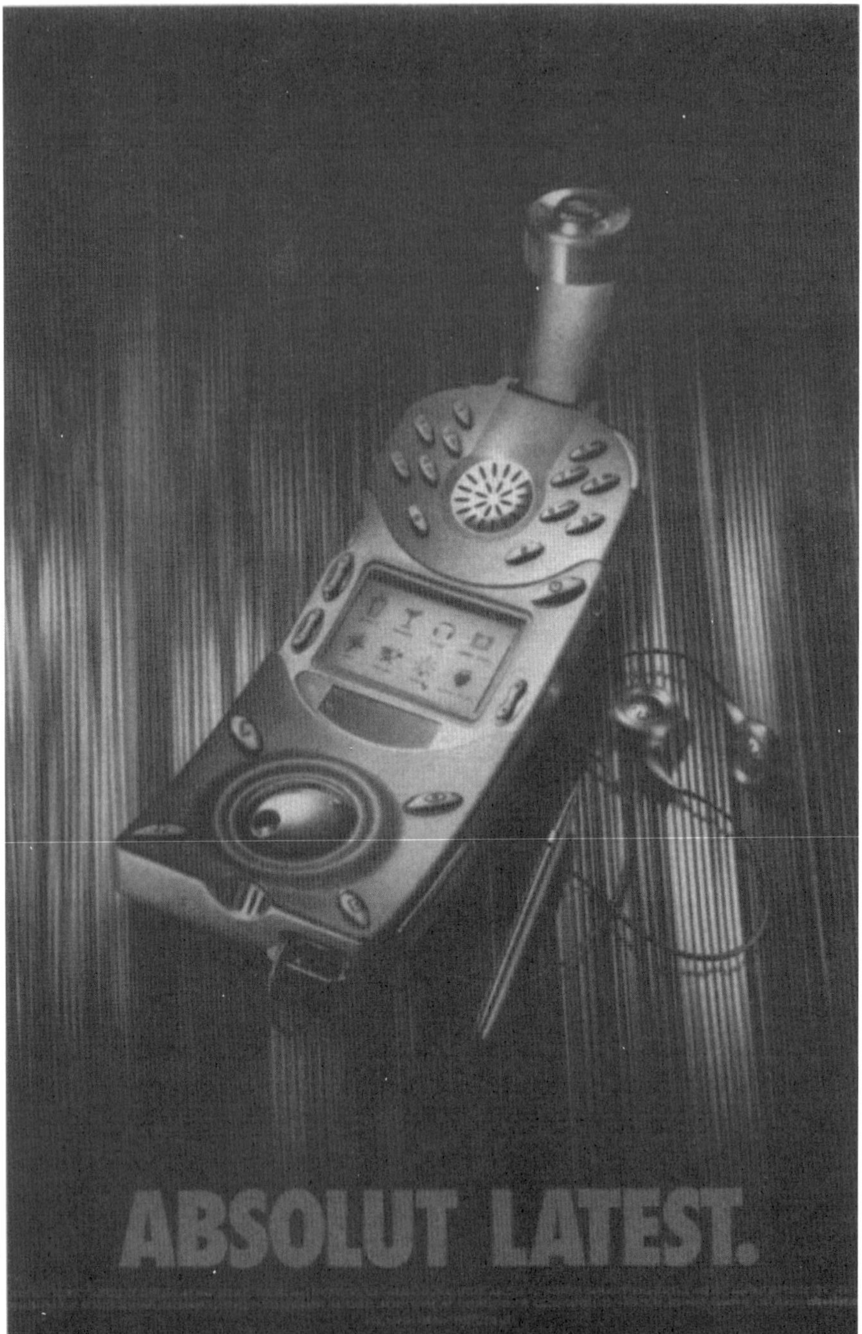

NUNCA DEIXANDO PASSAR UMA TENDÊNCIA, A VODCA ABSOLUT ADERIU AO CONCEITO DE CONVERGÊNCIA COM ESTE ANÚNCIO.

Capítulo 6

A Filosofia do Canivete Suíço

TODO HOMEM QUE É MACHO TEM UM, mas quando foi a última vez que você viu alguém usando de fato a tesoura de um canivete suíço para cortar? Ou a chave de fenda para parafusar? Ou a pinça para pinçar?

Existem muitos produtos do tipo "canivete suíço" no mercado. Eles recebem muita publicidade, capturam a imaginação do público, são comprados aos milhões e acabam nas gavetas dos criados-mudos, onde permanecem à toa por décadas.

A filosofia do canivete suíço está invadindo os corredores da América do Norte corporativa. (Até a vodca Absolut celebrou o conceito da convergência em um de seus famosos anúncios de "garrafa".)

Quais são as três maiores, mais excitantes, mais dinâmicas indústrias dos Estados Unidos? A maioria das pessoas provavelmente responderia televisão, computadores e Internet. Ótimo, por que não combinar a Internet com seu aparelho de televisão e seu computador também? E então proclamar: televisão interativa, a onda do futuro.

Que onda.

Televisão Interativa, Versão Microsoft

Em 1997, a Microsoft comprou a WebTV Networks por US$ 425 milhões e, desde então, despejou mais de meio bilhão de dólares na operação. Os resultados têm sido desanimadores. Hoje, a WebTV (cujo nome mudou para MSN TV) tem cerca de 1 milhão de assinantes, um número irrisório, se comparado aos mais de 100 milhões de televisores em uso.

A convergência tornou-se claramente uma obsessão da Microsoft. "Será que William H. Gates virou o Capitão Ahab da era da informação?", perguntou o *New York Times*. "A baleia branca do Sr. Gates continua sendo um *set-top cable box* (decodificador) digital ilusório que, conforme sua companhia espera, recriará a indústria do computador pessoal combinando o PC, a Internet e o televisor em um monstro do entretenimento e da informação da sala de estar."

Também em 1997, a Microsoft investiu US$ 1 bilhão em 11,5% da Comcast Corporation, na época a quarta maior operadora de televisão a cabo dos Estados Unidos. Segundo o *New York Times*, "a Comcast é o laboratório onde o Sr. Gates testará sua visão de mundo convergente".

Mas isso foi apenas o começo. Em 1999, a Microsoft injetou US$ 5 bilhões na AT&T e garantiu um contrato para instalar seu software de televisão em cerca de 10 milhões de decodificadores da AT&T. Nem um único decodificador chegou a ser instalado em uma televisão com assinatura do sistema a cabo da AT&T, e como a AT&T agora saiu do negócio de cabo, o contrato é mais um impasse da convergência.

A Microsoft continua tentando. Após a morna recepção da WebTV, a Microsoft passou para a UltimateTV. Juntar um relógio a um rádio não é nada, comparado ao que a Microsoft tem em mente para a anta instalada em um sofá.

A UltimateTV consiste de uma assinatura da DirecTV satélite (de US$22 a US$83 por mês), com uma antena especial capaz de captar dois canais de uma vez (US$50 mais US$ 200 de instalação), um receptor de satélite e gravador de vídeo digital com capacidade para 35 horas (US$ 399) e uma assinatura da UltimateTV (US$ 9,95 por mês). Você economiza dinheiro, é claro, se continuar usando seu aparelho de televisão.

O que você pode fazer com a UltimateTV? Tudo, pois é o que há de mais moderno em televisão. Você pode gravar e armazenar até 35 horas de programação. Pode parar e fazer um replay instantâneo de programas ao vivo. Pode assistir e gravar dois programas de uma vez. Pode mandar e-mails e bater papo on-line, enquanto assiste à televisão.

Fred Allen disse certa vez que a televisão é 85% de confusão e 15% de serviços. A UltimateTV pode vir a ser 100% de confusão. "Se programar o relógio do videocassete já deixa você com enxaqueca", declarou à revista *Fortune*, a UltimateTV vai lhe causar um colapso nervoso."

Televisão Interativa, Versão AOL

Mesmo antes da fusão Time Warner, a America Online era forte adepta da convergência. Em 1999, a companhia investiu US$ 1,5 bilhão na Hughes Electronics e firmou um acordo para lançar a AOLTV no serviço por satélite da DirecTV.

Em julho de 2000, a AOL lançou seu serviço AOLTV, um decodificador de US$ 249 que permite aos usuários enviar mensagens instantâneas, ler e-mail, conversar on-line e navegar na Web, enquanto assistem a um programa de televisão. Os assinantes da AOL, que agora pagam US$ 21,95 por mês, desembolsariam US$ 14,95 extras pelo AOLTV. Para os não assinantes, a mensalidade seria de US$ 24,95 mais o custo do decodificador.

Por todo esse dinheiro, o que você de fato poderia fazer com o AOLTV? O *USA Today* imaginou: "Você está sentado no sofá assistindo a um programa produzido pela revista de culinária *Cooking Light* em sua televisão de plasma do tamanho da parede. A AOL Time Warner fornece uma versão digital da receita. Você envia a receita para sua geladeira; ela sabe que você precisa de leite e faz a compra on-line".

O *USA Today* chama a televisão interativa de "o Santo Graal para a AOL Time Warner. Eventualmente, ela permitirá aos telespectadores comunicar-se, comprar, divertir-se com games, procurar informações e pedir notícias e entretenimento sob demanda diretamente na tela da televisão." (Talvez seja grosseiro de nossa parte dizer que em dois mil anos ninguém conseguiu ainda encontrar o Santo Graal.)

Como se poderia esperar, o AOLTV agora está em um hiato e não aceita mais novos assinantes.

Televisão Interativa, Versão NASCAR

Se você é assinante do NASCAR in Car, atualmente oferecido pela Time Warner, Cox e Comcast, pode assistir às corridas de dentro do *cockpit* de sete pilotos diferentes. Aperte o botão em um controle remoto especial, para mudar da perspectiva de um piloto para outro, ou assista simpleśmente à transmissão normal do programa.

Por algo em torno de US$ 20 por mês, você pode se colocar no banco do piloto e até mesmo ouvir suas conversas com o pessoal da equipe. Mas quando a novidade cansar, quando você bater por que estava assistindo à ação de dentro do carro errado, quando preferir comer pipoca e beber cerveja, em vez de ficar apertando botões, talvez você mude de idéia sobre o valor da televisão interativa.

Os tempos mudaram, argumenta o pessoal da convergência. Os jovens, em particular, querem interagir com um meio de entretenimento como a televisão. Como prova, os gurus da indústria citam o sucesso dos videogames como o NASCAR Thunder. (Mais dinheiro gasto no meio interativo dos videogames do que no meio passivo dos filmes.)

Verdade, mas quando você joga o NASCAR Thunder, você é o piloto e controla o carro. Quando você assiste ao NASCAR in Car, não controla nada. É apenas um co-piloto.

"As pessoas não querem ficar passivas na frente da televisão", diz Nicholas DeMartino, diretor de operações de novas mídias do American Film Institute. "As pessoas mais velhas querem ser passivas. Os jovens fazem muitas coisas ao mesmo tempo, de navegar na Internet a falar ao telefone, enquanto vêem televisão."

As pessoas mais velhas geralmente lêem uma revista enquanto assistem à televisão. Mas não necessariamente querem ver a revista em uma metade da tela e o programa de televisão na outra.

Tampouco os jovens querem necessariamente combinar televisão, telefone celular e Internet só porque podem usar vários dispositivos ao mesmo tempo. Você paga um preço ao tentar juntar coisas. E esse preço, normalmente, é o sacrifício da simplicidade, da flexibilidade e da facilidade de uso.

Televisão Interativa, Versão ABC

"Acreditamos na televisão interativa", afirma Rich Mandler, gerente geral do grupo Enhanced TV, da ABC, "porque ela estimula a transmissão ao vivo e comerciais ao vivo." Ofereça aos clientes algo ativo durante um programa da grade, continua seu raciocínio, e eles o assistirão com comerciais e tudo.

O primeiro teste dessa opinião foi o *Celebrity Mole II*, lançado em janeiro de 2004. A ABC também oferece versões interativas simples de alguns programas, mas a maioria usa uma abordagem de duas telas. O espectador assiste ao programa convencional na televisão, enquanto usa um computador pessoal para ver o material adicional ao site da ABC.

O *Celebrity Mole II* é diferente, mas você precisa de um computador pessoal com o Windows XP Media Center para ver tudo. Uma placa de televisão instalada no PC captura a imagem da transmissão regular e o *web site* da emissora fornece as imagens adicionais.

Parece complicado, e é. Além disso, quantos telespectadores vão se dar ao trabalho de iniciar seus computadores para assistir a um programa, quando é muito mais fácil apertar o botão liga/desliga do controle remoto da televisão?

Televisão Interativa, Versão Newsweek

É assim que revista *Newsweek* descreve a televisão do futuro. "Você chega do trabalho e pega o controle remoto. Enquanto anda pela casa, tirando a gravata, e ocasionalmente dá uma olhada na tela, seu navegador de vídeo pessoal deixa você atualizado. Você fica sabendo que programas as crianças assistiram depois da escola e ouve um lembrete da floricultura: é hora de mandar um buquê de aniversário para tia Agnes; que tal este arranjo? Você vê uma cópia do boletim de Tommy entregue hoje, e uma lista filmes que pode assistir essa noite, baseada no quanto você amou ver *A Idade da Inocência*. Você clica na receita de filé *bourguignon* que escolheu de manhã; você já tem todos os ingredientes, pois o programa mandou automaticamente um fax ao supermercado, que entregou tudo em sua casa."

"Isso é publicidade. A realidade é bem diferente. A Internet é um meio ativo. Nada acontece, até que o usuário dê um clique em um computador. A interatividade é um elemento essencial da experiência pela Internet. A televisão, por outro lado, é um meio passivo."

A convergência é fundamentalmente um conceito falho, mas é pior ainda quando você tenta unir um meio ativo (Internet) a um meio passivo (televisão).

Será que o telespectador comum vai querer largar sua Bud Light o tempo suficiente para mudar o ângulo da câmera ou navegar na Internet? Achamos difícil. Diretores de televisão são pagos para fazer isso. Por que o telespectador comum faria isso de graça?

O que surpreende na televisão interativa é o tempo que o conceito já existe e o pouco progresso alcançado. A Warner Amex Cable lançou o QUBE, o primeiro sistema de televisão interativa, em Columbus, Ohio, em 1977. Há 27 anos.

O primeiro vôo em um avião foi feito por Wilbur e Orville Wright, em 1903. Vinte e quatro anos mais tarde, Charles Lindbergh atravessou o oceano Atlântico em um vôo solo e o avião foi estabelecido como um dispositivo de transporte viável. Vinte e sete anos depois que os irmãos Wright voaram pela primeira vez, a American, a Eastern e a TWA estavam transportando passageiros.

Onde está a televisão interativa vinte e sete anos após sua criação? Certamente ainda não está pronta para seu primeiro vôo transatlântico.

Televisão Semi-interativa

Até mesmo a televisão semi-interativa não foi sucesso de bilheteria. O TiVo e o ReplayTV foram lançados em 1999 com um estardalhaço publicitário. Chamados de "gravadores de vídeo pessoal", essas engenhocas eletrônicas descoladas permitiam que os usuários gravassem digitalmente programas de televisão pulando os comerciais ao toque de um botão.

Michael Lewis, em sua reportagem de capa da edição de 13 de agosto de 2000 da *New York Times Magazine*, equiparou o lançamento do TiVo ao fim do mercado de massa. "O dia 4 de agosto de 1999 foi o começo do fim de outra força socialista na vida americana: o mercado de massa." No final de 2002, o autor previu que haveria de 5 a 7 milhões desses gravadores de vídeo em uso. Dentro de uma década, seriam 90 milhões.

Mike Wallace dedicou um bloco do *60 Minutes* para venerar o TiVo. (Na segunda-feira seguinte, as ações do TiVo subiram 27%.)

Cinco anos depois de seu lançamento, o TiVo tem menos de um milhão de assinantes, e a indústria de gravadores de vídeo pessoais tem cerca de 2 milhões de assinantes.

O TiVo e seus clones sobreviverão? Indubitavelmente. Para uma certa porcentagem de espectadores, um gravador de vídeo pessoal proporciona um daqueles serviços "que eu não posso viver sem". A chegada do TiVo significará o fim do mercado de massa? Improvável.

Muitos executivos vêem cada avanço tecnológico como "tudo ou nada". O TiVo ou é um fracasso ou é o fim do mercado de massa.

A realidade geralmente está no meio termo. Existe um mercado para conceitos de convergência, embora eles possam fugir da corrente existente e não representem uma tendência, que quase sempre é dirigida para a divergência. Nossa previsão é de que a fatia de mercado dos gravadores de vídeo pessoais ficará em torno de 10 a 15% do mercado da televisão, aproximadamente a mesma fatia detida pelas marcas próprias dos supermercados.

O que faz a convergência parecer bem-sucedida é a habilidade do conceito em gerar volumes maciços de publicidade. Nenhum produto convergente, não importa quão trivial, é lançado sem um estardalhaço favorável de RP.

Telefones Interativos

"Todo o mundo parece concordar", relatou a revista *The Economist* quatro anos atrás, "que o telefone celular superará rapidamente o computador pessoal como o meio pelo qual a maioria das pessoas terá acesso a serviços on-line". Segundo a Forrester Research, 97% dos 177 milhões de telefones celulares operantes em 2005 terão acesso sem fio à Internet.

Ninguém nos perguntou, mas achamos que isso também é altamente improvável. Os aparelhos que combinam celular e Internet são complexos e difíceis de serem usados. Suas telas minúsculas se prestam apenas para mensagens curtas e imagens simples.

A indústria de telecomunicações européia investiu generosamente na fantasia do telefone interativo. Ao desenvolver seus sistemas para a próxima geração dos telefones interativos (os telefones 3G), a indústria assumiu dívidas pesadas. Segundo o *New York Times*, "a pressa para comprar licenças e construir redes deixou as operadoras de telefonia com dívidas beirando os US$ 330 bilhões". (É improvável que algum dia venham a recuperar seu dinheiro.)

Para justificar esse tipo de investimento, as operadoras são rápidas em citar o sucesso do serviço iMode lançado pela NTT DoCoMo, do Japão. É o serviço de telefonia de crescimento mais rápido no mundo, com cerca de 40 milhões de assinantes.

Com o iMode você pode trocar mensagens de texto, comprar ingressos e baixar arquivos de música para tocar em seu celular. Em princípio, você pode usar um telefone iMode para navegar na Internet, mas verá apenas uma pequena porção da página de um site, e o que aparece pode não significar nada.

A maioria dos usuários passa grande parte de seu tempo nos quase 3 mil sites parceiros do iMode operados por cerca de 2 mil provedores de conteúdo. O que parece estar acontecendo é um processo clássico de ramificação, onde os sites iMode estão divergindo dos sites tradicionais da Internet.

Em vez de uma Internet, haverá duas: sites tradicionais da Internet e sites truncados "do tipo iMode", que podem ser acessados pelo telefone.

Telefones Inteligentes

O exemplo mais recente da filosofia canivete suíço é chamado de *smartphone* ou telefone inteligente. Ele combina um PDA, ou computador de mão, com um telefone celular com acesso à Internet. Muitos telefones inteligentes também têm embutida uma câmera digital. Todos os principais fabricantes de celulares estão comercializando esses aparelhos, inclusive Nokia, Motorola, Samsung, Siemens e Hitachi. Além disso, fabricantes de PDAs, como a Handspring (agora parte da palmOne), lançaram telefones inteligentes.

E quão inteligente é combinar um telefone celular com um videogame e um MP3 player, como faz o novo N-Gage, da Nokia? Quantos adolescentes podem pagar US$ 300 pelo telefone, mais US$ 25 por mês pela assinatura da operadora, mais US$ 10 por mês para os games online, de US$ 30 a US$ 50 por cada jogo novo e US$ 50 por um cartão multimídia, para que possam ouvir as músicas no MP3? Enquanto isso, o padrão ouro dos videogames portáteis, o Nintendo Game Boy Advance SP, de US$ 100, vende feito água.

Alguns fabricantes têm acrescentado um teclado e chamam seus produtos de comunicadores, em vez de telefone inteligente ou telefone celular. Veja o Nokia 9210 Communicator. É um telefone celular, com PDA e dispositivo de envio de e-mail e acesso à Internet sem fio, com conexões para uma câmera digital. O software inclui editor de texto, planilha de cálculo, visualizador de apresentações e gerenciador de arquivos. O que mais você poderia querer?

E quanto a simplicidade, confiabilidade, conveniência, baixo custo, facilidade de uso, tamanho reduzido, leveza e proteção contra obsolescência?

E quão inteligente é pagar US$ 10 por mês para ter uma televisão em um telefone celular. É isso que a Sprint está cobrando por um novo serviço chamado MobiTV, anunciado como "televisão ao vivo, a qualquer hora, em qualquer lugar". Ou como disse um crítico: "slides ao vivo, algumas vezes, em alguns lugares".

O Problema da Migração

Para uma tecnologia de convergência pegar, deve atrair usuários do grupo de potenciais disponíveis.

Quem mais compraria, provavelmente, uma combinação de telefone celular/PDA? Generalizando, existem dois grupos de clientes potenciais. O primeiro é composto pelos "adotantes precoces", que são, de modo geral, os principais alvos de qualquer nova tecnologia. Alguém consegue imaginar um adotante precoce que ainda não tenha um celular ou um PDA? Nós não.

Além do mais, esses adotantes precoces são os que provavelmente têm os celulares e PDA mais modernos. Isso significa que um adotante precoce precisaria jogar fora um celular e um PDA perfeitamente bons, se fosse comprar uma combinação desses produtos. Quantas pessoas fariam isso?

O segundo grupo é formado por clientes em potencial que não possuem um telefone celular ou um PDA. Em grande parte, são pessoas simples e de baixo poder aquisitivo. A maioria de nós anda antes de correr. Alguém, de fato, espera que um usuário potencial que nunca teve um celular ou um PDA corra para comprar um dispositivo combinado de US$ 500 ou US$ 600?

Uma categoria à qual o problema da transição *não* afeta é a dos colunistas que escrevem críticas resplandecentes sobre todos esses produtos convergentes. Eles já recebem de graça tudo o que seria possível usar. Não é problema para um colunista jogar em uma gaveta um celular e um PDA que ganhou e passar para um dispositivo combinado gratuito.

O problema de migração prejudica também alguns produtos convergentes práticos. Um DVD player não tem utilidade sem um televisor ou um monitor. Seria natural que a maioria das pessoas comprasse um combinado TV/DVD, em vez de cada unidade em separado, mas isso não acontece.

Entre em uma loja de eletrônicos como a Best Buy ou a Circuit City e observe a ação. As pessoas entram para comprar um televisor novo ou um DVD novo, para repor os antigos. Poucos clientes querem comprar ambos ao mesmo tempo. Se os fabricantes desses aparelhos conseguissem descobrir um jeito de fazer com que a TV e o DVD que você tem quebrassem simultaneamente, os produtos convergentes encontrariam um mercado muito maior. (O poema *The One-Horse Shay*, de Oliver Wendell Holmes, vê humor nos raros eventos como esse.)

Telefones-Câmera

Os telefones-câmera estão relativamente melhor no mercado do que os telefones inteligentes e há uma razão para isso. É o fator conveniência. Um telefone-câmera permite que você tire uma foto e depois a envie por e-mail quase que imediatamente. Você pode fazer o mesmo com uma câmera digital e um *laptop* ou um *desktop*, mas não é nem de longe tão conveniente. Você precisa conectar as duas unidades e configurar o software.

A conveniência é um fator de motivação poderoso, que pode garantir o sucesso de alguns produtos convergentes. Um telefone-câmera tira fotos tão boas quanto uma câmera digital? Não, mas isso não importa, pois o telefone-câmera é mais conveniente.

Por outro lado, algumas empresas estão proibindo telefones-câmera no trabalho, por temer que ponham em risco a privacidade dos funcionários e o sigilo da companhia. E agora? Os funcionários dessas companhias precisam comprar um telefone para o trabalho e um para fora do trabalho?

Em um sentido, entretanto, o telefone-câmera não é um produto convergente verdadeiro, já que não substitui a câmera digital. Qualquer pessoa interessada em fotografia provavelmente terá uma câmera digital, além do telefone-câmera. (O rádio relógio também não substituiu o relógio.)

Tudo Interativo

Apesar da relativa falta de sucesso da maioria dos produtos convergentes, as companhias estão em uma corrida maluca para incorporar a interatividade em seus produtos.

- **Automóveis interativos.** A Fidelity Investments fez uma parceria com a General Motors, para que você possa checar sua carteira de investimentos e até negociar ações, enquanto está ao volante. O serviço é oferecido pelo sistema OnStar, da GM.
- **Bombas de gasolina interativas.** A BP (anteriormente British Petroleum) está gastando US$ 200 milhões para instalar bombas de gasolina conectadas à Internet em 28 mil postos, para que os motoristas possam abastecer a mente com as manchetes dos noticiários e informações sobre o trânsito, enquanto abastecem seus carros.
- **Casas interativas.** A Gannet, companhia controladora do *USA Today*, investiu US$ 270 milhões na ZapMedia.com, uma empresa que está desenvolvendo um aparelho que combina acesso à Internet com um disco rígido, um DVD/CD player e um MP3 player. Com um controle remoto e um teclado sem fio, os telespectadores poderão acessar e armazenar vídeos, música, e-mails e outros conteúdos Web, que podem então ser direcionados para televisões, rádios, PCs e outros dispositivos.
- **Pianos interativos.** Você pode baixar arquivos de música instrumental nos pianos interativos Yamaha e Casio, ao mesmo tempo em que fachos de luz brilham sobre as teclas, acompanhando as notas, para mostrar aos potenciais pianistas como tocar a melodia.
- **Relógios interativos.** Por dez dólares ao mês, você não só tem a hora certa como também informações sobre esportes, notícias, previsão do tempo, preço das ações, mensagens e compromissos. Fabricados pela Fóssil, Citizen e Suunto, os relógios usam a tecnologia da Microsoft *smart personal objects tecnology* (tecnologia de objetos pessoais inteligentes), ou SPOT. A Microsoft espera incorporar a tecnologia SPOT a despertadores, ímãs de geladeira e chaveiros.
- **Brinquedos interativos.** A *start-up* britânica Intrasonics inventou uma tecnologia que permitirá aos brinquedos responder ao som da televisão, do rádio, CD, videodisco digital ou do PC. Um cachorro de brinquedo, por exemplo, poderá abanar o rabo e latir, quando outro cachorro aparecer na televisão. (Grande coisa. Nosso cachorro de verdade faz isso.)
- **Poltrona interativa.** A La-Z-Boy introduziu a primeira *e-cliner*, uma poltrona reclinável, acompanhada de um teclado dobrável, sem fio, que, com o hardware correto, permite acessar a Internet por meio de seu televisor.
- **Roupas interativas.** A Reimar, uma companhia finlandesa, lançou a Smart Shout, uma jaqueta que permite ao usuário comunicar-se com seu grupo durante a prática de esportes ao ar livre. Um cinto destacável, que envolve o corpo da jaqueta, possui incorporados um microprocessador, um microfone e um adaptador de telefone celular. O processador armazena os números das pessoas do grupo.

Puxe uma fita, fale em um microfone em seu ombro e sua voz será ouvida por outros membros do grupo. O que vem a seguir? Acesso à Internet?

- **Publicidade impressa interativa.** A Digital Convergence Corporation (nome profético) lançou o CueC.A.T., que permite aos usuários escanear barras de código especiais de anúncios impressos. Em seguida, você conecta o scanner CueC.A.T. a seu computador, que direciona você para o site do anunciante. James Berrien, presidente da revista *Forbes*, ficou tão empolgado com a tecnologia que enviou um CueC.A.T. para seus 850 mil assinantes: "Estamos orgulhosos em debutar: a tecnologia CueC.A.T. da Digital Convergence.com, a 'primeira' da *Forbes*, que nos conduz a uma nova era nas comunicações – a convergência da publicação de revistas com a era digital".
- **Canetas interativas.** As canetas Cross lançaram sua nova Caneta Convergente, com um *scanner* incorporado que permite aos usuários acessar Websites.
- **Papéis interativos.** Ambas, a E Ink e a Gyricon Media (subsidiária da Xerox Palo Alto Research Center) estão trabalhando o papel eletrônico, uma folha semelhante à de papel convencional composta de milhares de microcápsulas carregadas eletricamente para exibir tinta preta ou branca, ou outro par de cores. O gerente geral da E Ink diz que o papel eletrônico é algo como o cruzamento entre sinais de televisão com a impressão. (Isso é mal.)
- **Geladeiras interativas.** A Samsung lançou um modelo *side-by-side* de geladeira/freezer, de US$ 8 mil, com portas que funcionam como *docking station* (base de conexão) para uma *tablet* Web de 9 x 11 polegadas, que está conectada e pronta para acessar serviços de Internet em alta velocidade, assim como serviços de satélite e a cabo. Você também pode conectar a unidade a aparelhos de DVD e videocassete, o que significa que pode receber e enviar e-mails, navegar na Web, assistir à televisão ou filmes em uma tela de 10 polegadas, deixar mensagens de texto ou vídeo para a família e amigos. (Usamos ímãs para essas tarefas.)
- **Lavadora de roupas interativa.** Especialistas em linguagem, na Alemanha, criaram o que há de mais avançado em lavadoras. Chamada de Hermine, a lavadora interativa entende comandos de voz como "Pré-lave, depois lave com água a 35 graus e depois centrifugue a 1.400 rotações. Comece dentro de meia hora".
- **Máquinas de refrigerante interativas.** Em maio de 2001, a Coca-Cola lançou um tipo de máquina pós-moderna que prometia combinar as marcas poderosas da companhia com o potencial tecnológico e de marketing da Internet. Conhecidas como iFountain, as máquinas de refrigerante interativas chegaram envoltas em problemas técnicos. "Em última análise, o experimento iFountain da Coca", comentou o *USA Today*, "pode ser o maior fiasco de marketing, desde o lançamento e a retirada da New Coke, uma geração atrás".

- **Banheiros interativos.** Esta novidade combina o encanamento tradicional com os dispositivos eletrônicos necessários para analisar seu conteúdo e monitorar a temperatura e a pressão sanguínea do usuário. (A convergência chegou ao esgoto.)
- **Eletrodomésticos interativos.** A LG Electronics lançou a HomNet, uma rede que permite aos eletrodomésticos da LG conversarem entre si. O coração do sistema é uma geladeira Internet de US$ 8 mil, o "servidor" para as outras unidades que incluem lavadora de roupas, forno de microondas, ar-condicionado e televisão de projeção digital. O que você pode fazer com um sistema HomNet de US$ 30 mil? Em um cenário descrito na literatura LG, uma mulher esqueceu de ligar o botão de sua lavadora HomNet antes de sair de casa, e então ela entrou em www.dreamlg.com no escritório e ligou a máquina.

Economize dinheiro. Por apenas US$ 1.800 você poderia ter comprado uma unidade do Salton iCEBOX (nome terrível), que era uma combinação de DVD/CD player, dispositivo de acesso à Internet, rádio FM e unidade de monitoramento doméstico.

A maior parte dessas idéias interativas é absurda, algumas têm um mínimo de mérito e outras podem até vingar, se proporcionarem um ângulo de conveniência.

O Papel da Conveniência

Considere as apropriadamente denominadas "lojas de conveniência", geralmente vinculadas a um posto de gasolina. As lojas de conveniência têm preços mais baixos? Não. Marcas melhores? Não. Diversidade de produtos? Não. A única razão de sua existência é a conveniência. Você pode comprar alguns artigos de mercearia e higiene, enquanto abastece o carro.

Note também que o segmento de conveniência normalmente é apenas uma pequena fatia de qualquer categoria. Lojas de conveniência clássicas, por exemplo, representam apenas uma pequena porcentagem das vendas de cervejas, refrigerantes, comida e artigos de higiene. Da mesma forma, acreditamos que os telefones-câmera, combinados televisão/DVD/VCR, e outros produtos convergentes, que proporcionam um benefício de conveniência, representarão uma pequena fatia de seus respectivos mercados.

Se sua companhia é uma jogadora importante em sua categoria, por que se preocupar com produtos convergentes de nicho? Deixe que as empresas fornecedoras da Brookstone, Hammacher Schlemmer, Herrington e Sharper Image vendam esses híbridos agressivamente.

Da Palm para a Handspring e de Volta para a Palm

Donna Dubinsky e Jeffrey Hawkins, que inventaram o PalmPilot, fundaram uma companhia chamada Handspring, que lançou um irmão do Palm chamado Visor. A principal diferença entre eles era o *slot* de expansão, que podia ser conectado a uma ampla gama de módulos, desde câmeras a GPS, a gravadores de voz. Mais de 2 mil pretendentes firmaram contratos para desenvolver módulos para o Visor.

O mercado de módulos foi um tanto desastroso. Então, a Handspring passou para o Treo, um dispositivo de comunicações que combina telefone celular com PDA, e-mail sem fio, SMS *messaging* e navegação na Web. O Treo recebeu uma avalanche de publicidade favorável.

- "Este comunicador é o maior avanço tecnológico em *handhelds*... o melhor PDA que já vi e o celular com maior capacidade." Walter S. Mossberg, *Wall Street Journal*.
- "O inteligente comunicador de bolso Treo, da Handspring, faz meu tipo: voz, e-mail, navegação e mais." Peter Lewis, *Fortune*.
- "Até que enfim um híbrido que realmente funciona." Stephen H. Wildstrom, *Business Week*.

As vendas do Treo nunca corresponderam ao sensacionalismo, e a Handspring, que chegou a valer bilhões no mercado acionário, foi adquirida pela Palm por US$ 190 milhões. (Jeff Hawkins sozinho tinha ações da Handspring que chegaram a valer US$ 3,9 bilhões.)

Esses produtos são insignificantes perto do esforço empenhado na infra-estrutura necessária para desenvolver a convergência da mídia. Um exemplo: em 1999, o veterano da indústria do *networking* Mory Ejabat levantou um recorde de US$ 500 milhões em financiamento privado para uma *start-up* chamada Zhone Technologies. Seu objetivo era criar um único equipamento capaz de combinar telefone, Internet, televisão a cabo, televisão aberta e serviços sem fio. A revista *Business Week* previsivelmente chamou seu conceito de "o Santo Graal da convergência digital".

As vendas do Zhone, até o momento, estão próximas do *zhero*.

O que desanima, nessa e em outras histórias, não são os fracassos em si. Em um sistema de livre empresa, é natural esperar fracassos. Desanimador é que os administradores estão aprendendo a lição errada.

Nunca é o conceito. É sempre a execução. "Aprendemos pelo caminho das perdas", disse Donna Dubinsky, "que esses produtos são difíceis de fazer e os operadores de rede são de relacionamento difícil".

Nem uma única palavra sobre conduzir a Handspring pelo caminho errado. Nem uma palavra sobre convergência ou mesmo um questionamento sobre o conceito de convergência.

Nada anuvia mais o pensamento racional do que o sensacionalismo da mídia. A Handspring estava no caminho certo porque o *Wall Street Journal*, a *Fortune* e a *Business Week* assim disseram. Qualquer falha em atender às expectativas da mídia deve-se certamente a problemas de execução.

Com o tempo, o sensacionalismo se acumula em uma represa chamada "crença", até que suas comportas não suportam mais a vazão e a crença se rompe. Os resultados não são nada agradáveis. Aconteceu com as *start-ups* da Internet e vai acontecer com a convergência.

Quanto mais longo o sensacionalismo, mais doloroso é o final. A represa Internet rompeu-se, após apenas três ou quatro anos de acúmulo. A represa da convergência vem acumulando sensacionalismo há mais de dez anos.

Media Hub, Media Player, Media Center

Uma nova enxurrada de produtos "media", com nomes como *media hub*, *media player* e *media center*, está alimentando a represa convergência. "A convergência, o tão prometido Santo Graal dos eletrônicos, chegou", publicou a revista *Fast Company*. "Desta vez, o dispositivo de comunicação *du jour* (do dia) é o *media hub* – um decodificador que permite compartilhar arquivos entre PCs e sistemas de *home theater*."

A Hewlett-Packard, a GoVideo e a Gateway foram as primeiras a lançar *media hubs*. Por menos de US$ 300, você pode comprar um decodificador que levará todo o entretenimento baseado em PC para sua sala de estar. Ele é empilhado sobre os equipamentos de *home theater* que você tem e é conectado à televisão e ao *receiver* por cabos comuns de áudio/vídeo.

Enquanto isso, na Microsoft, os esforços estão concentrados no *media player*, um software instalado no computador, ou em outro dispositivo do usuário, que abre um portal para o que a indústria chama de mídia rica – filmes, música, vídeo – acessado pela Internet, assim como um *browser* é um portal para visualizar páginas da Web. A Microsoft e o RealOne player da Real Network compartilham atualmente o mercado de *media player*.

A Microsoft também desenvolveu uma edição *media center* de seu software Windows XP. Ele possui uma interface especial que permite acessar um computador a partir de uma televisão. Agora você pode assistir à televisão ou ver fotos, vídeos e DVDs armazenados em seu computador instalado em outro lugar da casa, usando um controle remoto.

A Sony, a Hewlett-Packard, a Gateway e a Dell lançaram computadores com *media center*. Mas será que esses produtos combinados encontrarão um mercado? Com certeza, encontrarão um lugar em repúblicas ou em apartamentos minúsculos, mas a grande maioria das pessoas provavelmente assistirá à televisão em um televisor e usará o computador em um computador.

Um Passo na Direção Errada

O decodificador para todas as finalidades é um passo na direção errada. A tendência dos televisores caminha para telas grandes e planas. A tendência dos computadores caminha para *laptops* pequenos. Um *media center* será um dispositivo de visualização medíocre e um dispositivo de informática medíocre.

Avaliar as perspectivas de uma nova tecnologia é sempre um alerta vermelho, quando o nome de um produto usa um termo abrangente como *mídia*.

"O que você vai fazer hoje à noite?"

"Vou para casa assistir mídia."

As pessoas não falam assim e normalmente não compram produtos com esses nomes.

Steve Jobs tem a visão correta sobre o *media center*. Quando perguntado se a Apple Computer lançaria um produto como esse, ele respondeu que isso faria tanto sentido quanto a Apple lançar um computador capaz de fazer torradas.

Concordamos plenamente. O *media center* está torrado.

Mas Jobs é apenas uma voz na multidão. A convergência tem aceitação praticamente universal. Em um artigo sobre a indústria de eletrônicos, Mike Langberg, do influente jornal *San Jose Mercury News*, disse: "Prestem atenção quando todos as *buzzwords* apontam para a mesma direção".

O sensacionalismo está baixando na represa convergência.

A Caneta Computador

Vamos examinar mais de perto como os convergentes pensam. Antes da invenção do computador pessoal, existiam duas formas principais de comunicação escrita. Você podia usar uma caneta ou um lápis para pôr as palavras no papel, ou usar uma máquina de escrever.

Ainda colocamos muitas palavras no papel com canetas e lápis, mas a máquina de escrever foi praticamente substituída pelo computador.

O poder corrompe, e o poder da computação não é diferente. Os gênios da indústria de alta tecnologia viram uma maneira de usar o poder dos PCs para combinar a forma de comunicação caneta e papel com a máquina de escrever.

Assim nasceu a caneta computador e o sensacionalismo logo se seguiu.

"O computador está entrando na terceira encarnação", alardeou a revista *The Economist*, em abril de 1992. "Os primeiros computadores eram mastodontes trancados em salas refrigeradas. Na década de 80, eles encolheram e passaram a ser computadores de mesa."

A terceira encarnação? A caneta computador? O *The Economist* previu que "computadores que recebem comandos a partir de um tipo de caneta, em vez do mouse ou do teclado, e diversas outras invenções transformam o mercado tão drasticamente – e potencialmente tão lucrativamente – como o surgimento do PC fez há cerca de uma década".

"A competição para dominar esse mercado está acirrada", relatou a revista *The Economist*. "A Microsoft lançou o software para canetas no início de abril. A Go, uma companhia nova do Vale do Silício, veio logo atrás. A IBM acabou de lançar, para grandes clientes, por encomenda especial, um computador baseado em caneta chamado ThinkPad. Até o final do ano, provavelmente mais uma dúzia de companhias se juntarão à IBM, NCR, NEC, Grid e Momenta no mercado de canetas computador."

Acabou tão rápido quanto começou. No outono de 1992, John Sculley, chairman da Apple na época, disse: "Um ano atrás estávamos todos falando de canetas computador. Quem poderia imaginar que a indústria surgiria e desapareceria no espaço de um ano?"

Primeiro, a Caneta. Agora, o Tablet

Você precisa dar um crédito aos convergentes. Eles nunca desistem. Embora a caneta computador tenha sido um fracasso, pensaram os convergentes, talvez possamos combinar uma caneta computador com o teclado do computador.

Assim, o mais recente de uma longa seqüência de produtos de informática combinados chegou ao mercado em 2001. É chamado de *tablet* e possui tanto uma tela sobre a qual se pode escrever quanto um teclado para digitar.

A Microsoft foi o principal patrocinador. Somente em 2002, oito fabricantes lançaram versões do *tablet* PC desenhado pela Microsoft. E Bill Gates previu confidencialmente que os *tablet* PCs superariam os *laptops* em cinco anos.

Sem a menor chance. No final de 2003, foram vendidos apenas meio milhão de *tablet* PCs, comparados aos 36 milhões de *laptops* vendidos naquele ano.

Esteja preparado para a próxima onda de sensacionalismo, quando alguém perceber que existe uma terceira forma pela qual os humanos se comunicam. Com a caneta, com o teclado e com a boca.

O computador de voz será o próximo?

O carro voador de Ted Hall, de 1945, e o carro anfíbio Amphicar, de 1961, são dois dos muitos fracassos de convergência no transporte.

Capítulo 7

Idéias Ruins Nunca Morrem

COM A IMPRENSA, OS GURUS e, virtualmente, toda a comunidade da alta tecnologia apoiando firmemente o conceito de convergência, quem ousaria duvidar de que algum dia ela aconteceria?

Um estudante de história duvidaria. "Aqueles que não conseguem se lembrar do passado" escreveu George Santayana, "estão condenados a repeti-lo".

Para reavivar sua memória, a seguir está um resumo da longa e triste história da convergência.

- Lembra-se do carro aéreo? Quando a aviação comercial começou a decolar, após a Segunda Guerra Mundial, os convergentes procuraram maneiras de combinar o avião com o automóvel.

  Em 1945, Ted Hall lançou o carro voador. As estradas ficariam obsoletas, engarrafamentos seriam coisa do passado. Você poderia ir a qualquer lugar, a qualquer hora, com liberdade total de movimentos.

  Todo grande fabricante de aeronaves dos Estados Unidos tinha esperança de ganhar dinheiro com a invenção de Hall. O comprador afortunado foi a Convair. Em julho de 1946, a Convair lançou no mercado as asas da imaginação de Hall, que chamou de ConvAirCar Modelo 118. A direção da companhia previu confidencialmente vendas de no mínimo 160 mil unidades por ano, ao preço de US$ 1.500 cada, sendo as asas um item opcional cobrado à parte, mas que também poderiam ser alugadas em qualquer aeroporto.

  A despeito do sensacionalismo, apenas duas unidades do ConvAirCar foram construídas. Diz-se que atualmente ambas jazem em um galpão em Cajon, Califórnia.

  Três anos depois, Moulton Taylor lançou o Aerocar, um carro compacto com asas e cauda removíveis. O Aerocar ganhou enorme publicidade na época. A Ford

Motor Company considerou produzi-lo em massa. Mas o Aerocar se deparou com o mesmo destino previsível do carro voador de Hall.

Idéias ruins nunca morrem. Em 2 de agosto de 2002, o *New York Times* publicou um artigo (quase de página inteira) sobre o Aerocar de Taylor. "Um carro com asas", disse o *Times*, "é a máquina dos sonhos de muitos pilotos".

E há também Paul Moller, que passou quatro décadas desenvolvendo o M400 Skycar, uma máquina voadora pessoal tão fácil de usar quanto um carro. Hoje, US$ 50 milhões, quarenta e três patentes e três esposas depois, seu sonho ainda não decolou.

Milhões de dólares foram gastos na tentativa de fazer a combinação avião/carro sair do chão. Assim como muitos desses projetos, o carro voador tenta solucionar um problema insolúvel. Um automóvel deve ser pesado o suficiente para ficar na pista, e um avião deve ser leve o suficiente para sair da pista.

Esses esforços pós-Segunda Guerra Mundial não foram as primeiras tentativas de se colocar um automóvel no espaço. Os irmãos Wright voaram pela primeira vez em dezembro de 1903. A revista *Popular Mechanics* publicou sua primeira história sobre carro voador na edição de abril de 1906.

É a divergência que triunfa, não a convergência. Em vez de um carro voador, hoje temos muitos tipos de avião (a jato, turboélice, helicóptero) e muitos tipos de automóvel (sedãs, conversíveis, peruas, minivans, utilitários).

- Lembra-se do carro anfíbio? Os convergentes potenciais deveriam estudar a combinação carro/barco lançada com grande algazarra, em 1961, pela Amphicar, uma companhia alemã. Assim como todos os produtos convergentes, o Amphicar não desempenhava bem nenhuma das duas funções. Roda feito um barco, navega como um carro, foi o veredicto dos compradores.

Idéias ruins nunca morrem. Muitos milhões de dólares foram gastos na tentativa de lançar o carro anfíbio com sucesso. Em 1983, o Amphi-Ranger. Em 1992, o Hobbycar. Em 1994, o Aquastrada Delta. Em 1996, o Dutton Mariner. Em 2003, o March WaterCar e o Gibbs Aquada.

O anúncio do Gibbs, em 2003, captura o estilo dos lançamentos de carros anfíbios anteriores. "A Gibbs Technologies Ltd. anunciou na quarta-feira a conclusão de um dos projetos de engenharia mais empolgantes da história britânica, o desenvolvimento bem-sucedido da tecnologia High Speed Amphibian (HSA) – anfíbio de alta velocidade. Após sete anos de pesquisa e desenvolvimento da tecnologia HSA, a Gibbs demonstrou o veículo que pode alcançar a velocidade de 48 km/h na água e 160 km/h em terra."

E há também o Dobbertin HydroCar, em breve em um lago perto de você.

- Lembra-se do videofone? Apesar dos incansáveis esforços da AT&T e de outras companhias, desde a década de 20, somente 650 mil sistemas de videofone estão em uso no mundo atualmente, a maior parte deles em empresas. (Quem quer se vestir para dar um telefonema?)

Idéias ruins nunca morrem. Recentemente, a Vialta lançou a Beamer TV, uma engenhoca de US$ 150 que permite fazer ligações de videofone por meio de um aparelho comum de televisão. (Calcule US$ 300 por um par.) Após oito décadas de tentativas, alguém acredita que o videofone tem futuro?

- Lembra-se dos filmes 3-D ? A cada par de décadas eles fazem um retorno triunfal, criando alvoroço nas bilheterias. A Teleview lançou o primeiro filme 3-D em 1922. Na década de 30, *Campus Sweethearts* foi um grande sucesso. Em 1952, *Bwana Devil*. Em 1960, *13 Ghosts*. Em 1983, *Tubarão 3-D*. E no ano passado, *Pequenos Espiões 3-D*.

  A Sharp e duas companhias americanas (X3D e Stereo Graphics) estão produzindo monitores 3-D para feiras, vitrines e jogos eletrônicos. Mas não espere que o 3-D vá substituir o 2-D. É uma novidade com poucas chances de se tornar um produto comercial.

  (Na verdade, já temos filmes 3-D. Chamam-se peças teatrais e são grande sucesso na Broadway e em outros palcos.)

- Lembra-se do aparelho de televisão que poderia imprimir seu jornal diariamente na sala de estar? Quando foi lançado, na década de 50, os convergentes buscaram maneiras de combiná-la com a mídia impressa. Você teria seu jornal e revistas impressos diretamente do aparelho de televisão. Além disso, poderia imprimir apenas as seções que quisesse ler.

  Não ria. A Epson acabou de lançar uma linha de televisores que podem exibir e imprimir fotos digitais. "Dentro de cinco anos", disse o diretor da divisão de entretenimento no lar da Epson, "esperamos que este seja um negócio de US$ 300 milhões para nós".

- Lembra-se da lavadora/secadora de roupas Bendix, lançada com grande publicidade na década de 40? Por que a maioria das pessoas ainda usa lavadoras e secadoras separadas?
- Lembra-se do EVR, o *electronic video recorder* (gravador de vídeo eletrônico)? A CBS investiu muitos milhões de dólares no EVR, uma tentativa frustrada de combinar imagens eletrônicas com fotografias. No sistema EVR, imagens coloridas eram gravadas em um filme branco e preto, em forma de código. Quando o filme era reproduzido no tocador de EVR conectado a um televisor em cores, o código era escaneado eletronicamente e reconvertido em imagens coloridas na tela.
- Lembra-se do "escritório do futuro", promovido pela Xerox e por outras companhias? No escritório do futuro, todos os equipamentos estariam interligados em um sistema central. Nunca aconteceu. (A sensação do momento é a "casa do futuro". Na estrutura atual, todos os equipamentos eletrônicos da casa estarão interligados em um sistema central. A mesma péssima idéia.)

- Lembra-se da "estrada do futuro" promovida pela General Motors na Feira Mundial de 1964, em Nova York? A estrada do futuro seria aberta por um construtor de estrada, uma máquina com um quarteirão de comprimento e 25 m de altura. Operado por 30 homens, o construtor de estradas produziria, no seu interior, 1,5 km de auto-estrada elevada, à razão de quatro pistas por hora, nivelando tudo em seu caminho. (Presumivelmente incluindo os ambientalistas e seus advogados que combatem todos os projetos de construção de estradas.)
- Lembra-se do telefax? Quando o fac-símile tornou-se um grande negócio, na década de 70, os convergentes procuraram maneiras de combinar o fax com o telefone. O telefax seria o grande lançamento da década. (Você tem um telefax? Você conhece alguém que tenha?)
- Lembra-se do computador/telefone, um computador com um telefone anexado? Empresas como Compaq, Northern Telecom, Rolm, Wang e AT&T lançaram computadores/telefones em meados dos anos 80. Os fabricantes acreditaram que era natural combinar um computador com um telefone, pois voz e dados já trafegavam pelas mesmas linhas. Desnecessário dizer que o computador/telefone não foi a lugar nenhum.
- Lembra-se do sistema de *home entertainment*? Uma companhia chamada Advent inventou o televisor de projeção, aparelhos com telas de 40 a 60 polegadas. Mas o televisor de projeção não foi suficiente para Bernie Mitchell, o todo-poderoso CEO da Advent, recrutado a partir de uma gestão bem-sucedida na Pioneer. Vamos abrir as asas da Advent e levá-la ao sistema de *home entertainment*, decidiu Mitchell. É claro, a Advent acabou falindo e o sistema de *home entertainment* também, de certa forma.

  Curiosamente, o televisor de projeção tornou-se um grande sucesso. Se a Advent tivesse mantido o foco em seu produto original, a companhia existiria até hoje.
- Lembra-se da combinação estádio de beisebol/futebol? Times profissionais economizariam uma fortuna jogando em estádios combinados. Um monumento desse ramo da convergência, o estádio Three Rivers, em Pitsburgh, acabou demolido para ser substituído por instalações separadas de beisebol e futebol americano. Mais recentemente, o Veterans Stadium, na Filadélfia, teve o mesmo destino.

  Inaugurado em 1982, o Hubert H. Humphrey Metrodome, em Mineápolis, foi o último estádio multifuncional construído nos Estados Unidos. Pouco mais de duas décadas depois, o Minesota Twins, o Minesota Vikings e o time de futebol americano da Universidade de Michigan quiseram cada qual um estádio novo, e não os culpamos.

- Lembra-se da combinação carro/utilitário Ford Ranchero e Chevrolet El Camino? A despeito das vendas modestas desses veículos convergentes, atualmente as montadoras estão retomando o conceito. O Chevrolet Avalanche e o SSR, o Cadillac Escalade EXT, o Subaro Baja e o Hummer H2 SUT (de utilitário esportivo) são os mais recentes carros/utilitários do mercado. Há também o Lincoln Blackwood, que surgiu e desapareceu tão rápido que ficará conhecido na história automobilística como o modelo com vida mais curta já registrada.
- Lembra-se do V-22 Osprey, da Bell-Boeing, uma combinação helicóptero/avião? O governo americano gastou mais de US$ 12 bilhões até o momento no Osprey, que já caiu três vezes em vôos de teste, causando a morte de 30 pessoas, sendo 26 delas fuzileiros navais.

  O que surpreende no programa Osprey é o endosso praticamente unânime dos especialistas da indústria. "Não abandone um conceito que é o resultado mais revolucionário da indústria aeroespacial no campo da aeronáutica nos últimos 40 ou 50 anos", disse o Dr. Daniel P. Schrage, diretor do Centro de Excelência da Rotorcraft Technology do Georgia Institute of Technology.

  Talvez isso não seja tão surpreendente. Os programas do aerocarro e do carro anfíbio também tiveram o apoio praticamente unânime dos especialistas em transportes. Talvez seja como a floresta e as árvores. Os de dentro vêem as árvores, os de fora vêem a floresta.
- Lembra-se do multifuncional caça-bombardeiro 111? Há alguns anos, o secretário da Defesa Robert McNamara convenceu a todos de que era um desperdício cada força armada ter diferentes modelos de aeronaves para desempenhar tarefas especializadas. Em vez disso, ele disse, desenharemos e criaremos uma única aeronave que possa realizar todas essas tarefas. O resultado foi um desastre, do ponto de vista de custo, treinamento e aplicações táticas. O F-111 permanece no estoque do Pentágono, mas raramente é utilizado. E todas as armas continuam a encomendar e usar uma variedade de aeronaves, cada qual adequada para uma tarefa especial.
- Lembra-se do forro removível, que transformava um sobretudo em uma capa? Como se explica que a maioria das pessoas, hoje, continua tendo capas e sobretudos separados? E por que minha camisa não convergiu com minhas calças, minhas meias com meus sapatos, minhas camisetas com meus shorts?
- Lembra-se do míssil correio? Em 1959, o serviço postal, em colaboração com a Marinha dos Estados Unidos, testou uma nova forma de entrega de correspondência. Antes da chegada do homem à Lua, previu um alto funcionário dos correios, será possível levar, em poucas horas, correspondências de Nova York para a Califórnia, para a Inglaterra, para a Índia e também para a Austrália em mísseis guiados. (Abaixe-se, correio chegando!)

Sem Convergência no Lar

Em praticamente todos os aspectos da vida, as coisas não convergem. O anel de noivado não convergiu para a aliança de casamento, a caneta não convergiu para o lápis, a cadeira não convergiu para o sofá, o carpete não convergiu para sua forração.

Certamente, esforçando-se bastante, você poderá encontrar exemplos de convergência. Entretanto, geralmente, são produtos supérfluos em que a conveniência é a força motriz.

Afinal, a borracha de fato convergiu para o lápis. Essa combinação resultou em um lápis melhor? Não. Em uma borracha melhor? Não. Mas a combinação foi *conveniente*.

O que parece ser o melhor dos dois mundos, normalmente é o pior de ambos. O sofá que se converte em cama, nem é uma cama melhor, tampouco um sofá melhor. Mas para algumas pessoas é conveniente. (Embora a maioria compre sofás e camas separados, quando tem dinheiro e espaço para isso.)

A combinação xampu/condicionador não proporciona um xampu melhor ou um condicionador melhor, mas é conveniente. (Entretanto, a maioria das pessoas compra xampus e condicionadores separados por que acha que são melhores.)

A combinação banheira/chuveiro é a que prevalece na maioria das casas. Entretanto, quando as pessoas podem ter essas unidades separadas, elas o fazem.

Nunca Pare de Tentar

Há alguns anos, um amigo nosso deixou um excelente emprego em uma grande companhia, para participar de uma *start-up* no segmento de fast-food chamada Celebrity House. Era uma idéia bombástica, segundo ele, porque combinaria os dois conceitos de varejo que mais atraíam o público jovem, expressamente discos e hambúrgueres. (Algo como se a Tower Records convergisse para o Burger King.)

Foi uma confusão. Não só os discos ficaram engordurados, como o conceito foi para o lixo também. Os sócios perderam todo seu patrimônio.

Eles nunca aprendem. Na Europa, o McDonald's tentou unir hambúrgueres a hotéis. Chamada de Golden Arch (Arco Dourado), a nova cadeia combinava um convencional hotel de negócios com um restaurante McDonald's. (Temos certeza de que muitos executivos reclamaram de fazer uma reunião de negócios em um hotel hambúrguer. Vamos fazer a reunião *aonde?*).

O Arco não se mostrou tão dourado. Três anos após a inauguração, o McDonald's vendeu para a Rezidor SAS seus dois hotéis Golden Arch, que imediatamente tiveram seu nome trocado para Parks Inn.

Nos Estados Unidos, a rede McDonald's está tentando combinar uma rede de cafeteria do tipo Starbucks com uma lanchonete. Com o nome de McCafe, a cafeteria oferece expressos, salgados, doces e alguns sanduíches especiais, dentro de um restaurante tradicional do McDonald's com menu completo de hambúrgueres e fritas.

Cortamos nosso cabelo e mandamos lavar nossa roupa a seco em dois lugares diferentes, mas temos quase certeza de que não faltará oportunidade para um empreendedor em potencial combinar os dois.

Por outro lado, acho que faltará. Uma companhia chamada Male Care está abrindo uma cadeia de lojas *one-stop* para combinar uma barbearia, um lava-rápido e uma tinturaria. Uma revista francesa, a *Tendances Trends*, reconheceu a Male Care como uma das 100 empresas estrangeiras mais originais.

A Male Care está nadando contra a maré. Costumávamos cortar o cabelo e fazer as unhas no mesmo lugar. Agora vamos a dois lugares diferentes, um para o cabelo e um para as unhas. Isso é a divergência em ação.

Quando a locação de vídeos se popularizou, virtualmente toda drogaria, supermercado e mercearia entrou no negócio com quiosques que diziam: "Alugue um filme para esta noite". Hoje você vê muito poucos desses quiosques, porque os locadores foram para especialistas como a Blockbuster. Combinações quase nunca funcionam.

Que onda.

A Convergência Nunca Morrerá

Ao longo da história, os conceitos de convergência capturaram a imaginação. A sereia, uma combinação peixe/mulher, juntamente com o sereio, uma combinação peixe/homem, têm fascinado o público há milhares de anos.

E da mitologia grega temos o centauro, uma criatura com corpo e patas de cavalo, e cabeça, ombros e braços de homem.

Também da mitologia grega temos o Minotauro, meio homem, meio touro. E a Hidra, a criatura com múltiplas cabeças, morta por Hércules. Há também o sátiro, deidade das florestas dado a festas e libertinagens, uma criatura humana com patas e chifres de cabra e rabo de cavalo.

Os heróis de quadrinhos como o Batman e o Homem-aranha também são exemplos da contínua popularidade dos conceitos de convergência.

Quando uma idéia é capaz de capturar a imaginação, como a convergência conseguiu, fica para sempre na mente de um público crédulo.

Algumas pessoas nunca se convencem. Conforme comentou um observador: "Ainda assim, embora a convergência tenha divergido da via expressa das expectativas imediatas, continua sendo o caminho do futuro. Apenas a jornada, dizem os executivos do segmento de multimídia, será mais longa, mais cara e muito mais complexa do que imaginamos a princípio".

Para o que respondemos, tomando emprestada uma palavra do General McAuliffe na Batalha das Ardenas*, "Loucos".

---

* Resposta do general McAuliffe, do 8º Corpo Americano baseado na região das Ardenas, Bélgica, durante a batalha de Ardenas na Segunda Guerra Mundial, a uma ordem de rendição dada pelo comando do exército alemão. (N.da T.)

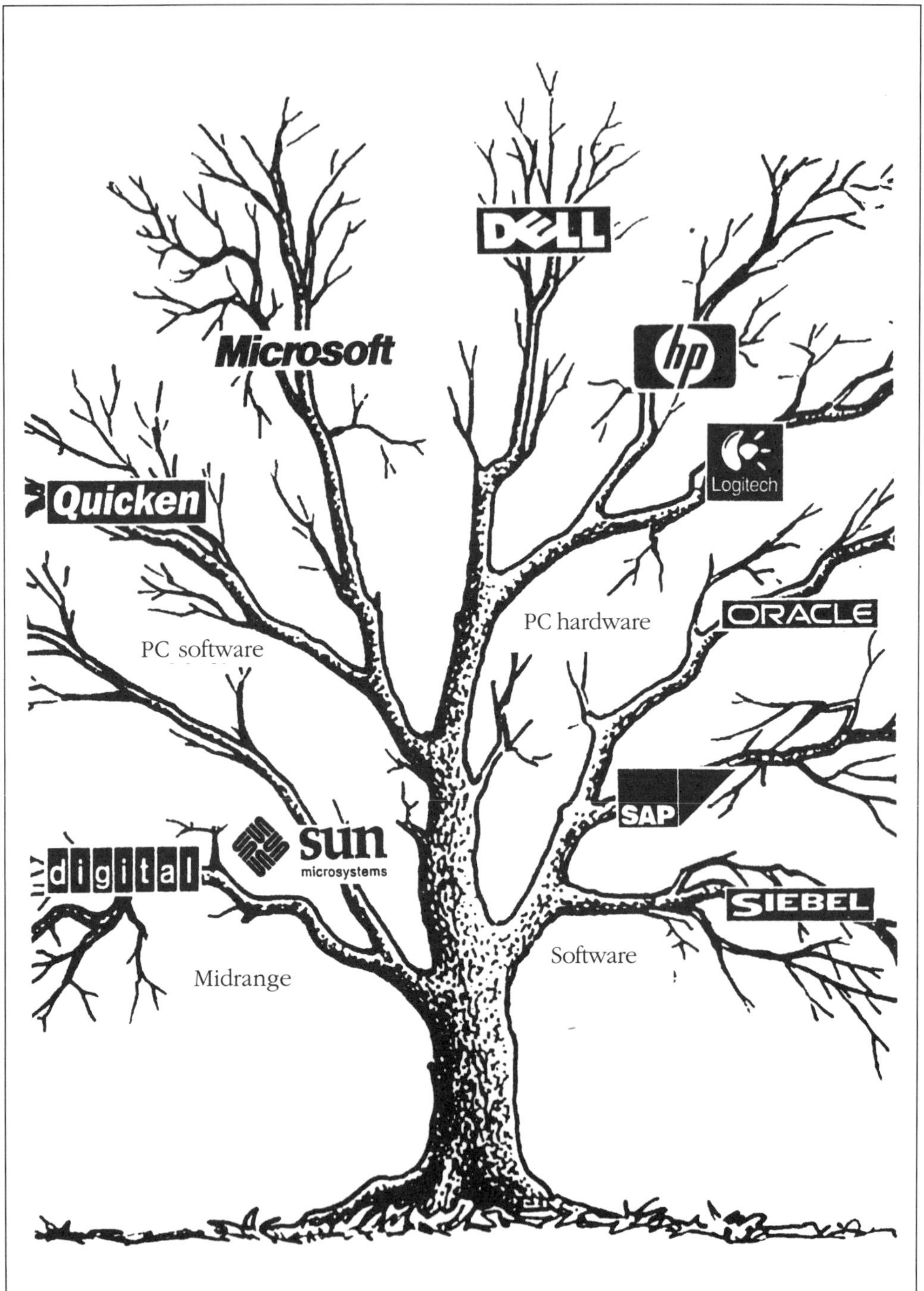

O COMPUTADOR MAINFRAME RAMIFICOU-SE EM SOFTWARE, COMPUTADOR DE MÉDIO PORTE, HARDWARE PARA PC E SOFTWARE PARA PC.

Capítulo 8

A Grande Árvore das Marcas *Hig-Tech*

FOI PRECISO MUITA imaginação para Charles Darwin visualizar sua "grande árvore da vida", um processo de divergência que ocorreu ao longo de centenas de milhares, ou mesmo milhões de anos.

Temos sorte. Agora, conseguimos ver marcas divergirem em um período de tempo muito mais curto. Considere o computador, por exemplo. A semente foi plantada em 1946 por dois engenheiros da Universidade da Pensilvânia. Sua invenção, chamada de Eniac, foi o primeiro computador para fins gerais totalmente eletrônico.

Branding na Era do Computador/Informática

A introdução do Univac da Remington Rand, em 1951, e do mainframe da IBM, logo em seguida, marcou o verdadeiro começo da era da computação. E que era.

Em pouco mais de 50 anos, o mundo testemunhou uma impressionante gama de produtos: minicomputadores, computadores de médio porte, computadores pessoais, computadores de rede, computadores portáteis e computadores de mão, além de muitos milhares de produtos de software. Há revistas sobre computadores, boletins informativos, web sites e a Internet, além de um exército de consultorias de informática.

O crescimento da árvore do computador e de seus diversos ramos permitiu a criação de muitas marcas poderosas e valiosas, incluindo IBM, Unisys, Hewlett-Packard, Sun Microsystems, Siebel, Oracle, SAP, Dell, Apple, Palm, Intel e Microsoft.

O tronco da árvore do computador (IBM) vale US$ 167 bilhões no mercado de ações. Mas só as outras 11 companhias valem US$ 852 bilhões, e há milhares de outros ramos na árvore do computador.

É interessante especular o que teria acontecido se a IBM tivesse lançado marcas separadas para cada um dos principais ramos de computadores. A IBM teria se tornado a

Procter & Gamble dos computadores, com vendas muitos dígitos maiores do que as atuais?

O que está acontecendo na computação também ocorre em todas as outras indústrias, seja de eletrodomésticos, automóveis, bebidas, artigos de higiene, alimentos, ou qualquer outra que você cite, há a divergência em ação. Com o tempo, as categorias se dividem, transformando-se em duas ou mais categorias, criando infindáveis oportunidades de se construir novas marcas.

O Tempo Corre em uma Única Direção

Há algumas gerações, a vida era mais simples. Grande parte das pessoas vivia em fazendas e possuía apenas alguns itens de vestuário, poucos eletrodomésticos e alguns poucos vidros com formulações, em seu armário de medicamentos, se é que tinham um armário de medicamentos. Desde então, tivemos gerações de divergência e a vida tornou-se muito mais complicada.

Se a convergência for de fato uma tendência, isso significa que centenas de anos de divergência foram repentinamente interrompidos e a vida ficará mais simples.

Pouco provável.

A vida nunca fica mais simples. Fica cada vez mais complicada. Você pode ter certeza de uma coisa, não importa a árvore que esteja examinando. No futuro, haverá mais ramos, mais categorias e mais marcas.

Conhecimento é poder. Conhecer aquela categoria que irá eventualmente divergir é muito útil para qualquer profissional que esteja em busca de uma oportunidade para lançar uma nova marca.

Divergência em Computadores Pessoais

No começo, as três marcas principais eram o Apple IIe, o Commodore Pet e o TRS-80 da Radio Shack. Todos os primeiros computadores pessoais possuíam uma estrutura única, na qual teclado, CPU e monitor estavam integrados a um único gabinete.

Agora, o que você supõe que acontecerá com a tecnologia dos computadores pessoais?

Um convergente procuraria dispositivos úteis para combinar com o computador pessoal. Que tal uma impressora? Quão eficiente é um computador pessoal, se você não pode imprimir seu trabalho?

Existe algum computador pessoal, hoje, com uma impressora integrada? Não que saibamos. Ao contrário, foi a tendência oposta que prevaleceu. No lugar de gabinetes integrados, a maioria dos computadores pessoais, de mesa, tem teclado e monitor separados. E, é claro, impressora.

Vamos examinar a convergência de um ângulo diferente. Se você fosse um fabricante e acreditasse que existe uma oportunidade de integrar uma impressora a sua linha de computadores pessoais, que tipo de impressora você escolheria?

- Laser: colorida ou branco e preto?
- Jato de tinta: colorida, branco e preto ou de foto?
- Bubble jet (jato de bolha)?
- Portátil, de mesa ou de grande capacidade?
- De alta velocidade (cara) ou lenta (barata)?

A proliferação das impressoras ou (divergência) é a razão pela qual a convergência é uma proposta fracassada. Há sempre um novo tipo disponível. Com que impressora você combinaria seu computador?

Até mesmo a impressora de fotos divergiu para uma nova direção. Em vez da tinta líquida convencional, as impressoras mais caras usam uma tecnologia de sublimação (tons contínuos, não pontos), em que a tinta é convertida ao estado gasoso e aplicada no papel sem passar pela fase líquida.

O que ocorreu com o computador pessoal é típico do que ocorre em praticamente todas as outras indústrias. Com o decorrer do tempo, a divergência cria categorias novas, que por sua vez criam oportunidades novas para marcas novas.

A divergência nos computadores pessoais criou oportunidades para se construir uma marca de monitor (ViewSonic), uma marca de teclado e de mouse (Logitech), uma marca de sistema operacional (Microsoft), uma marca de microprocessador (Intel), uma marca de unidade de disco (Seagate), uma marca de modem (Hayes), marcas de unidades de armazenamento (Zip, Migo), marcas de impressora (Epson, Lexmark), uma marca de impressora laser (Hewlett-Packard), uma marca de software financeiro (Quicken), uma marca de projetor de vídeo (InFocus), uma marca de scanner (UMAX), uma marca de caixa de som (Altec Lansing), uma marca de impressora de etiquetas (Dymo), e muitas mais por vir.

Que marcas foram criadas pela combinação do computador pessoal com outro produto? Nenhuma que saibamos.

Apenas uma dessas marcas "divergentes" (Microsoft) vale quase duas vezes mais no mercado de ações do que toda a IBM, a marca de computador dominante nos primórdios da indústria. É assim que as coisas são. Um segmento de uma categoria em geral vale mais do que toda a categoria, ao menos do ponto de vista do *branding*.

Então, onde está a verdadeira oportunidade? Juntando ou separando coisas?

A Palm Computing tirou a função "agenda eletrônica" do computador pessoal, para criar a marca Palm, o primeiro computador de mão. A Research-in-Motion tirou a função correio eletrônico do computador pessoal para criar a marca BlackBerry, o primeiro dispositivo de correio eletrônico sem fio.

Nem todo segmento se transforma em uma oportunidade de construção de marca. No modem para acesso discado, por exemplo, existe uma barreira tecnológica em 56K. Não é possível produzir um modem mais rápido para ser conectado aos fios de cobre da rede telefônica. Então o Hayes passou de 14K para 28K e para 56K, quando a evolução do modem parou. O modem tornou-se uma commodity e a Hayes Microcomputer Products Inc. faliu.

Na grande árvore das marcas *high-tech*, obviamente, haverá ramos mortos (e marcas mortas).

A Divergência Geralmente Não Destrói

Por mais estranho que possa parecer, o computador não acabou com a calculadora de bolso. Milhões de calculadoras são vendidas anualmente. Entretanto, devido à evolução, a calculadora tornou-se menor, mais leve e barata. E surgiu também um novo tipo de calculadora, a científica.

Na maioria dos casos, a nova categoria coexiste com a antiga. O barbeador elétrico não acabou com o aparelho de barbear. Tampouco a escova de dentes elétrica acabou com a escova de dentes comum. A vida continua. Mas, graças à divergência, fica mais complicada.

Na esfera do computador pessoal, outra categoria em desenvolvimento é o "Smart Keyboard", um processador de texto barato, simples, leve, que consome pouca energia. (Tudo o que um computador pessoal não é.) A marca líder é a AlphaSmart, que comercializa um dispositivo de US$ 230, que pesa 1 kg, criado por dois engenheiros da Apple. Sem *trackpad*, sem modem, sem *slots* de expansão e com memória suficiente para armazenar apenas algumas páginas de texto. Essa é a notícia ruim. A notícia boa é que o AlphaSmart permite 700 horas de uso com um conjunto de pilhas AA.

O que o AlphaSmart faz pelo processamento de texto, o MailStation faz pelo e-mail. São apenas três coisas, mas as executa extremamente bem: (1) cria um e-mail, (2) envia e-mail e (3) recebe e-mail. O MailStation custa menos que US$ 100, mais US$ 10 pelo serviço de Internet.

Aviso. Desguarnecer e divergir são filosofias diferentes. Muitas companhias acham que podem tirar os acessórios de seus produtos para criar uma nova categoria para o mercado interno. (As montadoras quase sempre tiram os acessórios cromados de um carro, para vendê-lo como modelo popular, o que também não funciona.)

Todo grande fabricante de PC já experimentou a estratégia de desguarnecer obtendo pouco sucesso, começando pelo PCjr da IBM. Alguns exemplos recentes incluem Audrey da 3Com, eVilla da Sony, Dot.Station da Intel, NIC da Oracle, Touchpad da Gateway/AOL, WebPad da Honeywell, MSN Companion da Compaq e iPaq Home Internet Appliance da Compaq.

Desguarnecer um produto existente geralmente significa reduzir valor mais rápido do que reduzir custos. A fabricação de um carro duas portas não custa a metade de um carro quatro portas. É por isso que a indústria automotiva vende muito menos cupês do que sedãs.

A Palm tem um vencedor em sua linha Zire de PDAs, dispositivos simples que excluem todos os extras da convergência como telefone, câmera e navegação na Internet. Está vendendo feito água, pois o Zire é a essência da Palm, uma agenda eletrônica pequena e simples.

Divergência em Outras Áreas

Considere os semicondutores, por exemplo. A válvula a vácuo (fundamentalmente um semicondutor gigante) não se tornou cada vez menor, até evoluir para um transístor. Em vez disso, o transístor foi um ramo totalmente distinto do galho semicondutor.

Nenhum dos grandes fabricantes de válvulas a vácuo (Western Electric, Sylvania e outros) fez a transição para semicondutores. Ao contrário, os nomes importantes em microprocessadores são marcas novas como Intel e Advanced Micro Devices.

Veja os *handhelds*, ou computadores de mão. Enquanto bilhões de dólares estão sendo gastos para tentar combinar computadores de mão, do tipo Palm, a celulares e outros dispositivos, a verdadeira ação está acontecendo na direção oposta. A ação está nas companhias que produzem hardware e software especializados e sob medida para indústrias específicas.

Médicos podem usar em seus *handhelds* software de companhias como Epocrates e Allscripts Healthcare Solutions para checar interações medicamentosas e escolher dosagens. Podem também usá-los para escrever receitas e enviá-las à farmácia. Podem definir preços para diferentes serviços e fazer anotações sobre pacientes.

Garçons podem usar *handhelds*, rodando o software da Ameranth, para alimentar diretamente a cozinha com os pedidos, assim como a unidade do caixa, ganhando mais tempo para bajular os clientes que presumivelmente os recompensarão com boas gorjetas.

O pessoal de vendas pode usar *handhelds* com o software da Inventive Pocket Advantage para inserir pedidos e verificar estoques e entregas. É comum que equipes de vendas economizem de uma a uma hora e meia por dia eliminando muito do trabalho administrativo associado às ferramentas de vendas tradicionais.

Marcas como Epocrates, Allscripts, Ameranth e Inventiv se tornarão grandes sucessos? Muitas delas provavelmente não, pois o destino é uma loteria. Mas ao menos têm a chance de dar certo porque estão divergindo de uma tecnologia existente. Por outro lado, um conceito de convergência está praticamente fadado ao fracasso.

As empresas de entrega de encomendas foram pioneiras em adaptar computadores de mão às necessidades de uma indústria específica. Atualmente, a UPS, a FedEx e a Airborne estão equipando seus motoristas com *scanners* e *handhelds* sem fio, que alimentam com informações seu sistema mundial de rastreamento de encomendas. Esses também não são projetos pequenos. A UPS está gastando US$ 250 milhões em sua tecnologia sem fio e a FedEx, US$ 150 milhões.

Estima-se que o mercado de computadores de mão especializados será cerca de quatro a cinco vezes maior que o mercado de dispositivos do tipo Palm para fins gerais. Com um aumento correspondente das oportunidades de construção de marca.

Divergência em GPS

A revolução do microprocessador gerou uma gama de produtos de alta tecnologia (assim como de marcas de alta tecnologia).

Vários desses produtos utilizam o Global Positioning System. Desenvolvido para o exército, o GPS é um sistema baseado em satélite que permite aos usuários determinar em que longitude e latitude estão, em qualquer parte da Terra, em uma faixa de aproximadamente 500 metros. Os dispositivos de GPS tornaram-se uma parte essencial da vida do exército, seja integrados a veículos (onde é conhecido como *blue-force tracker*) ou em pontos fixos (onde é conhecido como *plugger*).

Como era previsto, a turma da convergência avançou no GPS tentando combiná-lo com um computador de mão (o GeoDiscovery Geode e o StreetFinder GPS da Rand McNally) e com um computador pessoal (o CoPilot da TravRoute). Nenhuma dessas marcas tem chances de ir a lugar algum.

Por que o *blue-force tracker* não é um exemplo de convergência? Afinal, o dispositivo de GPS está integrado a um veículo de combate.

Uma linha muito tênue separa a verdadeira convergência de produtos que foram agrupados por conveniência. O *blue-force tracker* está fisicamente integrado a um veículo, mas, funcionalmente, é um produto distinto.

É como o rádio em um automóvel. Você pode tirar o rádio do carro e ele continuará funcionando. Separar duas funções em um dispositivo convergente normalmente produz duas pilhas de peças inúteis.

A melhor direção para o GPS é uma unidade independente. A Garmin e a Magellan (bonito nome) fabricam unidades utilizadas por *hikers* (praticantes de caminhada em trilhas), marinheiros e amantes de engenhocas. O NeverLost Hertz é outro sistema de navegação baseado em GPS. Assim como o serviço OnStar, da General Motors. Um dispositivo de GPS pode dizer onde você está a qualquer hora do dia ou da noite.

Então, como uma companhia pode explorar o ramo GPS por meio da divergência? Uma forma é isolando um segmento do mercado.

Em Vez de Todos, Que Tal Alguém?

Que tal um dispositivo de GPS para crianças? A Wherify Wireless (cujo fundador, Timothy Neher, criou a companhia após quase perder os filhos de seu irmão no zoológico) possui um dispositivo de GPS leve, que você prende no pulso das crianças como um relógio.

Chamado de "LoJack for kids," o relógio da Wherify pode ser programado para avisar os pais, quando a criança sai de determinada área. Também possui um "botão pânico" que alerta os pais, e um operador do 911 (polícia). (A Applied Digital Solutions e a GBSTracks fabricam produtos similares.)

E há também o "LoJack for dogs". A AVID Identification Systems (e a Destron Fearing) produzem microchips baratos, que podem ser implantados em cachorros. Cada chip tem um número exclusivo que permite a veterinários, canis, hospitais de animais e outros identificar o animal com um scanner. Mais de 18 mil scanners da AVID estão atualmente em uso.

O que a AVID está fazendo pelos cachorros e a Wherify pelas crianças, a Road Safety International faz pelos adolescentes. A companhia fabrica uma caixa preta que monitora o adolescente, enquanto ele dirige. Chamada de SafeForce, a caixa grava dados como a velocidade do carro. Ela emite um alarme de alerta, quando o motorista está em alta velocidade ou acelerando demais nas curvas. Os pais podem checar a caixa mais tarde, para saber a que velocidade o jovem dirigia.

E há também a DriveCam, que algumas companhias usam para promover a direção segura entre seus funcionários. Instalada atrás do espelho retrovisor, o dispositivo, do tamanho de um palm, captura o que o motorista vê e ouve, assim como os efeitos da força da gravidade em frenagens bruscas, aceleração rápida, velocidade em curvas e colisões.

Estreitando o Mercado

Aplicar uma tecnologia existente a um segmento estrito do mercado é a forma mais segura de se construir uma marca. Alguns exemplos: radar detector (Passport), bafômetro (PNI), localizador de peixes (Smartcast), localizador para campo de golfe (StarCaddy), medidor pessoal de distância/velocidade/calorias (SportBrain), monitor de condições do tempo (Davis), tradutor de idiomas (Phraselator), medidor de consumo de energia *handheld* (Kill A Watt) e detector de identidade falsa (IDLogix).

Há também um tradutor para cachorros (Bow-Lingual), que converte latidos em frases humanas. Quando um cão late ao microfone, o som é comparado com as vozes de 80 raças. Os latidos são classificados em seis categorias: feliz, triste, frustrado, zangado, afirmativo e necessitado. A partir daí, o Bow-Lingual seleciona e apresenta frases que possam fazer sentido. Embora tenha poucas chances de se tornar um grande sucesso, o Bow-Lingual ilustra o princípio geral de que marcas são construídas com o pensamento "focado".

As maratonas de Nova York, Boston e algumas outras usam o *transponder* ChampionChip, que pesa cerca de quatro gramas, dentro de um invólucro de plástico preso ao cadarço do tênis do corredor. Os *transponders* são capazes de produzir resultados individuais precisos para dezenas de milhares de atletas. Eles monitoram o tempo que os atletas realmente levam para correr o percurso, baseado no que é conhecido como *chip time* (hora do chip), em relação resultado oficial, e baseado no *gun time* (hora da largada). (Algum dia, o *chip time* provavelmente será a hora oficial.)

O segmento médico atraiu um grande número de empreendedores que desenvolveram uma variedade de novos produtos úteis: o medidor de glicemia para diabetes (OneTouch), o monitor de glicose (GlucoWatch), o desfibrilador portátil (HeartStart), o monitor de fertilidade (PSC), o monitor de freqüência cardíaca sem fio (Polar) e o desfibrilador implantável (Gem III DR.)

Para esses e muitos outros produtos de alta tecnologia, os problemas são sempre os mesmos: tornar os dispositivos menores, mais leves e mais baratos, para ampliar o mercado. O pensamento divergente ajuda a resolver tais problemas. O pensamento convergente faz o oposto.

O protótipo do GlucoWatch era quase do tamanho de um tijolo, grande demais para ser carregado. "Nós conseguimos solucionar os problemas e ajustar seus controles enquanto ele era grande", disse o diretor de pesquisa da companhia. "Quando ficou perfeito, o desafio foi torná-lo pequeno o suficiente para ser comercializado."

Divergência em Biometria

Após os atentados de 11 de setembro, a segurança tornou-se uma questão crítica. Com isso, a biometria se destacou como uma das áreas mais importantes da alta tecnologia, aquela que identifica pessoas por meio de impressões digitais, olhos e outras características físicas.

É interessante como dispositivos de "controle de acesso" divergiram ao longo dos anos. Primeiro veio a chave, que ainda é usada por mais de 90% das fechaduras no mundo. Depois veio o cartão, que contém um microchip capaz de ser programado externamente. Todo hotel moderno mudou de chaves para cartões.

O último lançamento foi o cartão sem contato (ProxCard), que usa tecnologia de identificação por radiofreqüência. Basta movimentar o cartão na frente da fechadura e ela se abre. (A mesma tecnologia é usada nos pedágios equipados com o sistema E-ZPass.)

Dispositivos de escaneamento de impressão digital (Indentrix) são outro ramo do galho de controle de acesso. É fácil perder um cartão, mas é difícil trocar de mão. Também participa dessa corrida o escaneamento da íris (Iridian), que alega ser a tecnologia biométrica de maior precisão. Aparentemente, não existem duas íris iguais.

Os olhos apresentam uma vantagem sobre a impressão digital. Os criminosos, diz-se, podem criar impressões digitais falsas usando moldes de cera. (Outra futilidade interessante que você pode aprender assistindo ao seriado *CSI*).

É muito mais difícil passar cera no olho.

Divergência em Marcas de Componentes

O pensamento divergente deve estimular os inovadores a se perguntarem: "Que componente de um novo produto podemos focar para construir uma marca?" A verdade é que você pode ganhar mais dinheiro vendendo pilhas (Duracell) do que lanternas. Filmes (Kodak) do que câmeras. Software (Microsoft) do que hardware.

O componente *high-tech* mais recente, que está experimentando um salto na popularidade, é o cartão de memória. No ano passado, as vendas mundiais de cartões de memória ultrapassaram US$ 3 bilhões. Os cartões da CompactFlash, uma das marcas líderes em cartões de memória, podem ser usados nas câmeras digitais da Nikon e da Pentax, nos *handhelds* Hewlett-Packard Jornada e iPaq e nos celulares da Nokia.

Em breve, os microchips de identificação por radiofreqüência (RFID) usados para abrir fechaduras também abrirão um grande mercado para controle de estoque. A Benetton encomendou cerca de 15 milhões de etiquetas RFID (Philips) para rastrear roupas à medida que são confeccionadas, despachadas e vendidas. Leitores RFID em quase 5 mil lojas coletarão dados de ponto-de-venda e enviarão automaticamente para a Benetton.

A Procter & Gamble testou chips RFID nas embalagens do xampu Pantene e do papel higiênico Bounty. E a Gillette está testando os chips nos aparelhos de barbear Mach 3.

Mas o grande impulso na tecnologia RFID está vindo do Wall-Mart. A companhia ordenou recentemente a seus 100 maiores fornecedores que instalem chips em suas embalagens e paletes. Os especialistas da indústria estimam que essa decisão significará a venda de aproximadamente 8 bilhões de etiquetas por ano.

Divergência em Software

Nada ilustra melhor o poder da filosofia da divergência do que o software. Milhares de marcas de sucesso foram criadas pela invenção de categorias especializadas de software.

Considere a Apple Computer, que já foi a maior fabricante de computadores pessoais do mundo, agora relegada a status de nicho em um mercado dominado por máquinas Wintel (computadores que usam o software Microsoft Windows e microprocessadores Intel).

E se? E se a Apple tivesse escolhido a estrada com a placa "divergência", em vez daquela com a placa "convergência"?

Em 1984, a Apple lançou o Macintosh, "o primeiro computador para o resto de nós". E o que havia de tão extraordinário no Mac? Sua interface gráfica, que incluía menus *pull-down* e um design de *desktop*. Você podia abrir diversos arquivos na tela, assim como em um *desktop* de verdade.

O Macintosh já criava janelas antes de a Microsoft criar as janelas do Windows. Infelizmente, para a Apple, a IBM lançou o primeiro computador pessoal sério, de 16 bits (o PC), em 1981, dois anos e meio antes do Mac. (É melhor ser o primeiro do que ser o melhor.)

Em 1984, o IBM PC e seus clones já haviam se tornado o padrão da indústria de computadores pessoais. Os usuários ficaram extremamente relutantes em mudar, até mesmo para um produto claramente superior. Isso deu tempo à Microsoft para criar um software "eu-também" chamado Windows. (Alerta para os empreendedores: não desprezem uma cópia barata. Copiar a idéia de alguém e lhe acrescentar algo mais é uma das estradas mais confiáveis para o sucesso.)

O e se? Para a Apple é óbvio. E se a Apple tivesse lançado apenas um software que criasse janelas, em vez de lançar o Macintosh? Talvez ela estivesse na mesma posição de liderança ocupada pela Microsoft. (No mercado de ações, a Microsoft vale 36 Apples.)

A convergência ganha a publicidade, mas é na divergência que está o dinheiro. Se você estudar a história de cada conglomerado em dificuldade, normalmente encontrará, na estrada, um desvio que não foi tomado. Um desvio que teria levado a companhia ao topo do sucesso. Um desvio com a placa "divergência".

Será que a Apple Computer chegou a considerar essa estratégia? Obviamente não. Imagine a reação: "Estamos no negócio de computadores, *não* de softwares".

A Guerra das Planilhas Eletrônicas

Uma das primeiras estrelas do software foi o VisiCalc, uma planilha eletrônica. Era tão útil que executivos e profissionais procuraram e compraram a única máquina em que ela podia ser usada, o Apple II de oito bits.

O lançamento do IBM PC com 16 bits criou oportunidade para uma versão de 16 bits do VisiCalc. O primeiro produto de planilha a tirar proveito dessa oportunidade foi o Lotus 1-2-3. (Todo produto novo, serviço novo, tecnologia nova, cria novas oportunidades de *branding* que podem se estender em várias direções diferentes.)

O Lotus 1-2-3 tornou-se um grande sucesso. Durante alguns anos, a Lotus Development Corporation foi a maior companhia de software para computador pessoal do mundo, à frente até da Microsoft.

O que impressiona no Lotus 1-2-3 e em muitas outras marcas de sucesso é a penetração do pensamento convergente. O motivo para o nome incomum da marca era que o produto combinava "planilha, gerenciamento de informação e gráficos em um único software".

A propaganda da nova marca Lotus 1-2-3 continha 310 palavras, uma das quais era *planilha*, que não aparecia antes da décima primeira frase do texto. Um sucesso de divergência em um pacote de convergência.

No software, e em outros produtos, o *bundling* (venda casada/pacote) pode criar a ilusão de convergência em ação. Na maioria dos casos, entretanto, um pacote envolve produtos "essenciais" e produtos que podem ser considerados commodities. O Microsoft Office, que tirou o Lotus 1-2-3 do mercado, é um bom exemplo de pacote.

O problema do pacote deve ser resolvido na justiça, não no mercado.

Como você compete com uma usina de software como a Microsoft? Você não pode enfrentar a Microsoft colocando seus produtos em um pacote, como a Lotus tentou fazer com o SmartSuite. O pacote só funciona para um líder com poderes monopolizadores. Você deve procurar maneiras de divergir da multidão.

A Intuit Inc. conseguiu essa proeza com três marcas e todas elas se tornaram líderes em suas áreas. Quicken (finanças pessoais), Quick-Books (contabilidade para pequenas empresas) e TurboTax (preparação de impostos).

Hoje a Intuit tem vendas anuais de US$ 1,4 bilhão, com uma margem de mais de 10% de lucro líquido. Por outro lado, a fatia de mercado do Microsoft Money é minúscula.

Divergência em Telefones

Por 70 anos, o segmento de telefonia nos Estados Unidos foi um monopólio fortemente controlado pela AT&T, um ditador benevolente. Como resultado, o sistema telefônico era uma operação monolítica, com pouca divergência e praticamente nenhuma nova marca.

Quase todos os instintos de um monopolista são contra as leis da natureza. Mantenha tudo sob o mesmo nome e não permita que haja qualquer processo de divergência. (O serviço postal dos Estados Unidos é um bom exemplo desta raça.)

Então, em 1968, a Federal Communications Commission tirou o monopólio de equipamentos de telefonia da AT&T (a decisão Carterfone) e um ano mais tarde autorizou rivais, liderados pela MCI, a utilizar a rede. Finalmente, o Departamento de Justiça venceu uma ação antitruste de 10 anos, que levou à divisão da AT&T, em 1984.

O cenário estava pronto para décadas de divergência. Telefones sem fio, telefones para carros e telefones celulares foram apenas algumas das inovações.

O primeiro telefone celular, o Motorola DynaTAC 8000x, foi lançado em 1983. Você deve ter notado que é costume, no campo da alta tecnologia, dar ao primeiro exemplar de qualquer coisa um nome longo, complicado e incomum.

O primeiro computador não foi chamado de computador, mas de "integrador numérico eletrônico e computador". O primeiro computador pessoal foi o microcomputador MITS Altair 8800. (Ei, Motorola, e se você tivesse dado um nome simples ao primeiro celular? Algo como Nokia?)

Embora a Motorola tenha sido a pioneira em telefones celulares (chegou a deter 45% do mercado mundial), jogou para perder. Hoje, a Nokia, uma companhia de um único produto, tem 35% do mercado mundial e a Motorola, apenas 15%.

Um produto dinâmico, de crescimento vigoroso como o celular, precisa se libertar do ambiente confinante de um conglomerado, se pretende atingir todo seu potencial. Perto de um bilhão de consumidores no mundo inteiro, ou uma em cada seis pessoas usa atualmente um celular.

Os computadores pessoais experimentaram cenário muito parecido. A IBM não era páreo para a companhia de um único produto, a Dell. Quanto mais dinâmico é o novo produto ou serviço, maior é seu potencial e mais ele precisa divergir para se libertar de seus amos corporativos. (O desmembramento é uma das formas.)

No mínimo, esse tipo de produto novo precisa de um nome totalmente novo. Entretanto, esses são exatamente os produtos novos com a menor probabilidade de serem desmembrados e receberem uma identidade nova.

Quando sugerimos à direção da IBM usar um nome diferente para seu novo computador pessoal (o IBM PC), eles nos disseram que o produto era tão importante para o futuro da empresa, que precisava incluir o nome IBM. Resultado a lamentar: a IBM perdeu dinheiro com computadores pessoais durante 21 anos seguidos. Pela primeira vez, em 2003, a IBM registrou um pequeno lucro com computadores pessoais.

Divergência em Telefones Celulares

Qualquer categoria vigorosa como o telefone celular deve divergir novamente, e estamos começando a ver alguns exemplos. Existem celulares baratos, caros, e de preço moderado.

Os relógios de pulso passaram pelo mesmo processo. Hoje, temos relógios baratos (Timex), de preço médio (Seiko), relógios de moda (Swatch), esportivos (TAG Heuer), relógios caros (Rolex) e relógios realmente caros (Patek Philippe).

No extremo popular dos celulares está um telefone descartável feito pela Hop-On Wireless. Do tamanho de um baralho, o telefone oferece 60 horas de conversação por uma tarifa fixa de 40 dólares. Você pode comprar tempo adicional de conversação em cartões de 12, 60 e 90 minutos. (Se a idéia de um telefone descartável parece boba, quem teria previsto o enorme sucesso das câmeras fotográficas descartáveis?)

No extremo do luxo está o Vertu, da Nokia. Com visor de cristal de safira e cravejado de rubis, o Vertu está disponível nos acabamentos aço inox, ouro e platina, com preços variando entre US$ 4.900 e US$ 19.450. Gwyneth Paltrow tem um, assim como Madonna. Jeniffer Lopez disse que tem três. (Centenas de milhares de pessoas gastam todo esse dinheiro em um relógio para ver as horas. Por que não gastar o mesmo em um aparelho para fazer ligações telefônicas?)

Em algum ponto, no meio, está o telefone da moda. A Siemens lançou o Xelibri, que estará disponível nas coleções de primavera e outono, com quatro opções de modelo em cada coleção.

Existem também celulares para fins especiais, como o Magnavox 911, que só pode ser utilizado para ligar para a polícia. É uma verdadeira barganha, se seu único motivo para ter um celular for uma emergência. Não é cobrada taxa de assinatura, nem de ativação ou *roaming*.

Outro ramo relacionado ao telefone é o radiocomunicador, com marcas como Audiovox e Cobra. E a Nextel está fazendo um bom trabalho ao promover o serviço de radiocomunicação (ou *walkie-talkie*) em sua rede sem fio.

Ainda não está claro quais ramos poderão surgir do telefone celular no futuro, visto que a indústria ainda está em seus estágios iniciais. Entretanto, os principais fabricantes (Nokia, Motorola e outras) estão muito mais focados na convergência do que na divergência.

Eles estão gastando seus dólares em pesquisa e desenvolvimento para combinar o celular com câmeras, computadores de mão e uma gama de outros dispositivos.

Deveriam observar a árvore do telefone celular, para descobrir que ramos poderiam ser desenvolvidos, e então escolher um para dominar.

Não se pode culpar as companhias por ignorar oportunidades de divergência. É difícil ver a divergência em ação. Poucas pessoas já conseguiram identificar um novo ramo crescendo no galho da arvore. Um dia você olha para a árvore no seu quintal e pensa: como surgiram todos esses ramos? (Consideramos a possibilidade de usar fotografia de lapso de tempo para demonstrar a divergência.)

Divergência na Televisão

Outra indústria que demonstra futilidade ao tentar dominar cada ramo divergente é a da televisão. É claro que ela não convergiu para outro meio. Divergiu. E agora temos TV a cabo, por satélite e *pay-per-view*. Há TV aeroporto, TV elevador e TV táxi, com mais ramos por vir.

A maior ramificação ocorreu quando a TV a cabo divergiu da TV aberta. Nenhuma das grandes marcas da TV aberta (ABC, CBS, NBC) tornou-se uma grande marca de TV a cabo. (Também nenhuma delas se tornou uma marca na Internet.)

A maioria das marcas de cabo bem-sucedidas possui identidade totalmente nova. CNN, ESPN, HBO, MTV, VH1, BET, Nickelodeon, Home Shopping, QVC, Weather Channel, Discovery etc.

O controle acionário de apenas uma dessas marcas de cabo (a QVC) foi vendido recentemente por US$ 7,9 bilhões, tendo sido o canal todo avaliado em astronômicos US$ 13,6 bilhões.

Quando ocorre divergência, a vantagem pertence à marca que cria uma identidade separada. A Nickelodeon, por exemplo, é mais bem-sucedida que o Disney Channel. (Imagine tentar dizer a Michael Eisner que a Disney deveria usar um nome diferente em seu novo canal a cabo e você entenderá por que a maioria dos canais a cabo bem-sucedidos não foram criados por grandes companhias com suas grandes marcas e seus grandes egos.)

No princípio, quando uma indústria ainda é recente, a administração acredita que o ramo emergente precisa do suporte da marca principal. E talvez precise. Mas quando o novo ramo fica maior e mais forte, ele se separa do ramo principal e então um nome de extensão de linha torna-se uma grande desvantagem.

A divergência segue um padrão. No princípio, o *establishment* ridiculariza a possibilidade de uma ameaça competitiva a suas marcas poderosas. Não foram a ABC, CBS ou a NBC as pioneiras da TV a cabo. Foram John e Margaret Walson, donos de uma loja de eletrodomésticos em Mahanoy City, Pensilvânia.

Não foram a Time Warner, a Comcast ou a Cablevision as pioneiras da TV por satélite, mas a forasteira Hughes Electronics, que lançou a DirectTV, o primeiro sistema de televisão por transmissão direta via satélite.

Mais adiante, o *establishment* percebe o sucesso dos forasteiros e mobiliza esforços "eu-também" usando nomes que já existem. Então a NBC lança um canal a cabo chamado (naturalmente) CNBC, que no máximo pode ser considerado um sucesso módico.

Até mesmo um meio de comunicação antigo como o rádio mostrou sinais de divergência recentemente. As duas novas categorias são o rádio digital (que requer um novo equipamento de rádio) e o rádio digital por satélite (que requer tanto um novo equipamento de rádio quanto uma assinatura mensal).

Divergência no Serviço de Internet

No princípio, você só conseguia entrar na Internet por meio de um modem de acesso discado e um provedor de serviço de Internet como a America Online, a Compuserve ou a Prodigy.

Mas o acesso discado está limitado a velocidades de até 56 mil bits por segundo. A categoria seguinte foi a "banda larga" e você tinha a opção de acesso via linhas DSL (digital subscriber line) ou via cable modem (por cabo). Em ambas, o limite de velocidade aumentou para 128 mil a 800 mil bits por segundo.

Hoje, você tem outra opção, a sem fio, que usa antenas e sinais de rádio para conectar a Internet. As velocidades são comparáveis à das linhas DSL, mas o custo mensal é menor.

A marca dominante do acesso discado nos Estados Unidos é a America Online. A AOL será a marca dominante na banda larga como está tentando fazer?

Improvável. À medida que o serviço Internet diverge, criam-se oportunidades para novas marcas.

No horizonte estão linhas de fibra óptica, que podem transmitir informações 100 vezes mais rápido do que as linhas DSL e os *cable modems*. No ano passado, gigantes da telefonia como a Verizon, a SBC Communications e a Bell South anunciaram que definiram, em conjunto, padrões para equipamentos FTTP e abriram uma concorrência para fabricantes de equipamentos de telecomunicações.

É assim que as coisas são. Sempre há espaço para novas categorias e novas marcas.

Nada Fica Parado no Tempo

Administradores perspicazes são rápidos em adotar novas tecnologias, mas não com suas marcas existentes. Uma tecnologia nova divergente requer uma nova marca.

Outra tecnologia recente é o Wi-Fi, que permite acesso sem fio à Internet em lojas, fábricas, hospitais etc. A rede Starbucks fez uma parceria com a T-Mobile para oferecer o serviço em cerca de 2.100 de suas lojas. A Boeing está equipando mais de 100 jatos com a tecnologia Wi-Fi.

Será que alguém vai criar uma marca Wi-Fi forte? Com certeza, é só uma questão de tempo.

Não desligue. A Airgo Networks acabou de lançar uma nova tecnologia capaz de dobrar a já alta velocidade do Wi-Fi. Chamada MIMO, de *multiple-in, multiple-out*, a tecnologia baseia-se no poder da computação para enviar sinais de antenas instaladas próximas umas das outras. E há a tecnologia WiMax, que está sendo promovida pela Intel.

Quem vai ganhar a guerra Wi-Fi? Talvez todos os sistemas sobrevivam. Nem todo ramo novo mata um ramo existente. A natureza quase sempre favorece múltiplas abordagens para o mesmo problema.

Até mesmo o e-mail divergiu. Agora você tem o e-mail comum e o *instant messaging* (mensagem instantânea), que se tornou extremamente popular. Cerca de 70 milhões de pessoas usam algum tipo de serviço de mensagem instantânea todos os dias.

Divergência no Transporte

Os irmãos Wright fabricavam bicicletas, mas não colocaram asas em uma bicicleta Schwinn para tentar fazê-la voar sobre as dunas de Kitty Hawk. Um avião não é uma bicicleta voadora.

Segundo uma história já contada muitas vezes, a General Motors tornou-se a companhia líder em automóveis segmentando o mercado em cinco categorias de preço: Chevrolet, Pontiac, Oldsmobile, Buick e Cadillac. "Um carro para cada bolso e finalidade" era seu lema corporativo.

O pensamento divergente tornou a General Motors o fabricante líder de automóveis.

Mas o pensamento convergente colocou a General Motors em apuros. Cadillacs baratos e Chevrolets caros foram apenas dois dos muitos erros, cometidos pela GM, que ofuscaram as diferenças entre as cinco marcas da companhia.

Se a GM tivesse praticado o pensamento divergente, teria aumentado as diferenças entre as marcas. Os Chevrolets seriam mais baratos e os Cadillacs mais caros.

Se a GM tivesse pensado dessa forma, hoje você conseguiria comprar Chevrolets baratos feitos na China e Cadillacs caros com tanto prestígio quanto um Mercedes. (É um erro pensar que um produto doméstico não pode ter o prestígio de um produto importado.)

Tornar os Chevrolets mais baratos e os Cadillacs mais caros teria deixado mais espaço no meio para o Pontiac, o Oldsmobile e o Buick. Também teria tornado o Saturn (um erro caro) supérfluo.

A Natureza Diversifica as Espécies

É assim que a natureza funciona. Ao longo do tempo, a competição entre as espécies as diversifica. Um leão e um tigre podem ter tido um ancestral comum, mas com o passar do tempo eles se tornaram cada vez mais diferentes. Darwin coloca da seguinte forma: "A seleção natural também leva à divergência de caracteres, pois os seres mais orgânicos divergirão em estrutura, hábitos e constituição, tanto quanto maior for o número de indivíduos que a área comportar... Portanto, durante a modificação dos descendentes de qualquer espécie, e durante a incessante luta de todas as espécies para aumentar em número, quanto mais diversificados os descendentes se tornam, maior serão suas chances de sucesso na batalha pela vida".

Não é assim que a natureza humana funciona. Nossas mentes procuram desculpas para nos misturarmos na multidão. Não suportamos a idéia de sermos estranhos ou incomuns. "O que ele tem?" Essa é a pergunta mais comum, quando alguém destoa da maioria.

Assuma. A convergência é a filosofia da maioria. A divergência não. Por isso, a necessidade de um livro como este. As oportunidades nunca estão no meio. Estão sempre nos extremos, onde a competição é fraca ou inexistente.

Talvez nenhuma inovação no marketing de automóveis venha a superar o conceito de Alfred Sloan, da General Motors. Mas algumas inovações no segmento automotivo ilustram o poder do pensamento divergente:

- A marca de automóveis Volkswagen tornou-se poderosa por ser a primeira em uma nova categoria chamada carros pequenos.

- A marca de automóveis Jeep tornou-se poderosa por ser a primeira em uma nova categoria chamada utilitários esportivos.
- A marca de automóveis Hummer tornou-se poderosa por ser a primeira em uma nova categoria chamada veículos militares.
- A marca de automóveis Chrysler tornou-se poderosa por ser a primeira em uma nova categoria chamada minivans.
- A marca de automóveis Cadillac tornou-se poderosa por ser a primeira em uma nova categoria chamada carros americanos caros.
- A marca de automóveis Corvette tornou-se poderosa por ser a primeira em uma nova categoria chamada carros americanos esportivos.
- A marca de automóveis Porsche tornou-se poderosa por ser a primeira em uma nova categoria chamada carros esportivos caros.
- A marca de automóveis BMW tornou-se poderosa por ser a primeira em uma nova categoria chamada máquinas de dirigir.
- A marca de automóveis Volvo tornou-se poderosa por ser a primeira em uma nova categoria chamada carros seguros.
- A marca de automóveis Mercedes-Benz tornou-se poderosa por ser a primeira em uma nova categoria chamada carros importados caros.
- A marca de automóveis Rolls-Royce tornou-se poderosa por ser a primeira em uma nova categoria chamada carros importados supercaros.

E assim como o computador pessoal, que criou a oportunidade para marcas de componentes como a Intel e a Microsoft, o automóvel criou a oportunidade para marcas de componentes como Goodyear e DieHard. Uma nova marca de componente em desenvolvimento é a OnStar, o serviço de segurança e de *concierge* da General Motors.

Divergência em Bicicletas

A bicicleta viajou pela mesma estrada que o automóvel. Inicialmente, a marca mais importante era a Schwinn. Mas a categoria divergiu e hoje temos bicicletas do tipo *road bikes* (Cannondale), *mountain bikes* (Trek), BMX (GT) e bicicletas para crianças (Huffy). Sem falar das marcas de acessórios para ciclismo como a Bell, de capacetes, RockShox, de suspensões, e a Sidi, de calçados.

A Schwinn desenvolveu a primeira bicicleta estacionária e lançou a moda do *spinning*, que tomou conta das academias do país. Foi uma pena terem colocado o nome Schwinn na bicicleta. Talvez um nome novo teria salvado a companhia da falência. Enquanto o *spinning* deslanchou, o resto da Schwinn derrapou na estrada.

O que um líder como a Schwinn deveria ter feito para evitar ser desbancado por uma categoria em segmentação? A sabedoria comum diz que deve seguir o mercado.

Mas o que você deve fazer, quando o mercado está caminhando em várias direções ao mesmo tempo?

Deve fazer o que a General Motors fez. Você lança uma segunda e uma terceira marca para capturar os segmentos divergentes. Você não tenta fazer seu nome Schwinn representar todos.

Se adotada logo, a estratégia da segunda marca pode funcionar. As iniciantes são invariavelmente companhias pequenas, com pouco capital, comandadas por empreendedores com visão. O líder da categoria geralmente tem os recursos, a organização e as instalações para realizar um contra-ataque eficiente. Infelizmente, em geral, falta ao líder da categoria a visão para lançar uma segunda marca.

Foram necessários 32 anos para a Delta Airlines combater a ameaça imposta pelo lançamento da Southwest Airlines, em 1971. É muito tarde para a Song, a cópia carbono da Delta, uma companhia aérea sem fricotes. A Sowthwest tem a força. Sem falar do dinheiro e dos recursos.

Para complicar o problema da Song (e da Ted, da United), o mercado de companhias aéreas está abarrotado de *star-ups* independentes, de sucesso, como a JetBlue e a AirTran.

Se você pretende lançar uma segunda marca, precisa fazer isso logo, antes que a concorrência esteja entrincheirada.

Divergência no Marketing

O tópico mais importante do marketing hoje é o "marketing integrado". Alguns profissionais estão sugerindo que haja uma convergência da propaganda: RP, mala-direta, promoção de vendas e outras funções, para uma única entidade. Já existem firmas de marketing integrado oferecendo seus serviços para a América do Norte corporativa. "A onda do futuro" é seu grito de guerra.

Essa onda incluirá a integração de operações, a cooperação estreita entre diferentes funções? Sem dúvida.

Veremos firmas de propaganda, RP, mala-direta, promoção de vendas desaparecerem dentro de uma grande categoria chamada "marketing integrado"? Sem dúvida.

A divergência continuará a diferenciar funções, criando agências cada vez mais especializadas e até novas categorias, como agências na Internet. A propaganda, por exemplo, já viu muito mais divergência do que convergência, à medida que as áreas dos serviços tradicionais de agências de propaganda divergem, sendo a mais recente a compra de mídia.

Observe o exército e você verá o que vai acontecer no marketing.

As três divisões clássicas das forças de combate em terra eram infantaria, artilharia e cavalaria. Com o tempo, a evolução transformou a divisão cavalaria em blindados, e a divergência acrescentou uma divisão chamada força aérea.

O tópico mais importante no exército hoje são as "operações integradas", a cooperação estreita entre todas as divisões. Atualmente, a força aérea, os blindados, a artilharia e a infantaria trabalham em cooperação estreita, mas isso significa que o Departamento de Defesa vai fundir as quatro divisões?

Sem chances. A divergência continua a diferenciar os quatro ramos, forçando o exército a despejar bilhões de dólares em equipamentos de comunicações para integrar suas operações conjuntas.

O pessoal de marketing deve esperar o mesmo. Com o decorrer do tempo, surgirão novas funções que aumentarão em importância, até divergirem. Tanto dentro como fora da corporação.

Mesmo assim, as conversas continuam girando em torno da integração e da convergência. "Embora hoje a integração seja freqüentemente considerada o Santo Graal do marketing", publicou recentemente a revista *Advertising Age*, "poucos têm revelado seus segredos." Nos últimos dez anos, segundo uma contagem realizada pela publicação, a expressão *marketing integrado* foi mencionada 960 vezes.

É só conversa e nenhuma ação. Ademais, sempre que o Santo Graal é arrastado para uma discussão, você pode ter certeza de que aquilo sobre o que estão falando nunca acontecerá.

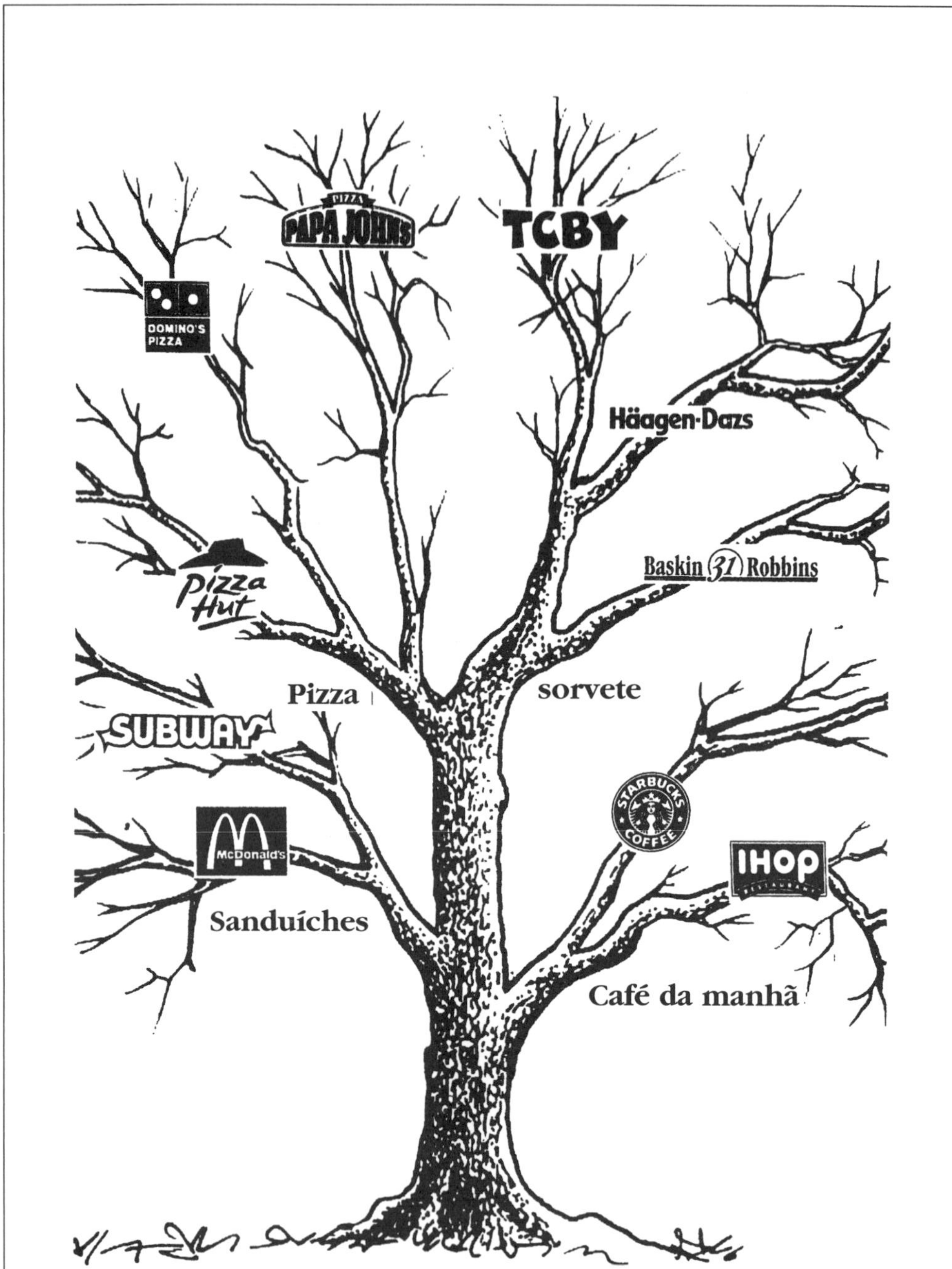

A cafeteria dos anos 50 divergiu para categorias como sanduíches, café da manhã, pizzas, sorvetes e muitas outras.

Capítulo 9

A Grande Árvore das Marcas *Low-Tech*

OS BENS DE CONSUMO MOSTRAM tanta divergência quanto os produtos de alta tecnologia. Talvez até mais.

Volte no tempo. Há 50 anos, toda cidade dos Estados Unidos tinha uma loja de café. O que você encontrava para comer em um café? De tudo. Ovos, bacon, panqueca, hambúrguer, cachorro-quente, frango, sopa, sanduíches, sorvetes, tortas, donuts, bolos, refrigerantes e, é claro, café. A maioria dos cafés, nas décadas de 50 e 60, eram negócios familiares com pouco ou nenhum lucro, exceto modestos proventos retirados pelos donos.

Como você melhoraria seu negócio, se fosse dono de uma loja de café típica do interior dos Estados Unidos, em meados do século XX? Os convergentes provavelmente focariam em dois pontos: cardápio e localização.

"No que diz respeito ao cardápio", diriam provavelmente os convergentes, "talvez pudéssemos aumentar as vendas acrescentando novos itens. Que tal comprar uma daquelas máquinas novas de pizza anunciadas nas revistas? Ou poderíamos comprar uma dessas máquinas de sorvete expresso (*soft ice cream* ou tipo italiano) que Tom Carvel anda vendendo por aí."

Faz sentido. Se você quer vender mais, precisa de mais produtos para vender. Mas o que normalmente faz sentido, não tem sentido no marketing.

A loja de café de hoje, a rede McDonald's, tentou acrescentar frango, pizza, sorvete, hambúrgueres vegetarianos e diversos outros itens em seu cardápio. Entretanto, a rede parece estar cada vez mais fraca.

"No que diz respeito à localização", os convergentes provavelmente diriam, "talvez pudéssemos aumentar as vendas colocando os cafés em locais com movimento próprio. Shopping centers, estações de trem, estações rodoviárias, *lobby* de hotéis."

As lojas de café de hoje também tentaram tal estratégia. Você encontra restaurantes do McDonald's e do Burger King em diversas localidades.

Divergência em Lojas de Café

Volte para a década de 50 e examine a mesma loja de café pelo ângulo dos divergentes. "Qual é o item mais popular em uma loja de café? Presumivelmente o hambúrguer. Vamos abrir um café que serve principalmente hambúrgueres."

Foi exatamente o que fizeram Dick e Mac McDonald em São Bernardino, Califórnia, em 1948. Abrir "uma loja de café" que servia principalmente hambúrgueres. (Havia nove itens no cardápio: hambúrguer, cheesburguer, batata frita, café e cinco outras bebidas.) Se você não gostasse de hambúrguer, certamente não comeria no McDonald's.

Treze anos mais tarde, os irmãos McDonald venderam o negócio para Ray Kroc e seus associados por US$ 2,7 milhões. (Um retorno nada mau para os donos de um café.) Mas perderam a oportunidade de fazer fortuna. A McDonald's Corporation acabou tornando-se a maior cadeia de fast-food do mundo.

Como chamamos os divergentes de sucesso? Chamamos de convergentes, porque assim que obtêm sucesso com uma estratégia de divergência, voltam imediatamente a ser o que eram.

Há algo em comum entre Mary* e convergência. Não funciona, mas soa muito bem na sala de reunião da diretoria. Sinergia, simbiose, venda-cruzada, explorar o valor da marca, um mais um é igual a três etc.

O McDonald's passou os últimos 43 anos expandindo seu cardápio. O McDonald's de hoje se parece cada vez mais com a loja de café de ontem.

Compare o McDonald's com o In-N-Out Burger, uma rede da Califórnia que se ateve ao cardápio básico hambúrguer-fritas. Uma loja do McDonald's nos Estados Unidos vende em média US$ 1,5 milhão por ano. Uma loja do In-N-Out Burger vende em média US$ 1,9 milhão por ano.

(O restaurante original dos irmãos McDonald em São Bernardino vendeu mais de US$ 400 mil anuais na década de 50, um valor que, considerando a inflação, corresponderia hoje a US$ 2,9 milhões.)

O que a rede McDonald's deveria ter feito? Usado sua experiência imobiliária, financeira e operacional para lançar uma segunda marca. Ou mesmo uma terceira ou quarta.

A mesma loja de café, que produziu o hambúrguer como uma oportunidade de divergência, também produziu diversas outras oportunidades de construção de marca.

- Frango: Kentucky Fried Chicken
- Rosbife: Arby's

---

* Mary – é dúbio o sentido que o autor quer dar a este termo. Pode estar se referindo a uma mulher, à Virgem Maria, a uma linguagem de programação desenvolvida na Noruega na década de 70 ou até à maconha. (N. da T.)

- Cachorro-quente: Wienerschnitzel
- Café: Starbucks
- Donuts: Dunkin' Donuts
- Enrolado de canela: Cinnabon
- Cookies: Mrs. Fields
- Sorvete: Baskin-Robbins
- Frozen Yogurt: TCBY
- Panquecas: International House of Pancakes
- Waffles: Waffle House
- Sanduíches: Panera
- Sanduíches submarinos: Subway

Divergência em Restaurantes Refinados

Há 50 anos, toda cidade dos Estados Unidos tinha um restaurante refinado.

Que tipo de comida servia? Ninguém pensou em criar categorias de culinária, pois não havia outro tipo de restaurante semelhante, para diferenciar. *Fine-dining* (ou culinária especializada) é o que constava no nome do restaurante.

Havia, é claro, outros tipos de restaurante, que eram abertos para atender a comunidades étnicas específicas. (A primeira pizzaria foi aberta em Nova York, em 1905, direcionada aos imigrantes italianos.)

Então o segmento de *fine-dining* começou a divergir. Hoje, existem muitos tipos de estabelecimentos *fine-dining*. Nas páginas amarelas de Atlanta, por exemplo, estão listadas 35 categorias de restaurantes:

- Churrascaria
- Cajun
- Creole
- Caribenha
- Frango
- Chinesa
- Continental
- Cubana
- Francesa
- Alemã
- Grega
- Indiana
- Irlandesa
- Italiana
- Jamaicana

- Japonesa
- Coreana
- Kasher
- Libanesa
- Mandarin
- Mexicana
- Oriente Médio
- Persa
- Peruana
- Pizza
- Frutos do mar
- Soul
- Sulista
- Do Sudoeste
- Carnes
- Suíça
- Tailandesa
- Vegetariana
- Vietnamita
- E, é claro, americana

Embora não se denominasse "restaurante americano", a maioria dos estabelecimentos, na década de 50, servia o que hoje é chamado de comida americana. Como os tempos mudaram.

Em Atlanta, por exemplo, apenas 15 restaurantes, ou 6% dos 250 existentes, que pagam para serem listados nas páginas amarelas, querem ser conhecidos como de comida americana. (A maior categoria? Comida mexicana, com 35 restaurantes, ou 14% do total. Em segundo lugar está a culinária chinesa e em terceiro a japonesa.)

À medida que as categorias emergem, surgem oportunidades para criar marcas. Algumas são locais, outras regionais, nacionais e globais. Algumas das marcas nacionais de restaurante incluem:

- Applebee's (bar&grill)
- Arby's (rosbife)
- Benihana of Tokyo (japonesa)
- On the Border (mexicana)
- Outback (carnes)
- PF Chang's (chinesa)
- Pizza Hut (pizza)
- Ruth's Chris (carnes)

- Taco Bell (mexicana)
- Tony Roma's (costelas)

Nem todos esses estabelecimentos são do tipo *fine-dining*. O *branding* na indústria de alimentos, assim como em muitas outras indústrias, ocorre de baixo para cima. A primeira marca de restaurante globalizado não era de uma operação do tipo refinada. Era o McDonald's, uma marca popular situada na base da cadeia alimentar.

Os restaurantes finos seguirão a mesma estrada da globalização tomada pelo McDonald's, Burger King, Subway e outros restaurantes populares? Acreditamos que sim. A evolução das marcas é lenta.

O Bice, um restaurante italiano de luxo, já possui 28 estabelecimentos em 14 países ao redor do mundo. Outros certamente o seguirão.

Divergência na Pizza

A divergência nunca pára. Considere a categoria pizza. A Pizza Hut foi a primeira cadeia de pizzarias nacional e teve muito sucesso. Em seguida, a Domino's Pizza divergiu da categoria, para focar na entrega em domicílio e tornou-se a segunda maior cadeia de pizzarias.

A Little Caesars divergiu da categoria pizza, para focar em "para viagem" e tornou-se a marca dominante em pizzas para viagem.

A Papa John's divergiu da categoria pizza, para focar em um conceito de qualidade superior: "Ingredientes melhores. Pizza melhor".

Assim como na natureza, a divergência pode ser confusa. Quando a Domino's Pizza começou, vendia pizzas e sanduíches submarino. Quando a Little Caesars começou, vendia pizza, camarão frito, peixe com fritas e frango assado. Quando a Papa John's começou, vendia pizza, sanduíches de carne e queijo, sanduíches submarino, champignon frito, abobrinha frita, saladas e *onion rings*.

Com o tempo, cada uma dessas três marcas abandonou os itens secundários, para se concentrar em entrega em domicílio (Domino's), viagem (Little Caesars) e ingredientes melhores (Papa John's), assim como uma planta em crescimento elimina seus ramos secundários.

Isso é a divergência em ação. Com o tempo, cada marca bem-sucedida diferencia-se o máximo possível da marca originária e das outras marcas que divergiram da mesma categoria.

Uma nova marca no ramo de pizza é a Papa Murphy's Take 'N' Bake Pizza, que compete com as cadeias de pizzas para viagem e entrega em domicílio. Uma pizza que viaja 30 minutos em uma embalagem quente não vai ter o mesmo sabor que uma pizza que acabou de sair do forno.

A Papa Murphy's resolve o problema vendendo pizzas "semiprontas", para você acabar de assar em casa. Os clientes saboreiam a pizza que acabou de sair do forno em casa.

A Dinâmica da Divergência

O que conduz a divergência: os consumidores ou as companhias? Na verdade ambos. É análogo ao que acontece na natureza, onde as condições de vida (os consumidores) favorecem ou desfavorecem as mutações naturais que ocorrem nos organismos (as companhias).

As companhias têm muito mais controle sobre esse processo do que a natureza, pois não precisam esperar que as mutações ocorram naturalmente. Podem introduzir deliberadamente novas marcas que forçam o processo.

Infelizmente, a maioria das companhias tem uma visão estática, e não dinâmica. Em vez de verem o que pode acontecer no futuro (divergência), elas vêem apenas o que pode ser feito hoje (convergência.)

"E se reunirmos a pizza para consumo no local com a pizza para viagem e a pizza em domicílio? Poderíamos ser maiores do que a Pizza Hut, a Little Caesars e a Domino's juntas."

Supondo que uma cadeia de pizzas pode solucionar os problemas operacionais envolvidos (e isso é uma suposição), esse tipo de pensamento tem uma falha importante. A falha chama-se seleção natural. Com o decorrer do tempo, cada marca de pizza evolui para uma direção diferente. Tentar ficar à frente de três categorias que estão divergindo e evoluindo é muito difícil. (Uma marca Nº 2 de pizza deve competir apenas com a Pizza Hut. Uma marca convergente de pizza precisa competir com a Pizza Hut, a Little Caesars e a Domino's Pizza.)

A categoria pizza está em estado constante de divergência. A Califórnia Pizza Kitchen foi a pioneira da categoria pizza gourmet. A Sbarro foi a pioneira da categoria pizza em pedaços. A Bertucci especializou-se em forno a lenha. A Pizzeria Uno está disseminando o amor pela pizza *deep-dish* (massa grossa) típica de Chicago.

Divergência em Lojas de Departamentos

Há alguns anos, as lojas de departamentos governavam o mundo do varejo. Toda cidade tinha um rei das lojas de departamentos. A Macy's em Nova York, a Marshall Field's em Chicago, a Rich's em Atlanta. E havia as redes nacionais: Sears, Montgomery Ward, JCPenney.

Todos sabemos que as lojas de departamentos tradicionais estão com problemas. E todos achamos que sabemos a causa desses problemas. Elas não se mudaram para os subúrbios, junto com os consumidores. Elas não acompanharam as tendências da moda. Esqueceram-se dos serviços e focaram nas vendas.

O que as lojas de departamentos fizeram de errado é insignificante em relação ao que a concorrência fez certo. Assim como os cafés, as lojas de departamentos foram comidas vivas pela divergência. Cada departamento gerou uma marca nacional com foco estreito, que agiu rapidamente para dominar sua categoria.

O departamento de calçados esportivos tornou-se a Foot Locker.
O departamento de bebês tornou-se a Babies "R" Us.
O departamento de cama e mesa tornou-se a Bed Bath & Beyond.
O departamento de livros tornou-se a Barnes & Noble.
O departamento de moda casual tornou-se a Gap.
O departamento de eletrônicos tornou-se a Best Buy.
O departamento de móveis tornou-se a Rooms-To-Go.
O departamento de artigos para casa e decoração tornou-se a Crate & Barrel.
O departamento de jóias tornou-se a Key Jewelers.
O departamento de couros tornou-se a Wilsons Leather.
O departamento de lingerie tornou-se a Victoria's Secret.
O departamento de cosméticos tornou-se a Sephora.
O departamento de colchões tornou-se a Sleepy's.
O departamento de artigos masculinos tornou-se a Men's Wearhouse.
O departamento de animais de estimação tornou-se a PetsMart.
O departamento de tamanhos grandes tornou-se a Lane Bryant.
O salão de cabeleireiro tornou-se o Supercuts.
O departamento de calçados tornou-se a Famous Footwear.
O departamento de artigos esportivos tornou-se a Sports Authority.
O departamento jovem tornou-se a Abercrombie & Fitch.
O departamento de brinquedos tornou-se a Toys "R" Us.
O departamento de saldos no subsolo tornou-se, é claro, o Wal-Mart, o maior varejista do mundo.

É interessante, também, que quase todos esses ramos divergentes da loja de departamentos foram criados por empreendedores individuais, não por grandes companhias. Sam Walton começou o Wal-Mart com uma única loja no Arkansas. Donald Fisher fundou a Gap com uma única loja em São Francisco, vendendo apenas jeans e música. Charles Lazarus criou a Toys "R" Us com uma única loja em Washington, D.C.

As grandes companhias geralmente não têm paciência ou visão para perceber oportunidades de divergência. As grandes companhias vão atrás de mercados existentes. Quanto maiores, melhor.

Sam Walton começou com uma franquia da loja de descontos Ben Franklin em Newport, Arkansas, em 1945. Em 1962, Walton tinha 15 lojas da Ben Franklin operando sob o nome Walton 5&10.

Ele só abriu a Wal-Mart Discount City em Rogers, Arkansas, naquele ano, porque a gerência da Ben Franklin rejeitou sua sugestão de abrir lojas de desconto em cidades pequenas.

(O quê? A gerência de uma grande companhia perde a oportunidade de ser dona do que acabou tornando-se a marca de varejo mais bem-sucedida na história? Claro, isso acontece o tempo todo.)

Divergência em Companhias

O que hoje é chamado de terceirização foi uma tendência corporativa durante décadas. É surpreendente a quantidade de atividades de uma companhia que atualmente é desempenhada por especialistas de fora, gerando muitas oportunidades para criar marcas.

Publicidade (Young & Rubicam), contabilidade (PricewaterhouseCoopers), folha de pagamento (ADP), informática (Electronic Data Systems), desenvolvimento e implementação de software (Accenture), preparação de impostos (H&R Block), gerenciamento de documentos (Ikon) e transporte de valores (Brinks).

Sempre que uma função terceirizada se torna um negócio de tamanho considerável, surgem oportunidades adicionais de divergência. Na função folha de pagamento, por exemplo, a Paychex tornou-se um negócio de bilhão de dólares focando em pequenas empresas. (A Paychex tem 490 mil clientes.)

Hoje, uma companhia típica também terceiriza seus serviços de manutenção, zeladoria, segurança, refeições, jardinagem, florista e muitos outros. "Faça o que sabe fazer melhor e deixe os outros fazerem o resto" é o lema de muitas corporações modernas.

A manufatura, considerada no passado o coração das operações de uma companhia, é a atividade corporativa a experimentar a terceirização mais recentemente. A Nike é o exemplo óbvio, mas a prática está disseminada. Bem mais da metade dos produtos não são fabricados pela companhia cujo nome da marca está na embalagem.

No campo de alta tecnologia, a Flextronics, uma companhia de Cingapura, com receita anual de US$ 13 bilhões, tornou-se uma marca conhecida. Com instalações em cinco continentes, a Flextronics fabrica produtos para empresas como Alcatel, Dell, Ericsson, Hewlett-Packard, Microsoft, Siemens e outras.

Nas indústrias em geral, quando alguém diz: "Onde fabricaremos este produto?", pensa-se primeiro na marca "China". No campo da programação, pensa-se primeiro na marca "Índia".

O máximo em terceirização diz respeito aos funcionários. A Administaff é uma das centenas de companhias que gerenciam funcionários para empresas americanas. Chamadas de *professional employer organization* (PEO), essas companhias, que funcionam como um departamento de RH externo, são um segmento em crescimento acelerado na economia dos Estados Unidos.

Divergência na Medicina e no Direito

Nenhum campo das ciências humanas ilustra mais o princípio da divergência do que a medicina.

O corpo humano não mudou muito em milhares de anos, mas as pessoas que tratam as doenças humanas sim. Alguém formado em medicina costumava ser um "médico". Hoje, a profissão divergiu para 24 especialidades principais: alergia e imunologia, anestesiologia, cirurgia de colo e reto, dermatologia, medicina intesivista, médico de família, medicina interna, medicina genética, neurocirurgia, medicina nuclear, obstetrícia e ginecologia, oftalmologia, cirurgia ortopédica, otorrinolaringologia, patologia, pediatra, medicina física e reabilitadora, cirurgia plástica, medicina preventiva, psiquiatria e neurologia, radiologia, cirurgia, cirurgia torácica, urologia.

Isso é apenas metade da história. A maioria desses especialistas divergiu para subespecialidades. A medicina interna agora tem 16 subespecialidades: ibiatria (medicina da adolescência), doenças cardiovasculares, imunologia clínica e laboratorial, eletrofisiologia cardíaca, medicina socorrista, endocrinologia, gastroenterologia, geriatria, hematologia, doenças infecciosas, cirurgia cardiológica, oncologia, nefrologia, pneumologia, reumatologia e medicina esportiva.

Os advogados seguiram o mesmo caminho. Todo o mundo é especialista. Consulte as páginas amarelas e você encontrará as seguintes categorias: direito administrativo e governamental, direito marítimo, direito antitruste e de comércio, advogados de apelação, direito de aviação, recuperação de falência e débitos, direitos civis, cobranças, direito de informática, direito de construção, direito do consumidor, direito empresarial, direito comercial, direito criminal, auxílio doença ou invalidez, direito da família, direito do idoso, discriminação no trabalho, direito empregatício, direito esportivo e do entretenimento, direito ambiental e de recursos naturais, direito de franquias, direito alfandegário, direito internacional, justiça de menores, direito trabalhista, negligência profissional e erro médico, serviços de mediação, patentes, marcas registradas e direitos autorais, aposentadoria e benefícios trabalhistas, acidentes pessoais e homicídio doloso, direito imobiliário, tributário, planejamento de herança, acidentes de trabalho.

Se a convergência fosse a força motriz na medicina e advocacia, os médicos estariam se formando em direito, para economizar dinheiro conduzindo os próprios processos por erro médico.

Divergência nos Canais de Distribuição

Outro fenômeno é a divergência nos canais de distribuição. Com o passar do tempo, são desenvolvidos múltiplos canais de venda de um produto ou serviço. Um profissional de marketing habilidoso pode, às vezes, criar uma marca criando não um produto novo, mas um novo canal de distribuição. A Dell na venda direta de computadores pessoais, a Costco no clube de compras, a Amway no marketing multinível.

A Hanes era a marca número 1 de meias-calças vendidas por meio do canal loja de departamentos. Mas as mulheres não estavam fazendo compras em lojas de departamentos com muita freqüência. Então, a Hanes decidiu lançar uma marca de supermercado. Escolheu o nome L'eggs, que tornou-se a marca líder de meia-calça no país. Não era um produto novo, mas um canal de distribuição novo com um nome novo.

Paul Mitchell tornou-se a marca líder em produtos para cabelo vendidos em cem mil salões de cabeleireiro. A maior companhia de capital fechado de produtos para cabelo, a John Paul Mitchell Systems tem um volume estimado de vendas de US$ 600 milhões anuais.

No campo médico, muitas drogas sob prescrição estão criando um canal de vendas "quase-direto". (O Botox é um exemplo típico.) Promovendo suas drogas diretamente aos consumidores, os laboratórios farmacêuticos estão criando marcas poderosas. O médico certamente toma a decisão final, mas pode ser facilmente influenciado pela preferência do consumidor.

Outro exemplo de *branding* por canal é a AmeriScan, que oferece exames de diagnóstico por imagem diretamente ao consumidor. Com doze centros de diagnóstico já abertos (e mais em planejamento), a AmeriScan espera ter em breve uma rede nacional para oferecer tanto exames de tomografia computadorizada, ressonância magnética, quanto de tomografia EBT (ultra-rápida). Ela segue a tendência geral do consumidor, tirando do médico mais responsabilidade por sua saúde.

Por que não? Você é um fumante preocupado com câncer de pulmão? Faça uma tomografia e descubra. (Melhor ainda, pare de fumar.)

Divergência nos Lares

Observe sua casa e verá a divergência em ação. Em cada ambiente existem oportunidades para dividir e conquistar.

Veja o porão. Se você pode aquecer o ar para tornar uma casa confortável no inverno, por que não pode fazer o inverso no verão? Entra o ar condicionado.

O ar condicionado convergiu para o aquecedor? Não, tornou-se um equipamento separado. E agora existem duas oportunidades para criar marcas e dominar categorias.

Veja a cozinha. O fogão convergiu para a geladeira? Claro que não. E agora temos fogão a lenha, fogão a gás, fogão elétrico, fogão por convecção, e muitos outros por vir.

Tampouco o forno de microondas convergiu para o forno comum. Tornou-se uma categoria separada, dominada por marcas sem relação com marcas de fogão.

Veja a geladeira. Em vez de combiná-la com outro eletrodoméstico, muitas pessoas têm duas geladeiras. Uma comum e um freezer. (No segmento de luxo, a marca é invariavelmente Sub-Zero.) Você também encontrará refrigerador para vinhos (EuroCave).

Muitas cozinhas estão abarrotadas de eletrodomésticos. Lava-louças, torradeira, cafeteira elétrica, batedeira, liquidificador, tostadeira, máquina de sorvete, picador elétrico de gelo, máquina de pão, espremedor de sucos, faca elétrica, processador de alimentos, purificador de ar, ventilador etc.

Certamente, de vez em quando, é lançado um equipamento convergente que captura a imaginação e uma onda de publicidade. Em 1973, por exemplo, Carl G. Sontheimer lançou o Cuisinart, um tipo de liquidificador consagrado, cujos múltiplos acessórios permitiam cortar, fatiar, amassar, picar, ralar, moer e até misturar. Era o máximo em produto convergente, o canivete suíço da cozinha.

Um exemplo não representa uma tendência. Embora o Cuisinart (e suas imitações) continue vendendo até hoje, o mercado para esses produtos é pequeno. Na verdade, a Cuisinart, Inc. faliu em 1989.

Veja o aspirador de pó. Há alguns anos, toda família americana tinha um aspirador vertical (Hoover). Hoje, você encontra aspiradores leves (Oreck), aspiradores com contêiner horizontal, aspiradores portáteis, aspirador seco/molhado e também todo um sistema de aspirador central na casa.

Você também encontrará o Swiffer, que parece um esfregão, exceto por possuir um gatilho no cabo, para borrifar o produto de limpeza no piso. (Uma forma de criar um nome de marca original é usar o atributo principal do produto *swifter* – mais rápido – e trocar algumas letras.)

E há o Roomba, um aspirador robô de US$ 200 que usa tecnologia de navegação para limpar seu chão enquanto você dorme, sai ou apenas senta e relaxa.

Veja a iluminação. A marca GE foi construída quando lançou a primeira lâmpada incandescente. Hoje, temos lâmpadas de neon, halogênio e fluorescentes. Em breve teremos o diodo que emite luz (LED), com enormes vantagens em diversos usos. Nos semáforos, eles consomem 80% menos energia e duram dez vezes mais.

Será que alguém vai inventar uma marca de LED? É possível, mas o mais provável é que o futuro pertença a extensões de linha das três principais marcas de iluminação: GE, Sylvania e Philips. Grandes companhias detestam lançar novas marcas quando podem criar extensões de linha para seus nomes famosos.

Divergência nos Hotéis

Um hotel costumava ser um hotel. Agora, você pode passar a noite em um hotel convencional (Hilton), em um hotel de suítes (Embassy Suites), em um motel* (Holiday Inn), em um motel de longa permanência (Extended Stay America). Com mais opções por vir.

Além disso, você pode passar a noite em um hotel caro (Four Seasons), em um hotel de preço moderado (Marriott) ou em um hotel barato (Hampton Inns).

Você pode dormir em um colchão de molas (Sealy Posturepedic), em um colchão de ar (Select Comfort), em um colchão de espuma (Tempur-Pedic), ou de água. No segmento de luxo, há o colchão Dux, com 2.000 a 4.980 molas, diferente dos colchões de mola comuns, com 300 a 1.000 molas.

Curiosamente, de modo geral é mais fácil estabelecer uma marca no segmento de luxo do que no popular. Uma marca de luxo atrai publicidade naturalmente. Rolls-Royce, por exemplo, é uma marca famosa, embora gaste pouco em promoção e venda de um número muito reduzido de carros.

Por outro lado, normalmente, ganha-se mais dinheiro no segmento popular. O Wal-Mart é o melhor exemplo.

Divergência na Comida

Uma vaca ficaria chocada ao saber quantas variedades de leite podem ser produzidos a partir de uma ordenha. Leite integral, semidesnatado, desnatado, creme de leite, chantilly, leite sem lactose, leite de caixa e leite orgânico .

O mais recente produto divergente do leite é o leite de soja. No ano passado, as vendas de leite de soja totalizaram US$ 277 milhões, 51% a mais que no ano anterior. Silk (seda), a marca que domina a categoria nos Estados Unidos, com 80% do mercado, é provavelmente o melhor nome novo de marca criado na última década. Condensando as palavras *soy* (soja) e *milk* (leite), os donos da marca criaram um novo nome original e que conferiu uma conotação à categoria.

Um feito considerável para uma marca com um nome de apenas quatro letras.

Houve convergência nos produtos de leite? Bem, o leite achocolatado é um deles. Como praticamente todos os produtos convergentes, o leite achocolatado apresenta três características: (1) Captura a imaginação do consumidor, especialmente se ele tiver seis anos de idade. (2) Representa um pequeno segmento do mercado de leite. O leite desnatado vende dez vezes mais que o leite achocolatado. (3) Seu principal benefício é a conveniência. Você não precisa acrescentar chocolate ao leite. Note, entretanto, que você abre mão do benefício para o paladar, pois não pode ajustar a quantidade de chocolate

* Nos Estados Unidos, motel refere-se a um hotel perto de uma estrada ou na área urbana, com estacionamento gratuito. Nesses hotéis, o hóspede estaciona o próprio carro. (N. da T.)

no leite. É por isso que o xarope de chocolate da Hershey é uma marca de sucesso e o leite achocolatado não.

TiVo, canivete suíço, telefone celular/PDA/câmara, e leite achocolatado são todos iguais. Combinam o fator "uau!" com a conveniência e poucas vendas. A despeito da falta de sucesso no mercado, a convergência nunca morrerá. O fator "uau!" a manterá viva e ativa por muitas décadas.

O leite desnatado, em último lugar na escala "uau"!, é um bom exemplo da disciplina da divergência. Você pode ganhar mais dinheiro tirando algo de um produto (nata) do que acrescentando algo (chocolate).

No supermercado, você vê uma explosão de categorias. Mais variedades, mais tamanhos, mais níveis de preços. Nos sucos de laranja, por exemplo, existem quase tantas variedades quanto no leite. Regular, concentrado, sem polpa, extrapolpa, com cálcio, com o dobro de vitamina C, com baixo teor de acidez, sem açúcar, com baixo teor de colesterol (Minute Maid Heart Wise). Na disputa de marketing, a Tropicana tornou-se a marca número 1 ao criar uma nova categoria chamada "não derivada de concentrado".

Nas mostardas, existe a mostarda amarela clássica (French's), a mostarda marrom (Gulden's) e a Dijon (Grey Poupon).

Toda idéia nova cria uma oportunidade para uma nova marca. Sem gordura (SnackWell's), saudável (Healthy Choice), congelado (Birds Eye), orgânico (Horizon, Muir), baixo teor de carboidratos (Atkins, Keto).

Na distribuição de alimentos, também começamos a ver sinais significativos de divergência entre os alimentos tradicionais e uma nova categoria que pode ser chamada de comida natural, orgânica ou saudável.

A marca dominante na segunda categoria é a Whole Foods Market. Com 140 lojas em 25 estados, Whole Foods é a cadeia número 1 do mundo em comida natural. No ano passado, as vendas aumentaram 17%, enquanto as vendas das três maiores redes de supermercado convencional (Kroger, Albertson e Safeway) juntas caíram 2%.

A Whole Foods é uma marca a se observar, à medida que os Estados Unidos adotam uma alimentação mais saudável.

Adição Versus Subtração

A adição (convergência) é o lado glamouroso do marketing, mas a subtração (divergência) é o lado do dinheiro.

Outro produto subtraído do leite é a manteiga (Land O Lakes.) Tire a nata e faça manteiga. E venda o resto como leite desnatado.

Existe também a manteiga gourmet, com uma concentração maior de gordura (Plugra). E manteiga de soja ou margarina (I Can't Believe It's Not Butter!).

O sorvete seguiu um caminho semelhante. Há sorvete com baixo teor de gordura, sem gordura, sem açúcar. Assim como sorvete com "o dobro de gordura" (Häagen-Dazs,

Ben & Jerry's). Sem considerar o *frozen yougurt* regular, com baixo teor de gordura e sem gordura.

Um dos produtos subtraídos mais incomuns é o pão sem casca, lançado na Espanha em 1999 e agora vendido nos Estados Unidos como IronKids Crustless. Como a casca absorve a umidade do miolo, o pão sem casca permanece macio por mais tempo. Na Espanha, o pão é promovido como "100% macio".

Pense em Categoria Primeiro e em Marca Depois

A menos que você possa definir uma nova marca em termos de uma nova categoria, ela tem poucas chances de ser bem-sucedida. A fruta mais popular nos Estados Unidos é a banana, ainda assim, para a maioria das pessoas, uma banana é uma banana.

Nos países produtores de banana, entretanto, existem diferentes tipos. Uma das mais populares na Espanha é a banana-ouro ou *orito.* As *oritos* são vendidas nos supermercados americanos com vários nomes de marca incluindo Chiquita e Bonita, mas são largamente percebidas como bananas bebês ou prematuras.

Por que você compraria uma banana bebê, pagando uma exorbitância por quilo, se pode comprar uma banana de verdade por muito menos? Não compraria, a menos que sua percepção da bananinha fosse a de uma categoria diferente.

A banana-ouro é a preferida das pessoas da América Central porque tem um sabor mais acentuado do que suas irmãs maiores. Acreditamos que ela poderia ser conduzida por um caminho diferente com o tema "duas vezes mais sabor, metade das calorias". Usando um novo nome de marca, é claro.

O sal costumava ser sal. Agora temos sal marinho, sal kosher, sal de pipoca, sal sem sódio (o cloreto de sódio é substituído por cloreto de potássio).

O chiclete costumava ser chiclete. Agora temos chiclete de bola (Bubble Yum), chiclete de menta (Doublemint), chiclete sem açúcar (Trident), chiclete clareador de dentes (Trident White), chiclete de nicotina (Nicorette), chiclete amigo dos dentes (Freedent), chiclete tutti-fruti (Juicy Fruit), chiclete com sabor prolongado (Extra), chiclete que refresca o hálito (Dentyne).

A Wrigley continua a dominar a categoria, com mais da metade do mercado, por que é rápida em lançar novas marcas e explorar uma categoria divergente.

Na árvore das marcas em constante crescimento, cada novo ramo pode causar divergência em outros ramos. O forno de microondas, por exemplo, criou oportunidades para a construção de novas marcas de alimentos. A mais recente é a *quick-serve meat,* pratos prontos e congelados que podem ser reaquecidos no forno de microondas e servidos em poucos minutos. Algumas opções disponíveis incluem carne assada de seis minutos, pernil com abacaxi caramelado de cinco minutos, lombo em molho *teriyaki* de cinco minutos e almôndegas de nove minutos.

Divergência em Bebidas

Água costumava ser o que saía, quando você abria uma torneira. As poucas variedades eram água de Nova York, água de Chicago, água de Los Angeles etc. Hoje, há uma enorme variedade de marcas de água engarrafada no mercado. A Nestlé sozinha comercializa nove: Poland Spring, Arrowhead, Deer Park, Ozarka e Zephyrhills.

Quando há uma enxurrada, certamente as marcas líderes são aquelas que se protegem subindo em galhos distintos da árvore. Água mineral (Aquafina), água cara (Evian), água com gás (Perrier), água aromatizada (Propel), água com cálcio (AquaCal), água com nicotina (Nico), água cafeinada (Water Joe) e água fluoretada para bebês (Nursery).

A cerveja costumava ser cerveja. Hoje temos cerveja tradicional (Budweiser), cerveja light (Lite), cerveja com baixo teor de carboidratos (Ultra), cerveja preta (Newcastle), cerveja draft (MGD), ice beer (Icehouse), cerveja importada cara (Heineken), cerveja nacional cara (Michelob), cerveja barata (Busch), cerveja de baixa fermentação (Samuel Adams), *steam beer* (Anchor), cerveja de trigo (Hefeweizen), cerveja mexicana (Corona), cerveja alemã (Beck's), cerveja canadense (Labatt's) cerveja japonesa (Asahi), cerveja australiana (Foster's), cerveja italiana (Peroni), cerveja chinesa (Tsingtao), cerveja belga (Stella Artois), cerveja irlandesa (Harp), cerveja sem álcool (Clausthaler) e muitos outros tipos. Existe até a cerveja extrema, com teor de álcool de 25% e que custa US$ 100 a garrafa (Samuel Adams Utopias).

E há a cerveja do tipo *stout* (Guinness) e do tipo *ale* (Bass) e até mesmo *ale* clara (Sierra nevada).

Tem havido uma explosão de novas categorias de bebidas. Bebidas New Age como a Clearly Canadian. Bebidas naturais como o Snapple. Bebidas esportivas como o Gatorade. Bebidas para adolescentes como o Mountain Dew. Bebidas energéticas como o Red Bull.

Companhias bem-sucedidas criam uma marca nova para dominar cada categoria emergente. A Anheuser-Bush ficava em apenas um tipo de cerveja, a tradicional Budweiser. Se não tivesse lançado a Michelob e a Busch, a companhia teria perdido a oportunidade de dominar dois importantes segmentos de mercado. Hoje, a Michelob é a cerveja cara nacional mais vendida. A Budweiser é a tradicional nacional mais vendida. E a Busch é a cerveja barata nacional mais vendida.

De vez em quando, uma bebida convergente se torna "da moda", mas normalmente não dura muito. Crescendo em popularidade, o refrigerante da moda nos ringues de patinação era o *rainbow* soda. Uma combinação de todos os refrigerantes: cola, limão e laranja. Seu sabor pode ser ótimo, mas viola uma lei da natureza e de alguma forma parece ofensivo. (A percepção é tudo.)

Enquanto isso, nos clubes noturnos, o drink popular era o Long Island iced tea (uma mistura de vodka, tequila, rum, gin, triple sec, suco de limão e Coca-cola, com aparência de chá gelado). "Bebidas misturadas, cabeça leve" era o refrão na manhã seguinte, depois de muitos Long Island iced teas.

Em geral, entretanto, combinar categorias é uma receita para desastre, assim como para ressaca. Uma marca de bebida alcoólica que fosse metade gin e metade vodca (ginka) faria sucesso? (O melhor de dois mundos.)

Uma bebida que fosse metade café e metade chá (cafchá) faria sucesso?

Café e chá, dos ramos poderosos da árvore das bebidas, nunca convergirão. Em vez disso, o café divergiu em categorias como café solúvel (Nescafé), café premium (Colombiano), café solúvel premium (Taster's Choice), café aromatizado (Millhouse) e café expresso (Illy).

Divergência em Tendências

Muitos administradores são obcecados por seguir a última tendência, quando a verdade é que as tendências freqüentemente divergem e avançam ao mesmo tempo em direções opostas. Com alto teor de gordura e com baixo teor de gordura. Gourmet e trivial. Tamanho grande e miniatura. Nos automóveis, por exemplo, a tendência está nos utilitários esportivos grandes, como o Cadillac Escalade, e simultaneamente em um dos carros mais quentes do mercado, o Mini Cooper.

Uma estratégia melhor é começar a própria tendência levando a categoria para uma direção diferente. Freqüentemente, significa ir contra o pensamento tradicional.

Nos alimentos, por exemplo, maior é melhor. "Você quer superdimensionar isso?" é uma pergunta comum no McDonald's. Ninguém diz: "Você quer miniaturizar isso?"

Entretanto, os Oreos miniatura e os Snickers miniatura fizeram tanto sucesso quanto o Palm (um computador miniatura) e o Game Boy (um videogame miniatura). "Miniatura" é um daqueles conceitos que podem ajudá-lo a idealizar novas categorias divergentes.

O relógio de bolso em miniatura transformou-se no relógio de pulso. A câmera fotográfica em miniatura transformou-se na Leica, a primeira câmera de 35 mm do mundo. O rádio em miniatura transformou-se no Sony, o primeiro rádio transistorizado do mundo. O computador mainframe em miniatura transformou-se no PC. A impressora laser em miniatura (um dispositivo usado com os mainframes) transformou-se na impressora Hewlett-Pachard LaserJet, o avanço tecnológico que construiu a dinastia H-P.

Mas o conceito funciona melhor quando usado para criar novas categorias, não para gerar versões "prematuras" ou bebês de produtos maduros. Não são cenouras bebês, mas cenouras belgas. Não são laranjas bebês, mas clementinas (tangerinas de casca fina).

O Que Cria Esses Novos Segmentos de Mercado?

Na natureza, a passagem do tempo e a luta pela vida criam novas espécies.

No marketing, a passagem do tempo cria apenas oportunidades e não novas categorias. As companhias criam novas categorias com seus esforços de marketing.

É por isso que uma companhia que dedica todos os seus esforços para "satisfazer seus clientes" vai se deparar com problemas. Os consumidores não sabem o que querem, até que estejam frente a opções.

Quando um consumidor entrava em um bar nos *Roaring Twenties,* na exótica década de 20, ele pedia uma cerveja. E lhe serviam um chope. É pouquíssimo provável que alguém pedisse uma garrafa de cerveja naquela época, até que a Schlitz, a Pabst, a Miller e a Anheuser-Busch começassem a comercializar cervejas engarrafadas no país.

As cervejarias criaram as categorias, não os consumidores de cerveja.

E vale a pena ser o primeiro. A primeira marca nacional de cerveja foi a Budweiser, e continua sendo a marca líder com uma grande margem.

É o marketing que cria oportunidades para introduzir novas categorias. Não são novas categorias que criam oportunidades para programas de marketing.

Mesmo assim, a maioria das companhias são observadoras passivas na "sobrevivência do mais adaptado" do marketing. Elas acreditam que vencerão produzindo produtos excelentes e cercando esses produtos com um ótimo serviço de atendimento ao consumidor.

Não é verdade. As vencedoras são aquelas companhias que lançam novas marcas que criam novas categorias. Os Gatorades, não os PowerAdes. Os Mountain Dews, não os Mello Yellows. Os Dr. Peppers, não os Mr. Pibbs.

Muitas companhias lançaram novas marcas com polpudos orçamentos de publicidade e se esqueceram completamente da questão categoria. A que categoria pertence a Pepsi One, uma nova cola lançada pela PepsiCo com um orçamento de publicidade que excede os US$ 100 milhões? E no que a Pepsi One difere da Diet Pepsi, um refrigerante da Pepsi que já existe?

Até o nome não significa nada. Você pode pensar que a Pepsi One é um refrigerante diet com uma caloria, mas não é. É um refrigerante sem nenhuma caloria. Pepsi No teria sido um nome mais descritivo.

Atualmente, a Diet Pepsi vende dez vezes mais que a Pepsi One. Não que a Diet Pepsi vá particularmente bem. Está 42% atrás da Diet Coke.

O Papel da Moda

O que causa um crescimento imprevisível? Um ramo de um galho aumenta repentinamente, enquanto outro ramo do mesmo galho murcha e às vezes morre. Geralmente a força motriz é a moda.

O que impulsiona a moda? É a busca constante do novo e do diferente. Como alguém certa vez disse: "Tudo o que está definitivamente entrando na moda já está saindo". A moda atua também em categorias como bebidas alcoólicas.

No pós-guerra, a bebida de escolha era o uísque, especialmente o de centeio (rye whisky). "Rye and soda" era um pedido típico no bar. Gerações posteriores preferiram o

Scotch, depois o gin, depois a vodca, e hoje a bebida mais pedida é a tequila, e a marca Nº 1 de tequila é Jose Cuervo. (O coquetel mais popular nos Estados Unidos é a margarita.)

Alguém duvida que a divergência continuará a guiar a indústria de bebidas alcoólicas? E que amanhã haverá um novo concorrente para a tequila e uma nova oportunidade de construir uma marca forte como Jose Cuervo? Nós não.

Assim como um bom surfista, um bom gerente precisa sair na frente da onda e deixar a categoria conduzir a marca. Você espera muito, e em vez de conduzir a marca, a onda a derruba.

Nenhuma bebida divergiu mais do que o vinho. Existem centenas de categorias, milhares de marcas e centenas de milhares de safras. Algumas das categorias incluem Beujolais, Bordeaux, Burgundy, cabernet, champagne, chardonnay, merlot, pinot, Riesling, sauvignon blanc, Shiraz e zinfandel.

A publicação líder em vinhos, *Wine Spectator*, tem um web site que comenta mais de 110 mil vinhos diferentes.

A moda também guia o consumo de vinhos. Antigamente, o Bordeaux e o Chardonnay eram os vinhos da moda. Hoje, são o Merlot e o Shiraz.

Ontem era a França. Hoje é a Austrália.

Nos vinhos, nos destilados, em praticamente todos os tipos de bebidas, existe muita divergência, mas pouquíssima convergência. O costume francês de misturar variedades de uvas está perdendo para vinhos feitos de uma única variedade, seja 100% Chardonnay, 100% Merlot, 100% Shiraz etc. É uma questão de categoria. As pessoas querem saber que categoria estão bebendo, não apenas que marca.

Você observa a mesma tendência no Scotch, de misturas para maltes únicos como o Glenfiddich.

Divergência nas Roupas

A moda também comanda o negócio de roupas. Assim como a idade, a moda é cruel. Você pode ser do *jet-set* quando jovem, mas cedo ou tarde vai envelhecer e perder seu glamour. Pode até ter de usar andador e aparelho auditivo.

O mesmo é verdadeiro para as marcas de moda. Algum dia, é possível que você tenha até de dar um fim na marca.

A Calvin Klein era marca de moda, grande e poderosa. Mas Calvin perdeu seu prestígio para Ralph Lauren. E Ralph Lauren está a caminho de perder seu prestígio para Tommy Hilfiger. E Tommy Hilfiger corre perigo de perder seu prestígio para a marca da última moda, Sean John.

Roupas que não estão na moda são difíceis de vender. Por outro lado, roupas de moda não só são fáceis de vender como podem ser vendidas por preços altos.

Por que alguém gastaria US$ 600 em sapatos de Manolo Blahniks ou Jimmy Choos, que não têm praticidade, são desconfortáveis, difíceis de usar e podem causar sérios danos a seus pés?

Porque estão na moda. "Clivagem para dedos."

No extremo oposto do espectro está a superconfortável bota UGG feita na Austrália. Kate Hudson, Sarah Jessica Parker, Cameron Diaz e Oprah Winfrey foram vistas usando-as.

Nas roupas, a essência do *branding* não é apenas criar uma nova categoria, mas criar uma categoria que entre para a moda.

A Nike tornou-se a marca de escolha e substituiu a Keds. Mas não foi suficiente para a Nike criar uma nova categoria (calçados esportivos, em vez de tênis). Também teve de criar uma nova categoria da moda.

O que faz uma categoria ser da moda? Em uma palavra, celebridades. Toda vez que uma marca é vista sendo usada por celebridades, automaticamente tem credenciais. A marca se torna da moda.

Que cor a maioria das celebridades usa? Preto. Que cor está mais na moda? Preto. De que cor é o cartão de crédito mais caro do mundo, o American Express Centurion, que exige gastos anuais de US$ 150 mil, mais uma taxa de US$ 1 mil? Preto.

De que cor é o rótulo do uísque caro mais vendido? Preto. (Johnnie Walker Black Label.)

O preto continuará a ser a cor mais na moda? Claro que não. Quando todo o mundo começar a usar preto, as celebridades estarão na próxima novidade. (O pink está começando a parecer popular, especialmente para as mulheres.)

Você Vence Introduzindo Marcas Novas

A moda deste ano é o ultrapassado do ano que vem. Você não vence no mundo da moda mudando sua marca para se adaptar à tendência de hoje, mas lançando novas marcas que criam novas categorias.

Em vez de criar extensões de linha de sua marca em uma gama de novas categorias, Ralph Lauren deveria pensar sobre criar uma nova marca para capturar os consumidores de amanhã que estarão procurando a próxima grande novidade.

O mesmo acontece com a Levi Strauss. Enquanto as vendas caíam de US$ 7,1 bilhões em 1996 para US$ 4,1 bilhões em 2002, a Levi Strauss estava ocupada estendendo suas marcas principais para outras linhas além da Levi's 501, 505 e Silvertab.

Agora você pode comprar a Levi's Vintage na Neiman-Marcus por US$ 200 o par. A Levi's Premium na Barneys por US$ 110 o par. A Levi's Type 1 na Kohl's por US$ 85 o par. A Levi's Red Tab na Macys por US$ 35 o par. E a Levi's Strauss Signature no Wal-Mart por US$ 23 o par.

À medida que a categoria fragmenta, a Levi's está perdendo para a Diesel e para a Replay no segmento de luxo, para a Tommy Hilfiger e para a Fubu no segmento de preço médio e para a Wrangler e a Old Navy no segmento popular.

Um dos maiores propulsores da moda é a rebeldia da próxima geração. Quando os filhos vêem os pais usando Levi's, eles imediatamente procuram outra marca.

Conclusão: a Levi Strauss precisa de uma nova marca para atingir a geração mais jovem.

Novas Marcas, Novas Companhias

É incrível quantas vezes uma nova marca, iniciando uma nova categoria, é criada, não por uma companhia existente, mas por uma companhia nova. No segmento de roupas, o exemplo mais recente é a Under Armour.

Há uma década, Kevin Plank era um *running back* do time de futebol americano da Universidade de Michigan irritado com a praga da cueca ensopada de suor. Ele procurou algo mais leve, fresco e seco, e teve a idéia da roupa íntima esportiva.

Hoje, sua empresa, a Under Armour, é uma das companhias privadas de crescimento mais rápido do país, com vendas que ultrapassam US$ 120 milhões por ano.

Grandes companhias geralmente demoram para entrar em novas categorias, como a de roupa íntima esportiva. A Nike lançou a linha Pro Compression e a Reebok, a linha Play Dry. Mas quem vai ganhar a guerra da roupa íntima esportiva?

Nossa aposta é na Under Armour, a pioneira na nova categoria. (Veja o Capítulo 11, "A Sobrevivência dos Primeiros".)

Divergência em Artigos de Higiene

Uma escova e uma pasta de dentes costumavam ser tudo o que você precisava para manter sua saúde bucal. Agora, você tem anti-séptico oral (Listerine), anti-séptico oral redutor de placa bacteriana (Plax), fio dental (Johnson & Johnson) fita dental (Glide), estimuladores da gengiva (Butler), escova de dentes para gengiva (Sulca), escova de dentes com jato de água (Water Pik), escova de dentes elétrica (Sonicare), escova de dentes elétrica operada por bateria (SpinBrush). E até escova de dentes para bebês (Soft Grip).

E há os produtos clareadores de dentes, como o Crest Whitestrips, assim como sistemas de clareamento profissionais (BriteSmile).

Talvez nenhuma categoria ilustre a divergência mais do que a de barbeadores. Há o barbear seco (Norelco) e o barbear molhado (Gillette), assim como o aparelho de barbear descartável (Bic). E há o barbeador com lâmina dupla (Trac II), o barbeador com lâmina ajustável (Atra), o barbeador com lâmina dupla sobre molas (Sensor), o barbeador com lâmina tripla (Mach 3) e o barbeador com lâmina quádrupla (Quattro.)

Na correção da visão, ramos sucessivos incluíram óculos, lentes bifocais, lentes progressivas (Varilux), lentes de contato (Bausch & Lomb) e cirurgia a laser (Lasik).

Divergência na Recreação

Em todos os esportes existem oportunidades para divergir e criar uma nova categoria e uma nova marca.

Nos patins, as rodas podem ser realinhadas para criar os patins *inline* (Rollerblade). No esqui, os esquis podem ser cortados ao meio para criar a *snowboard* (Burton).

No tênis, a raquete pode ser aumentada (Prince). No golfe, o *driver* pode ser aumentado. A Prince tornou-se a companhia líder em raquetes de tênis. A Burton tornou-se a companhia líder em *snowboards*. A Rollerblade tornou-se a companhia líder em patins *inline*. Todas essas marcas foram criadas por empreendedores, não por grandes companhias.

Ainda não se convenceu? Continue lendo.

Divergência na Música

Sessenta anos atrás, todos ouviam o programa *Your Hit Parade*, que apresentava Frank Sinatra e as dez mais da semana.

Certa vez, quando Frank Sinatra visitou a Casa Branca, o presidente Franklin D. Roosevelt se aproximou dele e sussurrou: "Se eu prometer que não conto a ninguém, você me conta qual música será a Nº 1 no *Hit Parade* desta semana?"

Como os tempos mudaram. Hoje, a *Billboard*, a bíblia da indústria da música, tem 18 listas diferentes de sucessos: contemporânea para adultos, as 40 mais para adultos, clássica, *classica crossover*, jazz contemporâneo, country, dance eletrônica, hip-hop, jazz, pop latina, rock *mainstream*, rock moderno, trilhas de filmes, *new age*, mexicana e tropical/salsa.

E cada uma das dezoito listas de sucesso da *Billboard* tem um líder diferente: Santana, Matchbox Tewnty, Alison Krauss & Union Station, Andréa Bocelli, Josh Groban, Norah Jones, Toby Keith, Daniel Bedingfield, Louie Devito, 50 Cent, Regina Carter, Marco Antonio Solis, Audioslave, Trapt, The Matrix Reloaded, Yanni, Los Bukis/Los Temerários e Ibrahim Ferrer. (Se você conhece todas essas estrelas da música, deve trabalhar para a *Billboard* ou é uma enciclopédia ambulante.)

Hoje, o rádio está altamente fragmentado, com o estilo de música mais popular (rap) ocupando apenas 27% da programação. George Bush, ao receber 50 Cent na Casa Branca, provavelmente perguntaria a ele que música será a número 1 na lista de hip-hop da *Billboard* na semana que vem?

Os mercados seguem o mesmo caminho que a música. Eles se fragmentam em segmentos, e cada segmento é uma entidade distinta. Cada segmento tem razão própria para existir. E cada um tem o próprio líder, que raramente é o mesmo da categoria original.

Os tocadores de música também divergiram. Do tocador de fita cassete (Walkman) para o CD player, para MP3 player (iPod).

Divergência em Cachorros

A quantidade de raças de cachorros continua a se multiplicar. Especialistas estimam que existam cerca de 700 a 800 raças distintas de cães. A Federation Cynologique International, uma organização mundial de cinofilia, reconhece 329 raças divididas em dez grupos diferentes.

O American Kennel Club reconhece atualmente 150 raças. As cinco mais recentes, acrescentadas em 2000, são Nova Scotia Duck Tolling Retriever, German Pinscher, Toy Fox Terrier, Polish Lowland Sheepdog e Spinone Italiano.

Seis outras raças foram indicadas para um estágio temporário e se tornarão elegíveis para participar de exposições em futuro próximo. Donos de Plotts e fãs de Glen of Imaal Terrier, seu dia de glória nas exposições está próximo.

Divergência em Países

Quanto aos países, será que os Estados Unidos algum dia convergirão para seus amigos ao norte, para formar a "AmeriCan", uma fusão que faz muito mais sentido do que a da Daimler e Chrysler? Não se angustie, o oposto está acontecendo.

A Iugoslávia dividiu-se dolorosamente em cinco países: Croácia, Eslovênia, Bósnia e Herzegovina, Sérvia e Montenegro, e a antiga República da Macedônia. (A Grécia está reivindicando o nome "Macedônia", portanto existem dúvidas sobre qual será o nome definitivo da República da Macedônia.)

Existe um sexto país em potencial (Kosovo) que originalmente era parte da antiga Iugoslávia, mas que atualmente é administrado pelas Nações Unidas, aguardando a decisão final sobre seu status.

Em 1776, logo após a independência dos Estados Unidos, havia cerca de 35 impérios, reinos, países e estados no mundo. Na época da Segunda Guerra Mundial, este número havia dobrado. Em 1970, existiam mais de 130 países. Hoje, as Nações Unidas têm 191 países membros, sendo o mais recente o Timor Leste.

Divergência em Religião

Comparado à pratica antiga de venerar muitos deuses, o "monoteísmo" é considerado um grande avanço na religião.

Hoje, podemos não venerar muitos deuses, mas com certeza veneramos a Deus em muitas religiões. Historicamente, três das principais fés do mundo são diversificações do mesmo ramo: Judaísmo, Cristianismo e Islamismo. Cada uma dessas ramificações, por sua vez, divergiu repetidamente. O Judaísmo em Conservador, Reformista e Ortodoxo. O Cristianismo em Católico Romano, Ortodoxo Grego e Protestantismo. O Islamismo em Sunita e Xiita.

O processo nunca pára. Atualmente, os 79 milhões de membros da comunidade anglicana correm o risco de divergir sobre a questão dos bispos homossexuais. Até mesmo a monolítica Igreja Católica Romana tem um pequeno movimento separatista chamado Catolicismo Tradicionalista, parcialmente bancado por Mel Gibson.

No Extremo Oriente, a grande árvore da religião inclui ramos como Hinduísmo, Budismo, Jainismo, Zoroastrismo, Confucionismo, Taoísmo e Xintoísmo.

A Divergência Reforça, Não Enfraquece

Você pode pensar que uma divergência intensa enfraqueceria uma árvore, mas na realidade é o oposto. Sempre que existirem muitos ramos (e muitas marcas) que divergiram de uma única categoria, você pode estar certo de que a categoria está forte e dinâmica e que provavelmente vai existir por um longo tempo.

Muitos ramos (e marcas) se desenvolverão e morrerão, mas a árvore em si permanecerá excepcionalmente saudável. A árvore do computador, com seus vários galhos e ramos, todos emanando do mesmo tronco (o mainframe) é um bom exemplo de crescimento dinâmico.

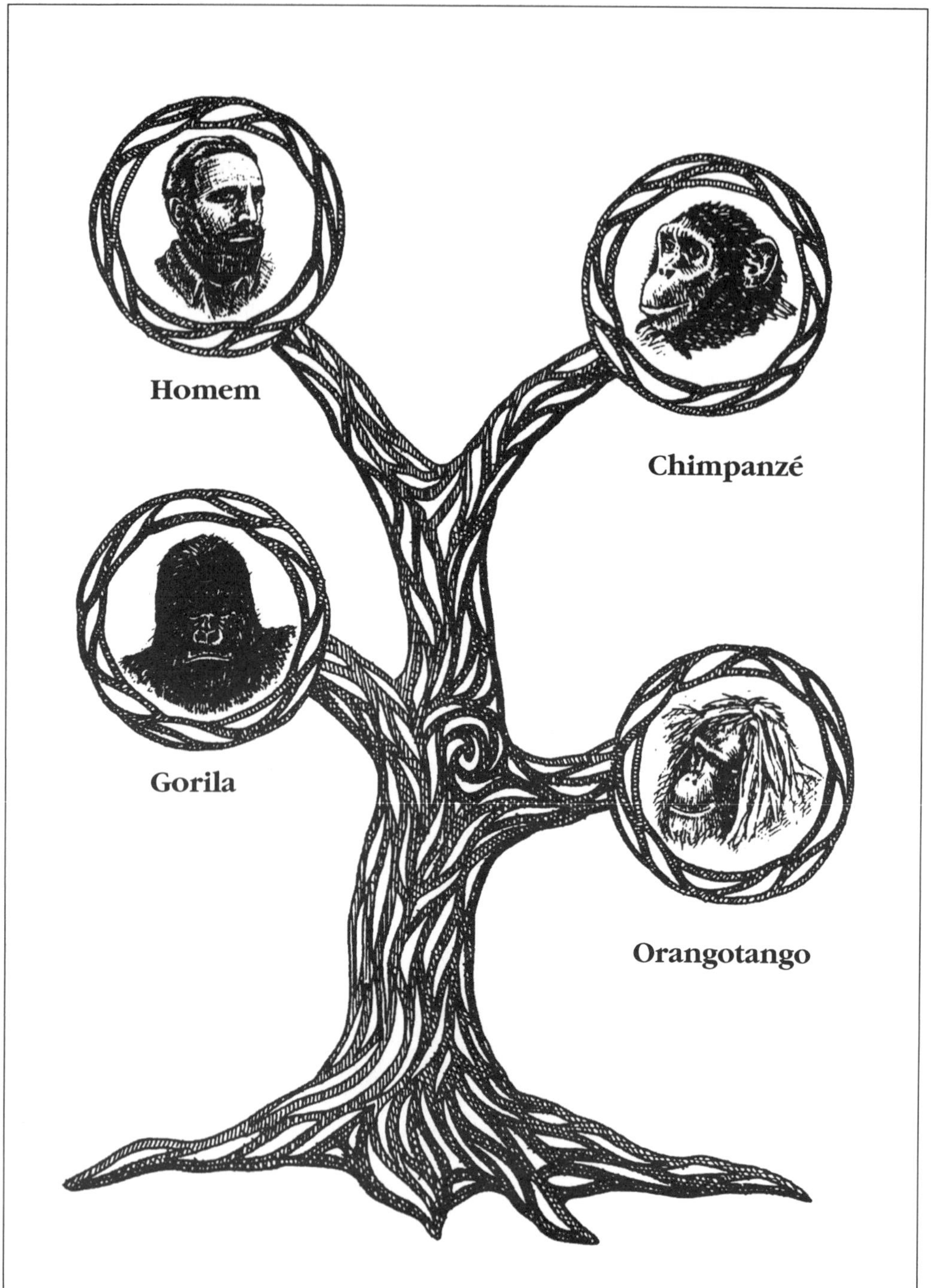

A árvore dos hominídeos inclui o orangotango, o gorila e o nosso parente mais próximo, o chimpanzé.

Capítulo 10

O Mistério do Elo Perdido

UMA DAS PRINCIPAIS CRÍTICAS À TEORIA DA EVOLUÇÃO é a ausência de registros fósseis do "elo perdido". Se o homem descende do macaco, onde estão os fósseis do meio-homem/meio-macaco? Os paleontólogos ainda não encontraram nenhum.

Provavelmente não encontrarão. O elo perdido sempre estará perdido.

A solução deste mistério foi uma das deduções mais brilhantes de Charles Darwin. A única ilustração em *A Origem das Espécies* diagramava a tendência natural das espécies de se diferenciarem, após muitos milhares de gerações, deixando grandes lacunas entre cada uma delas.

E nenhum elo perdido.

A linha genealógica não evoluiu do macaco de hoje para o homem de hoje. Em vez disso, o homem moderno descende do homem primitivo por milhares de gerações, cada qual sofrendo modificações por seleção natural. E o macaco moderno descende do macaco primitivo por milhares de gerações.

O computador pessoal de hoje não descende da máquina de escrever. O primeiro computador pessoal não tinha teclado, não tinha impressora, não funcionava como máquina de escrever e não se parecia com máquina de escrever.

A razão para o fracasso de muitas companhias e de muitas marcas é que o *Homo sapiens* pode controlar a natureza, ao menos em curto prazo. O *Homo sapiens* do mundo dos negócios pode fazer coisas que jamais ocorreriam na natureza. O *Homo sapiens* pode introduzir elos perdidos.

E o faz. Todos os dias, em praticamente todas as indústrias que você conhece, as companhias estão ocupadas introduzindo elos perdidos. Eles podem sobreviver por algum tempo, mas elos perdidos quase sempre morrem em longo prazo. Eles violam a lei fundamental da natureza.

O Processador de Texto

Meio máquina de escrever/meio computador pessoal, o processador de texto experimentou um rápido momento de glória. Tornou a Wang Laboratories, fundada por Au Wang com os US$ 600 de suas economias, a marca dominante na categoria. Em 1985, a Wang era uma companhia de US$ 2,4 bilhões.

Sete anos depois, a Wang pediu falência, outra vítima do mito do elo perdido.

Antes de decretar sua falência, a Wang Laboratories tentou salvar a situação mudando para computadores pessoais. Nada de errado com isso, exceto que tentou mudar para PCs com o nome Wang, que estava estreitamente identificado com os processadores de texto.

Um nome na mente é como um buraco no chão. Você pode aprofundá-lo, pode alargá-lo, mas a única coisa que não pode fazer é mudar o buraco de lugar.

Uma vez que uma marca se torna fortemente identificada com uma categoria na mente das pessoas, não pode ser facilmente mudada.

A dinâmica da divergência sugere uma saída para esse dilema. Como você sabe quais categorias relacionadas vão se diferenciar constantemente, a melhor maneira de dominar duas marcas diferentes é usar dois nomes diferentes.

A Wang deveria ter deixado o nome Wang em sua divisão de processador de texto e inventado um nome novo para sua divisão de computador pessoal.

Nos primórdios de qualquer indústria emergente, você encontra repetidos exemplos da mesma insensatez. Muitas companhias oferecem o elo perdido entre ontem e amanhã. Seu lema: o melhor dos dois mundos.

Os primeiros navios transoceânicos a vapor também tinham velas. No princípio, as embarcações híbridas eram vistas como as melhores. Eram mais rápidas do que os barcos somente a vela e mais econômicas do que os barcos somente a vapor. Em retrospectiva, é fácil ver o que aconteceu. Os veleiros e os navios a vapor divergiram em direções diferentes e a embarcação híbrida ficou à deriva e afundou.

O veleiro tornou-se um brinquedo para os ricos e famosos, e o navio a vapor tornou-se tão econômico que as velas eram nada mais que um anacronismo caro.

O Turboélice

Muitos dos primeiros jatos eram do tipo turboélice. No princípio, representavam uma alternativa atraente, tanto para os aviões a hélice quanto para os aviões a jato, especialmente em uma aeronave pequena. O turboélice combinava a alta velocidade de cruzeiro do jato com a estabilidade do avião a hélice.

Isso foi no princípio. Hoje, jatos pequenos de 30 a 100 passageiros estão substituindo os turboélices em vôos regionais, porque são mais rápidos, mais confortáveis e mais silenciosos.

Além disso, os jatos podem voar a altitudes maiores do que os turboélices, evitando a turbulência encontrada nas baixas altitudes.

Ainda assim, as principais companhias aéreas operam cerca de 700 aeronaves turboélice que provavelmente gostariam de não ter comprado.

É difícil evitar o problema do *mushy middle* (meio-termo). No início, uma tecnologia nova progride devagar e apresenta inúmeros problemas. A abordagem meio-termo parece mais segura e mais produtiva. E muitas vezes é. Mas uma estratégia meio-termo é quase sempre uma perdedora em longo prazo.

Considere a indústria cinematográfica. Atualmente, filmes com orçamento bilionário são gravados primeiro em filme e depois convertidos em um grande arquivo digital, para ajuste de cor, contraste e adição de efeitos digitais. Depois, o arquivo digital é gravado novamente em filme e duplicado, para ser exibido nas salas de cinema.

Existe alguma dúvida de que em um futuro próximo todos os filmes serão gravados, manipulados e distribuídos no formato digital?

Não para nós.

Fac-símile

É claro, o longo prazo pode ser longo de verdade. Veja por exemplo o fac-símile. Após décadas de crescimento, estamos começando a ver o fim da estrada para o fac-símile.

O problema? O fax é um produto meio-termo, que combina o aspecto físico de uma carta com a velocidade de transmissão de uma mensagem de e-mail. A carta ainda deve perdurar por muitas gerações e não há dúvidas de que o e-mail veio para ficar. Mas e o fax? Seus dias estão contados. (O Mailgram, da Western Union, outro serviço meio-termo, já está enfrentando o mesmo destino.)

Em quatro anos, de 1998 a 2002, o número de páginas enviadas por fax caiu pela metade.

O que está acabando com o fax? A evolução do e-mail. Hoje, o e-mail é mais barato, mais preciso e mais flexível do que o fax. Os dias do turboélice estão no fim, assim como os do fax.

A Genigraphics (originalmente uma divisão da General Electric) e diversas outras companhias foram fundadas para transformar imagens gráficas geradas por computador em slides fotográficos. Uma boa idéia, até que o PowerPoint e o projetor de vídeo de baixo custo tiraram o slide fotográfico de cena.

DVD pelo Correio

Outra marca meio-termo é a Netflix. Em vez de alugar DVDs na Blockbuster, o consumidor pode usar a Internet para pedir os filmes diretamente da Netflix, economizando tempo e dinheiro. É um degrau acima na escada da evolução.

A Netflix cresceu rapidamente e agora tem mais de um milhão de assinantes. Mas enviar dados eletrônicos (na forma de DVD) por correio, em uma era digital, parece mais como um passo para trás. Algum dia, a Netflix se deparará com o mesmo destino do fax.

As companhias se sentem confortáveis com marcas meio-termo porque elas combinam com a percepção que a gerência tem de si própria. Ou como a General Electric costumava dizer "o progresso é nosso produto mais importante". A idéia de que os produtos e serviços de uma companhia estão evoluindo continuamente em direção a algo mais rápido, barato é um pensamento reconfortante.

As companhias se sentem desconfortáveis com a divergência porque ela representa uma ruptura com o passado. Em vez de melhor, mais barato, mais rápido, muitas bifurcações tecnológicas estão sinalizadas na estrada com "diferentes, lentas e mais caras".

É possível prever facilmente o que acontecerá com o negócio de DVD por correio. Mas cedo ou mais tarde teremos DVDs pela Internet e a Netflix será deixada de fora.

O Problema da Kodak

Não há dúvida de que a fotografia digital (uma categoria separada) está substituindo rapidamente a fotografia analógica, ou de processamento químico, que é a mina de ouro da Kodak. Breve serão compradas mais câmeras digitais do que analógicas. Pode levar anos ou décadas, mas não há dúvida de que o negócio de filmes fotográficos e fotos em papel vai desaparecer.

A Kodak está tentando fazer o que a Wang não conseguiu. Isto é, levar seu nome para uma categoria diferente. Ironicamente, o poder da marca Kodak (uma das mais reconhecidas e respeitadas do mundo) está tornando este caminho difícil. (Quanto mais fundo o buraco, mais difícil fica movê-lo.)

A Kodak tentou diminuir a lacuna entre a fotografia tradicional e a digital, com seu sistema de câmeras e filme Advantix Advanced Photo System. A companhia gastou mais de US$ 1 bilhão para desenvolver e lançar o Advantix no mercado, em 1996.

O sistema Advanced Photo (ou APS), que usa filmes de 24 mm, foi na verdade desenvolvido por cinco companhias, entre elas a Kodak, a Canon e a Fuji. Seus recursos incluem a capacidade de tirar fotos comuns e panorâmicas em um mesmo rolo de filme, e uma tecnologia desenhada para melhorar a iluminação. O sistema, que custa 15% mais do que o filme convencional, nunca atraiu os consumidores, que preferiram ficar com as câmeras e os filmes de melhor qualidade, de 35 mm, ou partiram direto para o sistema digital. O APS representa o *mushy middle*, a terra de ninguém, onde a sobrevivência é difícil.

Pior ainda foi a tentativa da Kodak de fundir a fotografia convencional com a digital em uma única categoria chamada *infoimaging*. (Você já ouviu algum consumidor dizer: "O que precisamos aqui é *infoimaging*?")

"O *infoimaging*", dizia um anúncio recente da Kodak, "talvez seja a convergência de tecnologias mais promissoras desde a Internet, e convidamos parceiros para a tarefa de concretizar seu potencial".

Convergência de tecnologias? Este é um sinal certo de que o *infoimaging* vai desaparecer.

O Problema da Polaroid

Esta é uma marca (Polaroid) estreitamente associada a uma categoria (fotografia instantânea) que está em forte declínio. Com o crescimento das lojas de revelação em uma hora, a confusão e os custos das fotos Polaroid não compensavam o incômodo, quando você podia ter um rolo inteiro de filme revelado em 60 minutos.

Então, a Polaroid tentou levar seu nome de marca para o filme fotográfico convencional (território da Kodak) e diversas outras categorias, incluindo produtos para exames médicos por imagem, scanners digitais e impressoras de fotos digitais. Resultado: a Polaroid Corporation faliu em 2001.

O que matou a marca Polaroid? A evolução no processamento de filmes.

O DVD e o VCR Player (Videocassete)

As lojas estão abarrotadas de produtos "somados" que podem fazer sentido em curto prazo. Não há dúvida alguma de que o DVD está tornando o formato VCR, ou videocassete, obsoleto.

O problema é que as pessoas, em sua maioria, já têm um aparelho de videocassete. Em vez de um equipamento combinado, é muito mais provável que elas comprem um aparelho apenas com função de DVD. Então, quando o DVD substituir o VCR por completo, elas simplesmente jogarão seus VCRs antigos fora.

O DVD prevalecerá em longo prazo, mas em curto prazo os consumidores precisam de algo para ver suas fitas de VCR. Portanto, talvez faça sentido, para alguns poucos consumidores, comprar uma combinação DVD/VCR.

Mas talvez não faça sentido para uma companhia pular de um produto de curto prazo para outro. Você não pode construir uma marca desta forma. Geralmente são necessárias décadas para se associar uma marca nova a uma categoria nova. (As marcas mais bem-sucedidas do mundo são aquelas que vendem a mesma coisa, com a mesma estratégia, por um período extenso de tempo. O champanhe Dom Pérignon, os carros Mercedes-Benz e os relógios Rolex são bons exemplos.)

Se o chocolate quente tornar-se a próxima bebida "in", a Starbucks deve mudar de café para chocolate quente? Somente com risco próprio.

Ir atrás da última moda é apenas um dos muitos erros de *branding* que uma companhia pode cometer. Pior ainda que o *branding* do ramo é ramificar a marca.

O Problema do Macintosh

O que é um Macintosh? É um computador pessoal, assim como um sistema operacional.

Algum outro fabricante de PC tentou usar o mesmo nome de marca em duas categorias, computadores e sistemas operacionais? A Dell vende computadores, mas não sistemas operacionais. A Microsoft vende sistemas operacionais, mas não computadores. A IBM tentou vender ambos, seu sistema operacional OS/2 e seu PC. Não teve sucesso com nenhum deles.

O Macintosh está afundando no *mushy middle*, tentando se agarrar a duas categorias ao mesmo tempo. Nenhum computador pessoal recebeu mais críticas favoráveis do que o Macintosh, entretanto a marca tem apenas 3% do mercado.

Carros, Vinho e Clubes de Compras

E o que os compradores de carros acham do Chrysler Crossfire, o carro esportivo de US$ 35 mil com motor Mercedes e carroceria Chrysler? Em sua mente, em que categoria você coloca essa maravilha? Naquela denominada "carro alemão caro" ou na denominada "carro americano barato"? (Alguém se lembra do Porsche 914? O carro esportivo com motor Volkswagen e carroceria de Porsche? Foi rechaçado pelos fãs do Porsche, pois era um carro esportivo barato, e por fãs do Volkswagem por ser um carro esportivo caro.)

Considere também o vinho. Existem dois tipos básicos de vinho: tinto e branco. Há também o vinho rosado, o melhor das duas uvas. Quanto de rosado, o vinho do *mushy middle*, você supõe que seja vendido? Não muito.

Uma rede de supermercados está sentindo a concorrência de atacadistas (Costco e Sam's Club). Então, resolvem promover uma campanha publicitária que a coloca exatamente no meio-termo. O tema: "Supermercado descolado. Preço de atacado".

Na lógica, a campanha faz sentido, mas em sua mente, em que categoria você colocaria a cadeia?

Não existem elos perdidos na natureza, assim como não existem marcas verdadeiramente bem-sucedidas no *mushy middle*.

Em cada estágio do crescimento, o primeiro broto a germinar
é o mais alto e forte. O mesmo ocorre com as marcas.

Capítulo 11

A Sobrevivência dos Primeiros

DUAS SEMENTES CAEM NO CHÃO DA FLORESTA. Talvez seja o ângulo em que a semente atingiu o chão, talvez seja o solo embaixo daquela semente, mas por alguma razão uma semente germina primeiro e a outra um ou dois dias mais tarde.

Em cada estágio do crescimento, o primeiro broto é mais alto, mais forte, mais resistente à estiagem. Com o passar do tempo, o primeiro broto cresce, para se tornar uma árvore gigantesca, impedindo que a luz do Sol chegue ao segundo broto. Eventualmente, a segunda árvore em formação seca e morre.

A sobrevivência dos mais adaptados? Certamente. Mas como o primeiro broto tornou-se o mais adaptado? Na floresta, ou no mercado, a batalha normalmente é ganha pelo primeiro competidor a ocupar o espaço.

Nada Vem Fácil

Ser a primeira não significa automaticamente que sua marca se tornará a líder em uma nova categoria. É apenas um atestado para isso. Se você é o primeiro, sua marca começa como líder porque nenhuma outra está tentando ocupar a mesma categoria.

É aí que entra a evolução. Sua marca precisa evoluir para manter a liderança. Neste sentido, você deve proteger sua marca e estar especialmente atento, quando concorrentes ameaçam sua posição.

As vendas, entretanto, não são tão importantes quanto a percepção. Para ter sucesso, sua marca precisa estabelecer a percepção de liderança na mente dos consumidores.

O Que Funciona nos Filmes

A indústria cinematográfica descobriu o truque do jogo. Se o filme não estréia com um fim de semana grandioso, certamente não vai ser um campeão de bilheteria. Um fim de semana grandioso, especialmente se o filme for número 1 em ingressos, praticamente garante o sucesso.

Azarões, que atingem a fama pelo boca a boca, como *Casamento Grego*, são hoje uma raridade em Hollywood. A maioria dos filmes sai de cartaz em poucas semanas, indo direto para vídeo, se não tem um primeiro final de semana grandioso.

As vendas não importam. É a publicidade gerada pelas vendas que cria o sensacionalismo para a marca. As pessoas querem ver o que os outros estão vendo. Um filme que estréia com um grande estardalhaço cria a percepção de que é "imperdível", especialmente entre os jovens, que são o principal público do mercado de cinema.

No dia de sua estréia, a bilheteria de *Matrix Reloaded* rendeu US$ 42,5 milhões, um novo recorde. Naturalmente, esse novo recorde gerou uma avalanche de publicidade.

Todo negócio tem seus truques. Um dos truques da indústria cinematográfica é aumentar os números do fim de semana, lançando o filme em cerca de 1.000 salas de cinema. *Matrix* estreou em 3.603 cinemas, mais de 10% de todas as salas dos Estados Unidos.

Mesmo sabendo que não vai gostar de um campeão de bilheteria, você precisa assisti-lo para poder conversar sobre ele com seus amigos.

O Que Funciona na Música

"Se um disco não faz sucesso na semana de lançamento", disse Ron Baldwin, um produtor e gerente musical, "as pessoas dizem que está morto." As gravadoras brigam por exposição em quatro frentes: rádio, vídeo, cobertura de mídia e lugar nas lojas de disco.

Para promover seu novo álbum *American Life*, Madonna deu uma entrevista no programa *Dateline*, da NBC, gravou um especial para a MTV, participou como convidada do seriado *Will and Grace* e do programa *Live with Regis and Kelly*.

Funcionou. Com 241 mil cópias vendidas na primeira semana, *American Life* ficou como Nº 1 nas paradas. Não foi um sucesso acidental. Dos dez melhores álbuns de 2003, oito venderam 220 mil ou mais cópias na primeira semana. Se você não vence imediatamente, as chances não estão do seu lado.

O Que Funciona nos Livros

Se um livro não entra para a lista dos best-sellers nas primeiras semanas do lançamento, nunca entrará. As livrarias expõem as publicações mais vendidas na frente e oferecem descontos. Os outros livros ficam enterrados nas prateleiras e são vendidos pelo preço integral. Vencer de primeira, ou fracassar, é a regra geral no mercado editorial.

A chave, claro, é a publicidade pré-lançamento. Você precisa usar a publicidade, para criar demanda antes que o livro seja lançado. O quinto livro de J. K. Rowling, da série Harry Potter, *A Ordem da Fênix*, criou uma onda de publicidade pré-lançamento. Fãs vestidos a caráter participaram de festas promovidas na livraria.

Nenhum livro recebeu mais publicidade pré-lançamento do que *Living History*, de Hillary Clinton. Os resultados eram previsíveis. O livro vendeu mais de 1 milhão de exemplares no primeiro mês. Ou você vence logo ou fracassa.

Depois que um livro, um disco ou um filme entra na lista dos melhores, a estratégia padrão é tentar mantê-lo lá, anunciando o fato. "O filme Nº 1 da América" é a típica manchete.

Ser o "primeiro", ou o líder, causa um forte apelo emocional na mente do consumidor. "Se todo o mundo acha *Harry Potter e A Ordem da Fênix* um livro maravilhoso, deve ser maravilhoso mesmo, a despeito de minha opinião."

O Destino Favorece o Primeiro

A maioria manda, especialmente quando envolve percepção. Catchup Heinz, maionese Hellmanns, muffins Thomas English, *cream cheese* Philadelphia, cerveja Budweiser e muitas outras marcas líderes são poderosas não porque são melhores do que suas concorrentes (embora possam ser), mas porque são largamente percebidas como líderes em sua categoria.

Ser o primeiro leva à liderança. Se sua marca é a única da categoria, deve ser a líder. E quando a concorrência chega, a liderança cria a percepção de superioridade para sua marca.

A primeira marca na mente pode sobreviver por um longo tempo e continuar mantendo sua liderança. A Coca-Cola tem sido a marca Nº 1 em colas há 118 anos. A GE tem sido a marca Nº 1 em lâmpadas há 102 anos. O Kleenex tem sido a marca Nº 1 em lenços de papel há 80 anos.

Dois fatores trabalham a favor da primeira marca na mente. Um é a percepção de que a marca líder deve ser a "melhor". É axiomático que o melhor produto ou serviço vence no mercado. Como a primeira marca a entrar na mente é automaticamente a líder (não existem outras marcas), a primeira tenderá a manter sua liderança. (Ela impede que a luz do Sol chegue às marcas concorrentes.)

O segundo é a percepção de que a primeira marca é a original. Todas as outras são imitações. "Essa é a real" aplica-se apenas à Coca-Cola, não a marcas eu-também como a Pepsi e a Royal Crown.

Mesmo se algum dia a Pepsi ultrapassar a Coca em vendas (um fato improvável), jamais será percebida como a real.

O Primeiro a Entrar na Mente

Livros de negócios freqüentemente contradizem a "vantagem do primeiro a entrar" e estão certos. Não existe vantagem em ser o primeiro a entrar no mercado, a menos que você possa usar essa oportunidade para também se tornar o "primeiro a entrar na mente".

A grande árvore da vida é uma analogia física. A grande árvore das marcas é uma analogia mental. O *branding* ocorre na mente e não tem uma realidade física. Ser o primeiro no mercado é um prelúdio físico e não leva necessariamente a ser o primeiro na mente.

- A Duryea fabricou o primeiro automóvel na América do Norte, mas a marca nunca se firmou na mente dos consumidores.
- A Du Mont fabricou o primeiro aparelho de televisão na América do Norte, mas a marca nunca se firmou na mente dos consumidores.
- A Hurley fabricou a primeira máquina de lavar roupas na América do Norte, mas a marca nunca se firmou na mente dos consumidores.

Edmund Hillary (juntamente com seu guia *sherpa* Tenzing Norgay) foi o primeiro a escalar o Monte Everest. Cinqüenta anos após sua famosa proeza, sir Edmund continua amplamente conhecido ao redor do mundo, enquanto as mais de 1.650 pessoas que trilharam o mesmo caminho depois dele são ilustres desconhecidos, assim como a maioria dos 175 que morreram na montanha.

Algum deles era melhor alpinista que Hillary? Certamente. Algum deles escalou o monte mais rápido do que Hillary? Sem dúvida. Mas isso não importa. Raramente ser o melhor supera ser o primeiro.

Em 23 de maio de 2001, Erik Weihenmayer escalou o Monte Everest, o primeiro cego a realizar tal façanha. Erik ficará famoso como sir Edmund? Sem chance.

Em 16 de maio de 2002, 54 pessoas escalaram o Monte Everest em um único dia. Alguma delas ficará famosa como sir Edmund? Sem chance.

Quando você é o primeiro na mente, sua marca cria uma conexão emocional poderosa com os consumidores. Em contraste, quando você é o primeiro no mercado, sua marca é apenas mais uma.

Perder a Liderança Não Destrói uma Marca

Mesmo *que* a primeira marca na mente perca sua liderança, não perde sua conexão emocional com os consumidores.

A Mikimoto não é a marca líder de pérolas cultivadas, mas é largamente conhecida (e admirada) porque originou as "pérolas cultivadas". A Apple (e seus descendentes Macintosh) mantém uma conexão emocional com usuários de computador pessoal de uma forma que a Dell, a Compaq, a Hewlett-Packard e outras marcas não fazem. Por quê? O Apple foi o primeiro computador pessoal a entrar na mente.

A Hertz não é mais a marca líder de locadoras de automóveis (é a Enterprise), mas a Hertz ainda mantém, para clientes de locadoras de carros, um apelo que a Avis, a National e outras marcas não sustentam.

Harvard, a primeira universidade fundada nos Estados Unidos, ainda é considerada a "melhor" universidade do país, embora não seja a maior e tampouco vença os concursos de popularidade promovidos pela mídia, dos quais o mais notável é o *U.S. News & World Report*.

A lista das 500 melhores da revista *Fortune* ainda é considerada referência na classificação de empresas, embora publicações maiores e mais bem-sucedidas estejam publicando suas próprias listas (as 1.000 melhores da *Business Week* e as 500 melhores da *Forbes*). Todas as empresas se gabam de sua posição na lista da *Fortune 500*, mas poucas mencionam a *Business Week* e a *Forbes*. Por quê?

Em 1955, a *Fortune* publicou sua primeira lista, classificando as 500 maiores corporações industriais dos Estados Unidos por volume de vendas. A *Fortune* foi a primeira.

O destino favorece o primeiro.

Imprimindo uma Marca

O *branding* é como o *imprinting**, o processo pelo qual um filhote reconhece e cria um vínculo com sua mãe. Um filhote de ganso, por exemplo, seguirá o primeiro objeto que se mover a sua frente, assim que sair do ovo. Como resultado, pode facilmente imprimir a figura de mãe a qualquer outra espécie, ou mesmo a um objeto inanimado, que casualmente esteja se movendo.

De forma semelhante, as marcas imprimem-se na mente dos consumidores. A primeira em uma categoria nova geralmente cria uma forte impressão. Kleenex nos lenços de papel. Scotch na fita adesiva. Kodak em filmes fotográficos. Red Bull em bebidas energéticas. Sobrevivência dos primeiros.

Criar uma nova categoria e depois imprimir sua marca nessa categoria é a essência do sucesso. O primeiro ganso a balançar a cauda na frente dos gansinhos recém-nascidos, com certeza conquistará seus corações e mentes. A primeira marca a balançar a cauda na frente de uma nova categoria, certamente conquistará o coração e a mente de consumidores potenciais.

---

* *Imprinting* (imprimir) – conceito desenvolvido pelo cientista austríaco Konrad Lorenz, que estudou o comportamento dos patos e gansos no momento do nascimento. Assim que saem do ovo, eles imprimem à figura materna a primeira forma que estiver se movendo por perto e passam a reconhecer essa forma como sua mãe. Em um experimento, Konrad verificou que os patinhos "imprimiram" as botas que ele usava no momento em que saíram do ovo. Os patinhos passaram então a segui-lo. (N. da T.)

Embora o conceito de estabelecer uma marca líder seja simples, a execução é difícil. Muitas companhias caem na armadilha da convergência. "Podemos ser os primeiros a unir o telefone celular ao computador de mão."

Com milhares de categorias no mercado, existem literalmente milhares de combinações, que por sua vez podem produzir um número igualmente grande de oportunidades inexploradas.

Verdadeiro na teoria, mas não na prática. A abordagem "gato-cachorro" já desperdiçou bilhões de dólares em pesquisa e desenvolvimento.

Produtos Inovadores São Raros

A segunda abordagem é aquela do produto inovador. O avião, o helicóptero, o motor a jato, o forno de microondas, o computador, o microprocessador, o celular e outros produtos revolucionários foram sucessos óbvios. Mas são remotas as chances de ganhar com uma invenção.

Considere a IBM, uma companhia que gasta US$ 5 bilhões ao ano com pesquisa e desenvolvimento. Que produto inovador a IBM lançou na última década? Refinamentos de produtos existentes, sim. Mas e produtos inovadores? Nenhum de que nos lembremos.

De certo modo, um produto inovador é um acaso da história. Era o momento certo para que seu desenvolvimento ocorresse. Ao mesmo tempo em que os irmãos Wright voavam em Kitty Hawk, Ferdinand Ferber, Ernest Archdeacon, Gabriel Voisin, Robert Esnault-Pelterie, Leon Levavasseur e Alberto Santos-Dumont experimentavam vôos com equipamentos mais pesados que o ar na Europa.

Menos de três anos após Orville e Wilbur lançarem seu sucesso inicial, Santos-Dumond fazia o primeiro vôo de reconhecimento na Europa.

O avião foi uma idéia cuja hora havia chegado. Se os irmãos Wright não tivessem tirado sua invenção do chão, alguém certamente teria feito.

Produtos inovadores capturam a imaginação do público, mas desempenham um papel secundário no *branding*. É mais fácil e mais rápido ganhar dinheiro com produtos mundanos comercializados com eficiência.

Alimentos, vestuário, habitação, transporte e entretenimento representam a maior parcela dos gastos do consumidor. Produtos inovadores como o telefone celular, o *laptop*, o computador de mão, a câmera digital e o *Segway human transporter*, um tipo de patinete elétrico, representam uma pequena porção das despesas mensais de uma família comum.

"Crie uma Nova Categoria em Que Possa Ser o Primeiro"

Este tem sido nosso mantra de marketing há décadas. Os supermercados, as farmácias, as lojas de departamentos, as lojas de desconto estão repletos de marcas construídas com esta estratégia poderosa. Assim como a Internet. Alguns exemplos:

- amazon.com, a primeira livraria on-line
- Band-Aid, o primeiro curativo adesivo
- California Closets, o primeiro organizador de closets
- Callaway Big Bertha, o primeiro *driver* de golfe superdimensionado
- Carrier, o primeiro aparelho de ar-condicionado
- Charles Schwab, a primeira corretora de valores de desconto
- CNN, a primeira rede de notícias a cabo
- Dell, o primeiro vendedor direto de computadores pessoais
- Domino's, a primeira cadeia de entrega de pizza em domicílio
- Dr. Scholl's, o primeiro produto para cuidados com os pés
- Duracell, a primeira pilha alcalina
- ESPN, o primeiro canal de esportes a cabo
- Evian, a primeira água mineral engarrafada de luxo
- Footjoy, o primeiro sapato de golfe
- Gore-Tex, o primeiro tecido poroso à prova de água
- Heineken, a primeira cerveja importada
- Hoover, o primeiro aspirador de pó vertical
- Jell-O, a primeira sobremesa de gelatina
- Kentucky Fried Chicken, a primeira cadeia de fast-food de frango
- Kleenex, o primeiro lenço de papel de bolso
- *National Enquirer*, o primeiro tablóide vendido em supermercado
- Nike, o primeiro calçado para esportes
- Oracle, a primeira companhia de banco de dados
- Pampers, a primeira fralda descartável para bebês
- *Playboy*, a primeira revista masculina
- Polaroid, a primeira câmera de fotos instantâneas
- PowerBar, a primeira barra energética
- Q-tips, o primeiro cotonete
- Reynolds Wrap, a primeira folha de papel alumínio
- Samuel Adams, a primeira cerveja *lager*
- Saran Wrap, o primeiro filme de PVC para embalar alimentos
- Swatch, o primeiro relógio de moda
- Sun Microsystems, a primeira estação de trabalho Unix
- Tide, o primeiro detergente

- *Time*, a primeira revista semanal de notícias
- Vise-Grip, o primeiro alicate de pressão
- WD-40, o primeiro superlubrificante
- Xerox, a primeira copiadora em papel simples

Estas marcas (e muitas, muitas outras) foram construídas criando-se a percepção de que eram as primeiras em uma nova categoria. Não é necessário ser realmente a primeira, basta criar a percepção de que sua marca foi a primeira.

("Dizer que" e criar a percepção de ser o primeiro são duas coisas diferentes, é claro. Este é um assunto que discutiremos em detalhe no Capítulo 14.)

O Primeiro Versus o Mais Adaptado

Hoje, a maior polêmica no marketing envolve a diferença entre ser o "primeiro" e ser o mais "adaptado". O conceito darwiniano de "sobrevivência do mais adaptado" é aceito na maioria das companhias como a essência do marketing. "Temos de convencer os clientes potenciais de que nossa marca é a melhor." Isto é, a mais adaptada.

A "sobrevivência do primeiro" não tem nem de longe a mesma aceitação por parte da alta administração. "Quem liga para quem é o primeiro? Os consumidores só ligam para quem é o melhor."

E eles estão certos. Os consumidores não ligam para quem é o primeiro. Só ligam para quem é o melhor. É por isso que compram lenços de papel Kleenex, catchup Heinz, Band-Aids e Q-tips. "Porque são os melhores."

Mas é a qualidade do produto ou a percepção da qualidade do produto que guia a decisão do consumidor? A evidência sugere fortemente que a percepção tem o papel mais importante.

"Por que você compra catchup Heinz?"

"Porque é o melhor."

"Você já experimentou o catchup Hunt's?"

"Não, nunca. Eu nunca compraria o Hunt's porque todo o mundo sabe que o Heinz é o melhor catchup."

A Percepção da Liderança

Quando sua marca é a primeira em uma nova categoria, é largamente percebida como a original e a pioneira. Quando outras marcas invadem seu território, são largamente percebidas como imitações eu-também.

Essa percepção de liderança (em ambos os sentidos da palavra: pioneiro e maior em vendas) cria uma forte sensação de que sua marca deve ser a melhor.

Isso piora a situação dos concorrentes. Em um esforço para estimular as vendas, marcas secundárias freqüentemente reduzem seu preço. O que um preço menor diz ao consumidor? "O catchup Hunt's não deve ser tão bom quanto o Heinz."

Em categorias bem-estabelecidas, é praticamente impossível para uma segunda ou terceira marca encontrar um diferencial físico claro entre ela e a marca líder. E mesmo que uma marca retardatária encontre esse diferencial, o que impede a marca líder de simplesmente copiar a idéia?

Chamamos esta tática de "bloqueio" e a recomendamos para todas as marcas líderes. Em essência, o bloqueio não é nada mais que a evolução, ou a mudança gradual, em ação.

Como resultado, a maioria das categorias consiste de produtos muito semelhantes e uma marca líder com participação de mercado dominante. Sobrevivência dos primeiros.

A verdadeira questão no marketing não é criar uma marca. A verdadeira questão no marketing é criar uma nova categoria e depois usar seu novo nome de marca para dominar essa categoria.

Não Adianta Chorar o Leite Derramado

Uma vez perdida a oportunidade de criar uma categoria, você pode esquecê-la e sair em busca de outras oportunidades. Mesmo assim, algumas companhias nunca aprendem:

- A Coca-Cola perdeu a categoria de refrigerantes cola com sabor cítrico (cujo pioneiro é o Mountain Dew). Então, tentou entrar no jogo com o Mello Yello, que não funcionou. Depois, tentou o Surge, que não funcionou também.
- A Coca-Cola perdeu a categoria de refrigerantes cola com sabor picante (cujo pioneiro é Dr. Pepper). Então, tentou entrar no jogo com o Mr. Pibb, que não funcionou.
- A Coca-Cola perdeu a categoria das bebidas naturais (cujo pioneiro é o Snapple). Então, tentou entrar no jogo com o Fruitopia, que nunca chegou a lugar nenhum.
- A Coca-Cola perdeu a categoria de bebidas energéticas (cujo pioneiro é o Red Bull). Então, tentou entrar no jogo com o KMX, que não funcionou. Não só o KMX estava 14 anos atrasado, como também estava atrelado a um nome fraco. (*Red Bull* conota energia com a bandeira vermelha tremulando na frente de um touro em posição de ataque.) *KMX* soa como um aditivo para óleo de motor.)
- A Coca-Cola perdeu a categoria de bebidas esportivas (cujo pioneiro é o Gatorade). Então, tentou entrar no jogo com o PowerAde, que permanece como uma fraca marca Nº 2.

A Pepsi-Cola, por outro lado, desistiu de sua marca eu-também de bebidas esportivas (All Sport) e gastou US$ 13 bilhões para comprar a real (a Gatorade, juntamente com sua controladora, a Quaker Oats).

PowerAde, KMX, Fruitopia, Mr. Pibb, Surge e Mello Yellow representam seis tentativas mal direcionadas por parte da Coca-Cola Company para criar novas marcas, quando deveria ter focado em criar novas categorias.

Se a companhia líder mundial em refrigerantes e dona da marca mais valiosa do mundo (Coca-Cola) tem fracassado consistentemente em construir novas marcas, por que você acha que sua companhia pode ter sucesso usando a mesma estratégia?

Você Não Constrói Marcas. Você Cria Categorias

Na verdade, você não cria nenhuma marca. Você explora a divergência para criar uma nova categoria, e a expansão dessa nova categoria permite que sua marca prospere.

O que construiu a marca IBM? Foi um programa maciço de marketing comunicando os benefícios de fazer negócios com a Big Blue? Ou foi o fato de que a International Business Machines dominou a categoria mainframe?

As companhias da Fortune 500 ainda estariam usando máquinas de calcular, se a IBM não tivesse promovido um programa maciço de marketing? Não. O computador era uma idéia cuja hora havia chegado. (Alguém certa vez disse que a forma para você se estabelecer como líder é encontrar uma parada em formação e sair na frente das pessoas empunhando uma bandeira.)

O que construiu a marca Dell? Foi um programa maciço de marketing comunicando os benefícios de fazer negócios com a Dell? Ou o fato de que a Dell foi a pioneira em uma nova maneira de comprar computadores pessoais? (Por telefone.)

Ou, falando nisso, o que construiu a marca Coca-Cola? Foi um programa maciço de marketing comunicando os benefícios de beber Coca? Ou foi o fato de que a Coca-Cola foi a pioneira na categoria cola?

Se criar uma nova categoria é a essência da construção de marca, então compensa gastar algum tempo pensando sobre de onde vêm as categorias novas.

De Onde Vêm as Categorias Novas?

Invariavelmente, da divergência de categorias existentes. Ao longo do tempo, a categoria computador divergiu e hoje temos diferentes tipos de computador e diversas marcas. Alguém duvida de que surgirão novas categorias?

Mas de onde veio o mainframe? Você deve estar pensando.

Bem, havia uma categoria chamada calculadoras. Então a categoria divergiu e tivemos as calculadoras mecânicas e as eletrônicas.

Na realidade, o mainframe é uma calculadora eletrônica com um nome de milhões de dólares. Estrategicamente, em geral, é sensato evitar dar a uma nova categoria um nome lógico, em vez de um nome sensual. O problema com o nome *calculadora eletrônica* é que ele confina a percepção da nova categoria aos limites impostos pelas restrições físicas de uma calculadora mecânica.

Muitos anos atrás, trabalhamos com a Hewlett-Packard em uma estratégia de marketing para uma calculadora pessoal (nome de código: Qwert). Quanto vai custar? – perguntamos. Treze mil dólares foi a resposta. Qualquer coisa que custe US$ 13 mil é um computador, retrucamos, não uma calculadora.

E de onde veio a categoria calculadora? Bem, primeiro você tinha os dedos que geraram o sistema decimal.

A Convergência Destruirá a Construção de Marca

A convergência (caso venha a ocorrer) destruirá a construção de marca. Como você pode criar uma categoria nova, combinando duas categorias existentes? Que nome você dá à combinação celular/computador de mão? Celmão? Isso não faz sentido.

Além disso, se as categorias podem ser de fato combinadas (e estamos convictos de que não), então os nomes de marca sobreviventes provavelmente virão de um lado ou de outro. Nenhuma marca nova terá a menor chance.

Se a convergência fosse a força motriz nos negócios, com o tempo poderíamos esperar ver menos categorias, menos marcas, menos concorrência. É uma visão realista do futuro? Achamos que não.

Certamente não é uma visão realista do passado. Ao longo de centenas de anos, o futuro só trouxe mais categorias, mais marcas, mais concorrência. Que razão possível existe para acreditar que o futuro será diferente do passado?

Marketing É uma Batalha de Categorias

O marketing não é uma batalha de marcas, mas de categorias. As vencedoras são aquelas companhias capazes de inventar e dominar novas categorias. (Pense em Dell, Intel, Microsoft.) As perdedoras são as companhias vulnerabilizadas por categorias criadas por suas concorrentes (Pense em Western Union, Polaroid, Wang.)

De modo geral, todos os anos, as companhias despejam bilhões de dólares em inovação. Muito mais dólares são gastos em inovação do que em marketing. Muito desse dinheiro é desperdiçado em conceitos de convergência.

Se a divergência foi a onda do passado (e foi), então concluímos que a divergência também é a onda do futuro. Esta é uma situação crescente.

Quanto maior o número de categorias existentes, maiores são as oportunidades para essas categorias divergirem, e, portanto, maiores são as oportunidades de criar novas categorias e novas marcas.

A Coisa Mais Difícil de se Ver É uma Tendência

Alguma vez você já ficou sentado em uma praia, observando as ondas do mar, tentando descobrir se a maré estava subindo ou descendo? Não é fácil.

No dia-a-dia, você vê sinais tanto de convergência como de divergência. Alguns conceitos estão se unindo, outros se separando. Onde está a tendência?

Nos primórdios da evolução de uma indústria, a economia sempre favorece a convergência, mas isso normalmente muda, à medida que a indústria cresce.

Convergência na Indústria da Aviação

Na década de 30, as companhias aéreas decidiram que poderiam ganhar mais dinheiro transportando carga, além de passageiros. Suas aeronaves já faziam mesmo a rota, portanto os custos marginais seriam pequenos e elas poderiam cobrar preços altos por entregas rápidas. Então, todas as grandes companhias aéreas criaram uma divisão de carga. Foi como achar dinheiro.

Não por muito tempo. Seu lucrativo transporte de carga durou o suficiente para que empreendedores descobrissem uma maneira de lançar companhias aéreas apenas de transporte de carga.

A primeira fretadora de carga a decolar foi a Emery Air Freight, fundada em 1946. Locando espaço extra em companhias aéreas regulares, a Emery tornou-se rapidamente a líder em transporte de carga. Mais tarde, é claro, a Emery perdeu sua liderança para a Federal Express, com foco mais estreito, a primeira companhia de entrega "expressa" de encomendas.

Hoje, as três maiores companhias aéreas (American, United e Delta) transportam um volume relativamente pequeno de carga. Em 2003, a receita com frete de carga das três grandes foi de US$ 1,7 bilhão, ou apenas 3,6% de sua receita total de US$ 46,7 bilhões. (A FedEx sozinha transportou US$ 15,3 bilhões em cargas em 2003.)

Talvez esse US$ 1,7 bilhão seja apenas a "cobertura do bolo". Neste caso, ou a cobertura ou o bolo estão com sérios problemas. Juntas, as três maiores companhias aéreas perderam US$ 8 bilhões em 2003.

Bem, você deve estar pensando, a indústria da aviação está com problemas, em parte devido aos atentados de 11 de setembro e a um declínio no número de passageiros. Verdade, mas como se explica que a Southwest Airlines continua a ganhar dinheiro?

(A Southwest Airlines, sozinha, vale três vezes mais no mercado de ações do que a American, a United e a Delta juntas. E a FedEx, sozinha, vale cinco vezes mais no mercado de ações do que as três maiores companhias aéreas juntas.)

Divergência na Indústria da Aviação

Por que a FedEx e a Southwest Airlines são bem-sucedidas? Em uma palavra, divergência. Cada uma escolheu um dos serviços oferecidos pelas três maiores companhias aéreas e criou uma companhia em torno deste único serviço. Entrega expressa de encomendas, no caso da FedEx. Transporte de passageiros, no caso da Southwest.

Muito já foi escrito sobre cultura e política de corte de custos na Southwest, como se isso sozinho fizesse a diferença na lucratividade da companhia aérea. Como você aplica, por exemplo, a cultura da Southwest Airlines às três classes de serviços de uma companhia aérea grande?

Imagine uma sessão de treinamento para comissários de bordo na United Airlines. "O.k., pessoal. Esse é o exercício. Você diz olá para os passageiros da classe econômica, dá a mão aos passageiros da classe executiva e um forte abraço nos passageiros da primeira classe." A cultura da Southwest Airlines, no ambiente não-democrático de um vôo da United, vai simplesmente fracassar.

Com o tempo, as categorias divergem. Saber que a divergência sempre acontece, pode ajudá-lo a tomar a decisão certa na hora certa. Supor o oposto pode resultar em graves problemas em longo prazo.

No princípio, o serviço aéreo era caro. Os aviões eram pequenos, os custos de manutenção elevados e a proporção pessoal de bordo-passageiros extremamente alta. Como apenas as pessoas de alto poder aquisitivo tinham recursos para voar, as companhias aéreas criaram um serviço de luxo com culinária gourmet, vinhos finos e comissárias atenciosas.

Aeronaves maiores, cuja operação era mais barata (especialmente os jatos) criaram a oportunidade para atrair um mercado mais amplo. Devemos abrir mão de nossa tarifa diferenciada para atrair o mercado de massa?

Claro que não. Sempre que uma companhia aérea se deparava com uma encruzilhada no céu, tomava os dois caminhos.

- Atendemos a passageiros de classe econômica ou de primeira classe? Ambos.
- Transportamos passageiros ou carga? Ambos.
- Voamos para destinos de negócios ou destinos turísticos? Ambos.
- Operamos rotas domésticas ou internacionais? Ambas.

Execução Não É uma Estratégia

A Southwest Airlines e seus clones AirTran e JetBlue executam bem porque estão atendendo a uma nova categoria aérea chamada "serviço de classe econômica de baixo custo".

Uma boa estratégia permite a uma companhia executar bem. Por outro lado, uma execução excelente é impraticável para uma companhia com uma estratégia pobre. É uma relação causa-efeito. Uma boa estratégia é a causa. Uma excelente execução é o efeito.

A Southwest tornou-se a primeira companhia de ponte aérea de baixo custo. Uma vez estabelecida a estratégia, o CEO Herb Kelleher foi concretizá-la. Nada de refeições, nada de assentos reservados, nada de transferência de bagagem entre companhias, nada de animais. Para minimizar os custos de treinamento e manutenção, a Southwest utiliza apenas um tipo de aeronave, o Boeing 737.

Enquanto a Southwest se preparava para dominar o negócio, você pode pensar que os grandes jogadores estavam atentos e mudando sua estratégia. Nada disso.

A UAL, holding da United Airlines, comprou uma locadora de automóveis (Hertz) e duas cadeias de hotéis (Hilton e Westin) e, em 1987, mudou seu nome para Allegis Corp. De agora em diante, a corporação seria uma companhia de *viagens*, não uma companhia aérea.

Alguns meses após a mudança de nome, o presidente da Allegis perdeu o apoio dos membros do conselho e renunciou. (A American Airlines tentou fazer o mesmo com sua cadeia de hotéis Americana.)

O que é uma companhia de viagens, afinal? Que ramo da árvore de transportes tem o nome "viagem"?

Respondendo para a Southwest, Vinte e Três Anos Depois

Somente em 1994, vinte e três anos depois do primeiro vôo da Southwest, um dos grandes jogadores da indústria da aviação finalmente respondeu, sem fricotes, à ameaça imposta por seu concorrente. Este foi o ano em que a United lançou o Shuttle by United.

O que é uma United? Usar o mesmo nome de marca em duas categorias diferentes não é a forma de construir uma marca, especialmente concorrendo com uma marca poderosa como a Southwest. O Shuttle by United não impediu sua controladora de ir à falência.

Seria possível separar a parte da frente do avião e lançar uma companhia aérea apenas de primeira classe? Acreditamos que sim, mas até agora ninguém conseguiu a combinação certa.

A Midwest Express tinha os aviões certos, os assentos certos, a comida certa e o serviço certo, mas mesmo assim faliu, depois do 11 de setembro. A Midwest tinha dois problemas: o nome e a estrutura de rotas.

O nome *Midwest Express* soa como uma transportadora rodoviária regional. Além disso, por que você lançaria uma companhia aérea de primeira classe no Centro-Oeste? Você precisa lançar esse tipo de companhia em um lugar com uma alta porcentagem de egomaníacos. Nossa escolha teria sido Nova York ou Los Angeles.

Mas é apenas um nome. Certo. É apenas um nome, assim como Starbucks, Red Bull e Rolex são apenas nomes. E se essas companhias tivessem usado nomes de marca diferentes? Será que Coffee Connection, EnerGee ou UltraSwiss teriam se tornado marcas mundiais grandes e poderosas?

Não conte com isso. A experiência de *branding* está intimamente associada ao nome em si. Um nome inadequado, trivial, só funcionará em uma categoria com pouca ou nenhuma concorrência. (Wal-Mart, por exemplo, é o líder em uma categoria, cujos maiores concorrentes Kmart e Target têm nomes igualmente triviais.)

Somente em 2003, trinta e dois anos após o primeiro vôo da Southwest, uma das principais companhias aéreas lançou uma subsidiária de baixo custo e tarifas baixas com um nome original. Song, do pessoal da Delta Airlines.

A Song terá sucesso? Talvez, mas será difícil competir com a Southwest Airlines, um concorrente com uma vantagem de quase um terço de século.

A Ted, a nova companhia de baixo custo da United, terá sucesso?

Muito pouco. Muito tarde. Essa é a história de muitas companhias que esperam até que um novo mercado se estabeleça, antes de lançar suas novas marcas.

Em 2001, por exemplo, a United Airlines criou uma subsidiária para oferecer propriedade fracionada de jatos executivos. Infelizmente, para a United, a NetJets, uma subsidiária da Berkshire Hathaway Company, foi a pioneira da categoria 15 anos antes, e continua a dominá-la.

Duas Barreiras Psicológicas

Por que a United não lançou uma subsidiária de propriedade fracionada duas décadas antes, para passar na frente da concorrência? Duas barreiras psicológicas impedem as companhias de dar esse passo.

Primeiro, é a ausência de mercado. "O quê? Você quer que a gente lance uma marca em uma categoria que não tem vendas? Mesmo que tivéssemos 100% do mercado, ainda assim não existe mercado."

Para ser o primeiro, é exatamente isso que você precisa fazer. Lançar uma marca em um mercado sem nada. Psicologicamente é muito difícil de fazer.

Segundo, é focar em uma parte de uma categoria existente (o conceito da divergência) que, em si, pode não ser muito lucrativa. "O quê? Você quer que a gente lance uma marca de loja de café, que vende apenas café, quando as lojas de café tradicionais que vendem de tudo têm no máximo lucro marginal?"

Até mesmo a Starbucks tropeçou, quando levou seu conceito de loja de café para o exterior. Até hoje, as 1.532 lojas da Starbucks no exterior, que representam 23% de suas lojas, respondem por apenas 9% de suas vendas. Pior ainda, são perdedoras de dinheiro líquido.

Nos Estados Unidos, a Starbucks foi a primeira casa de café em estilo europeu. Na Europa, a Starbucks era apenas mais uma marca de casa de café. O café é o mesmo em uma Starbucks de Milwaukee ou em uma Starbucks de Milão, mas falta em Milão o glamour, o mistério, o romantismo de ser a primeira em uma nova categoria excitante. A Starbucks em Milão é simplesmente mais uma loja de café.

Entretanto, o McDonald's usou exatamente a mesma estratégia que a Starbucks na Europa e obteve ainda mais sucesso, onde as vendas por unidade são 12% maiores do que nos Estados Unidos.

A diferença é que o McDonald's foi a primeira cadeia de hambúrgueres dos Estados Unidos e também a primeira cadeia de hambúrgueres na Europa e na maioria dos outros países.

A Parte É Maior Que o Todo

Vivemos com base em lemas como "O total é maior que a soma das partes". É difícil aceitar a idéia de que uma parte pode ser maior que o todo.

Você preferiria ser o dono do Serviço Postal dos Estados Unidos, que perde dinheiro consistentemente, ou da United Parcel Service (UPS), que foca apenas no segmento de entrega de encomendas do serviço postal? A parte é muito mais lucrativa que o todo.

Você preferiria ser o dono da revista *People*, que costumava ser uma seção da revista *Time*, e desde então se tornou uma das publicações mais lucrativas do mundo, ou ser o dono da *Time*, que só tem lucro marginal?

A Microsoft, cujo principal produto é software para computadores pessoais, ganha muito mais dinheiro por ano do que todos os fabricantes de PCs juntos. "Néscios", escreveu Hesíodo, em torno de 800 a.C., "não sabem quanto a metade vale mais que o todo."

Ao construir uma marca para longo prazo, em qualquer categoria que você possa citar, a metade vale muito mais que o todo. Uma marca que tenta atrair todos os segmentos de um mercado está fadada a se tornar uma marca irrelevante em longo prazo.

Em curto prazo, é diferente. Enquanto um concorrente não identifica uma oportunidade de lançar um ataque de divergência, a marca "tudo para todos" se dá bem.

O SEGUNDO BROTO A GERMINAR TEM MUITO MAIS CHANCES DE SUCESSO, SE ESTIVER A UMA CERTA DISTÂNCIA DO PRIMEIRO.

Capítulo 12

A Sobrevivência dos Segundos

TRÊS SEMENTES CAEM NO CHÃO DA FLORESTA. Duas caem bem próximas, a outra um pouco mais distante.

Na luta pela vida, as duas sementes que estão próximas travam uma batalha épica, até que uma domine a outra. Desse momento em diante, será a sobrevivência do primeiro.

Mas suponha que sua marca não foi a primeira, suponha que sua marca não tem chances de ser a primeira, suponha que sua marca foi aquela que caiu a alguma distância da líder.

Você está na posição exatamente certa para sobreviver. Sua marca se beneficiará de outro princípio derivado de Darwin. A sobrevivência do segundo.

A Bolota Não Cai Longe do Carvalho

Verdade. Motivo pelo qual a maioria das bolotas não sobrevive na floresta. Uma bolota precisa de luz do Sol suficiente para germinar e crescer. Qualquer marca que tente crescer muito próxima de uma marca líder, provavelmente será sufocada e morrerá.

Algumas bolotas cairão um pouco mais longe. São as que têm chance de crescer e se tornar um carvalho.

Na natureza, essa é a força que, em última análise, leva à criação de novas espécies. Nos negócios, essa é a força que leva muitas Nº 2 ao sucesso, a despeito da presença de marcas líderes poderosas. O Target concorrendo com o Wal-Mart. O Scope concorrendo com o Listerine. A Lowe's concorrendo com a Home Depot.

Na natureza, é fácil ver por que a sobrevivência exige uma certa separação das espécies. Por que um macaco sobe nas árvores para escapar dos primatas maiores? Por que uma girafa usa seu pescoço comprido para pegar a comida que seus concorrentes mais baixos não alcançam? Em longo prazo, cada espécie ocupa um nicho diferente na grande árvore da vida.

A segunda maior cidade dos Estados Unidos não é Boston, Filadélfia, Baltimore, ou qualquer outra cidade próxima da Nº 1, Nova York. É Los Angeles, o lugar mais distante de Nova York, para onde você pode ir sem sair do país.

Considere, também, as cidades desafortunadas que vivem à sombra de uma metrópole maior e mais dinâmica. Newark é um exemplo típico, mas há também Forth Worth, obscurecida por Dallas. St. Paul, obscurecida por Mineápolis. Oakland, obscurecida por São Francisco. Trenton, obscurecida por Filadélfia.

Seja o Oposto do Líder

Nos negócios, você pode generalizar o conceito de sobrevivência do segundo, com o princípio "Seja o oposto do líder".

Não importa qual a estratégia do líder. Fazendo sentido ou não, é sempre melhor, de alguma maneira fundamental, ser o oposto, do que competir com ele.

Talvez seja genético, talvez seja uma certa obstinação do espírito humano, mas, independentemente da razão, existe sempre uma oportunidade de entrar na mente como uma marca Nº 2 forte.

Por que a geração mais jovem se rebela contra a geração mais velha? Na música, nas roupas, na comida, nos automóveis.

A força motriz da natureza humana parece agir em duas direções diferentes: o desejo de estar em conformidade e o de ser diferente. A maioria das pessoas equilibra essas duas forças conflitantes, estando em conformidade em determinadas áreas e sendo diferente em outras.

É a interação dessas duas forças que cria oportunidades para que marcas líderes mantenham sua liderança (sobrevivência do primeiro) e para o desenvolvimento de marcas Nº 2 fortes (sobrevivência do segundo).

Felizmente, a conformidade é uma força mais poderosa do que a não-conformidade. A conformidade cria estabilidade em uma sociedade e a não-conformidade cria períodos de desordem que trazem novas idéias e conceitos para a cultura.

Não existe uma forma única de construir uma marca. Existem duas. Sendo o primeiro e estabelecendo sua marca como líder, ou sendo o segundo e estabelecendo sua marca como a oposta ao líder.

Nem Forma Certa, Nem Forma Errada

Muitos executivos permitem que suas emoções obscureçam seus julgamentos. Não existe forma certa ou errada de construir uma marca. Existe sorvete de baunilha e sorvete de chocolate. Algumas pessoas gostam de baunilha. Outras gostam de chocolate.

Na política, você pode ver essas mesmas duas forças em ação. Cada partido político espelha praticamente a imagem inversa do outro. O Partido Democrata é percebido com pró-consumidor, pró-pessoas de baixa renda, pró-escolha, pró-grande presença do Estado. O Partido Republicano é percebido como pró-empresa, pró-pessoas de alta renda, pró-vida, pró-pequena presença do Estado.

Dada esta dinâmica, onde existe espaço para um terceiro partido? Se as duas marcas líderes em qualquer categoria (na política ou nos negócios) estão adequadamente posicionadas, há pouco espaço para uma marca Nº 3 forte. (Freqüentemente chamamos esse fato de problema Royal Crown.)

Nos negócios, a interação entre conformidade (a marca líder) e não-conformidade (a marca Nº 2) cria sérios problemas para marcas presas no meio. (Kmart, por exemplo.) Tampouco essa dicotomia é geralmente entendida pelo líder ou por seu principal concorrente.

Na ânsia de ampliar seu mercado, as marcas líderes normalmente usam estratégias mais apropriadas para marcas Nº 2. "O que é meu, é meu, e o que é seu, é meu também." Levada ao extremo, essa estratégia pode destruir uma marca. É geralmente chamada de armadilha tudo-para-todos, e a Chevrolet é o melhor exemplo.

O que é um Chevrolet? É um carro ou caminhonete grande, pequeno, caro, barato. Não admira que a Chevrolet tenha perdido sua liderança em automóveis para a Ford. (A Ford também está caindo na mesma armadilha, mas isso é uma outra história.)

O Perigo de Tentar Competir com o Líder

Marcas Nº 2 freqüentemente caem na armadilha oposta, tentando competir com o líder. O melhor exemplo é o Burger King.

- O McDonald's passou a ter café da manhã. O Burger King passou a ter café da manhã.
- O McDonald's acrescentou nuggets de frango. O Burger King acrescentou nuggets de frango.
- O McDonald's criou o Ronald McDonald. O Burger King criou o Magical Burger King.
- O McDonald's acrescentou um cardápio para crianças e um playground. O Burger King acrescentou um cardápio para crianças e um playground.

A única coisa com a qual o Burger King não tem sido capaz de competir é a receita do McDonald's. Uma loja do Burger King nos Estados Unidos vende em média 33% menos do que uma loja do McDonald's.

É difícil ganhar dinheiro quando você copia tudo o que seu maior concorrente faz, e acaba vendendo um terço menos.

Mas o Burger King continua tentando. Continua substituindo generais com mais rapidez do que os alemães substituíram no front oriental. Nos últimos treze anos, o Burger King teve nove CEOs. Teve oito diretores de marketing nos últimos oito anos. Teve cinco agências de publicidade nos últimos quatro anos.

É preciso coragem para ser o oposto do líder. O líder é bem-sucedido; deve saber o que está fazendo. Certamente sabe, mas em um mundo perfeito o que funciona para o líder não funciona para uma marca Nº 2.

O mundo não é perfeito. Se o Burger King conseguisse encontrar comunidades sem restaurantes do McDonald's, uma estratégia de imitação funcionaria bem. Infelizmente, o McDonald's tem 31.108 lojas em 120 países, o que deixa pouco espaço para o Burger King.

Há Fragilidade na Força

O McDonald's é largamente percebido como o paraíso das crianças. O destino Nº 1 para toda criança de dois a seis anos. (Suspeitamos que a popularidade daquela cantiga infantil "Old MacDonald tem uma fazenda, ia, ia, oh" tem algo a ver com o reconhecimento da marca entre essa população.)

Onde está a fragilidade no forte apelo do McDonald's para as crianças? Potencialmente, essa força pode diminuir o interesse da população mais velha. Especialmente os pré-adolescentes e adolescentes, que não querem comer seus hambúrgueres junto com a criançada no playground.

"Cresça. Cresça para o sabor de churrasco do Burger King" é a estratégia que recomendamos para a gerência do Burger King nove ou dez CEOs atrás.

Talvez seja tarde demais para o Burger King adotar uma estratégia anticriançada, anti-McDonald's. Livrar-se apenas dos playgrounds pode ser uma missão impossível, dado o controle que os franqueados têm das operações.

Em certo sentido, o Burger King está preso ao *mushy middle* entre o apelo do McDonald's para as crianças e o do Wendy's para os adultos. O Burger King não tem muito espaço de manobra.

Isso não quer dizer que marcas Nº 2, como o Burger King, não tenham uma estratégia. Elas têm. (1) Enfrente o líder e (2) faça melhor. O problema é que essas estratégias são autodestrutivas.

A Armadilha do Faça Melhor

Muitas companhias (e marcas) descobriram uma maneira de "fazer melhor". O que não solucionaram é o problema mental. Como você convence os consumidores de que sua marca é melhor do que a marca do líder?

- Se você faz um relógio melhor, como convence os consumidores de que sua marca é melhor do que a Rolex?

- Se você faz uma pilha melhor, como convence os consumidores de que sua marca é melhor do que a Duracell?
- Se você faz um refrigerante cola melhor, como convence os consumidores de que sua marca é melhor do que a Coca? Testes cegos demonstraram que tanto a Pepsi quanto a Royal Crown têm sabor melhor do que a Coca-Cola, mesmo assim a maioria das pessoas prefere beber Coca.

A Fuji superou a Kodak em filmes fotográficos? A Goodrich superou a Goodyear em pneus? A Avis superou a Hertz em locação de carros? A Reebok superou a Nike em tênis? O Wisk superou o Tide em detergentes?

Podemos pensar em exemplos onde a Nº 2 superou a líder, mas nenhum em que encontrássemos essas duas condições: (1) a líder estava fortemente incutida na mente, e (2) a Nº 2 usou uma estratégia "fazemos melhor".

Fazendo Diferente

Invariavelmente, quando um líder é destronado, é porque a marca Nº 2 usou uma estratégia "faça diferente".

Não foi superando a Hertz nos terminais de aeroportos que a Enterprise tornou-se a marca líder em locadoras de carros, mas implementando unidades em áreas suburbanas e focando no mercado de "carros reserva" para seguros. Em outras palavras, a Enterprise fez o que uma marca Nº 2 potencial deve fazer. Estabelecer uma distância mental entre ela e a líder. (No caso da Enterprise, uma distância física também.)

Hoje, a Enterprise acumula US$ 6,9 bilhões em receita anual, comparada aos US$ 5 bilhões da Hertz. Mas adivinhe! A Hertz ainda é largamente percebida como a líder em locadora de carros.

A percepção é um fenômeno duradouro. Você pode perder sua liderança em vendas, mas ainda assim manter a liderança de sua marca na mente, conforme o exemplo da Hertz demonstra. A percepção é um atributo extremamente valioso. Esperamos que a Hertz recupere totalmente sua liderança em receita no futuro. Sua tarefa é mais simples porque não precisa recuperar sua liderança perceptiva.

A percepção é adesiva. Por um curto período, entre 1997 e 1998, a pasta de dentes Colgate superou a Crest em vendas, mas a Crest perdeu sua liderança em percepção? Não. A Crest continua amplamente percebida como a marca líder em creme dental nos Estados Unidos.

Fazendo Diferente na Lowe's

Na categoria de varejistas de material de construção, a Lowe's demonstra o mesmo princípio. A Home Depot é o gigante da categoria. Começou primeiro, iniciando a categoria, e agora tem 1.650 lojas, comparadas às 930 da Lowe's.

Com suas lojas enormes, cavernosas, empilhadas de mercadorias até o teto, a Home Depot é o Wal-Mart da categoria de material de construção, decoração e jardinagem. E a Loew's é o Target.

A Home Depot atrai os homens; a Lowe's atrai as mulheres. A Home Depot é imensa, apinhada, escura e empoeirada. A Lowe's é grande, com corredores amplos, prateleiras organizadas e iluminada. A Lowe's é um bom exemplo de uma estratégia brilhante de marca Nº 2. Seja o oposto.

Fazendo Diferente na BMW

Talvez o melhor exemplo do que uma marca Nº 2 deve fazer é a BMW. A companhia está na posição desafortunada de ter que competir com a Mercedes-Benz, possivelmente a marca de carro com maior prestígio no mundo.

Como você compete com uma marca como a Mercedes-Benz? Não é fácil, mas o princípio é bastante claro. Você se torna o oposto. A Mercedes é conhecida como uma marca de carros grandes, potentes, luxuosos, com ênfase em uma direção moderada e bancos confortáveis. Até mesmo os carros esportivos da Mercedes, como o SL 500, não são o que se pode chamar de máquinas ágeis.

Então, a BMW se posicionou como o oposto da Mercedes. "O máximo em direção" tem sido o slogan de longa data da marca. Mas é mais do que apenas um slogan. A BMW desenha carros que são menores, mais leves e mais divertidos de dirigir do que os grandes Mercedes.

Como resultado, a BMW supera a Mercedes (em unidades vendidas) nos Estados Unidos e em muitos outros países.

A BMW é provavelmente o melhor exemplo de como se estabelecer em uma posição oposta à do líder e permanecer nela por um período extenso de tempo. No caso da BMW, ela tem se mantido firme em sua estratégia de "direção" há mais de 30 anos. Se não está quebrado, não conserte.

Fazendo Diferente na Reebok

Também não mude. A Reebok tornou-se a marca Nº 2 de tênis, sendo o oposto da Nike. Na década de 80, enquanto a Nike era uma marca focada no segmento masculino e voltada para esportes com o superastro Michael Jordan como porta-voz, a Reebok, com seus tênis de couro, representava os sapatos estilosos e confortáveis que atraíam as mulheres.

Isso não durou muito. Desde então, a Reebok tem copiado a estratégia da Nike, usando o endosso de atletas como Allen Iverson e Kenyon Martin. Hoje, a Reebok não é mais a Nº 2 de tênis.

Em 1991, a Reebok vendeu US$ 2,2 bilhões em tênis, alcançando um respeitável segundo lugar em relação aos US$ 2,7 bilhões da Nike. Entretanto, até 2003, a Reebok estava atrás, vendendo apenas US$ 1,6 bilhão, comparado aos US$ 5,8 bilhões da Nike e aos US$ 2,8 bilhões da Adidas.

Recentemente, a Reebok mudou sua estratégia. A rainha da aeróbica do passado está entrando no lucrativo mercado do hip-hop, para turbinar um retorno. Em apenas um ano, a fabricante de calçados assinou contratos com astros do hip-hop como 50 Cent, Shakira, Fabolous, Eve e Jay-Z.

Vai funcionar? É muito cedo para dizer, mas uma estratégia hip-hop tem a vantagem de fazer diferente da Nike.

Fazendo Diferente na Fênix

Qual é a maior universidade particular dos Estados Unidos? Muitas pessoas provavelmente não sabem que é a Universidade de Fênix, com 157.800 alunos.

A Universidade de Fênix não pertence à mesma categoria que Harvard, Princeton, Yale ou Stanford. Não tem campus, nem times, nem dotações. Entretanto, em uma época em que a maioria das escolas particulares está perdendo dinheiro, a Universidade de Fênix gera um lucro anual de US$ 200 milhões em uma receita de US$ 1,2 bilhão.

De todas as oportunidades de marketing no mundo, hoje, a educação oferece o maior potencial. Com exceção de umas poucas universidades e escolas de graduação (Wharton, Kellogg, MIT, Thunderbird e Babson, para citar algumas), a maioria das instituições educacionais está bombando em Marketing 101 (fundamentos do marketing).

A maior parte das faculdades, universidades e escolas de graduação não faz diferente. Como resultado, não se identificam com nada. Conseqüentemente, não constroem marcas fortes.

Pedra/Tesoura/Papel

Você se lembra daquela brincadeira de criança pedra/tesoura/papel? (A pedra quebra a tesoura. A tesoura corta o papel. O papel cobre a pedra.)

Qual é a melhor estratégia em um jogo pedra/tesoura/papel?

Tudo depende da estratégia que seu oponente escolheu. Sua melhor estratégia é ser o oposto. A Universidade de Fênix adotou essa abordagem em praticamente tudo o que fez.

- Em vez de voltar-se para o mercado tradicional de 18 a 20 anos de idade, a Universidade de Fênix focou nos profissionais adultos. Idade média: 35 anos de idade.

- Em vez de usar professores com dedicação integral e titulares, a Universidade de Fênix usa profissionais do mercado de trabalho contratados por meio período. De um corpo docente de mais de 9 mil pessoas, apenas 250 trabalham em período integral.
- Em vez de construir campi caros, a Universidade de Fênix aluga espaços comerciais relativamente baratos, para suas salas de aula.

Freqüentemente, um executivo é vítima da própria experiência. Uma reação comum a uma idéia como esta, utilizada pela Universidade de Fênix é: "Não é assim que se faz em nossa indústria".

"Não é assim que se faz" geralmente é um bom indicativo de que a idéia tem mérito. Não pergunte: a idéia faz sentido? Pergunte se a idéia é o oposto da estratégia do líder.

Fazendo Diferente no Scope

Todas as marcas de anti-sépticos bucais tinham gosto ruim, inclusive o Listerine, o primeiro colutório e marca líder. "O gosto que você detesta, duas vezes ao dia", diziam os anúncios do Listerine.

Muitas marcas concorrentes tentam tirar a liderança do Listerine, incluindo o Micrin, da Johnson & Johnson, que já gastou US$ 15 milhões anunciando a marca em 1962, uma quantia astronômica naquela época.

Sem sucesso. A única marca que fez progresso contra o Listerine foi o Scope, um anti-séptico com gosto bom. Hoje, o Scope é a marca Nº 2 forte na categoria.

Gosto bom faz sentido em um produto destinado a matar os germes que causam mau hálito? Talvez não, mas o conceito é oposto ao do líder e, portanto, merece séria consideração. (Reposicionar os usuários do Listerine como tendo "hálito de remédio" também ajudou e construiu a marca Scope.)

A marca Nº 3 de anti-séptico bucal (Plax) escapou da armadilha Royal Crown estabelecendo uma nova categoria. O Plax é o primeiro anti-séptico que combate a placa bacteriana. (Plax/placa. Um nome de marca simples, fácil de lembrar e eficiente.)

Fazendo Diferente na Cerveja

Em algumas categorias, é difícil para as árvores ver a floresta. Veja a cerveja, por exemplo. A proliferação de produto na indústria das cervejas dificulta a visualização da batalha pela posição de Nº 1 e Nº 2. Alguns supermercados vendem de 50 a 100 marcas diferentes de cerveja.

Na corrida por posição no segmento cerveja, duas tendências são evidentes. Uma é a tendência para a cerveja light.

A cerveja mais vendida nos Estados Unidos não é a Budweiser, é a Bud Light, que recentemente passou à frente de sua irmã calórica. No que diz respeito à liderança nas cervejas, o jogo terminou e a Bud Light ganhou. A Bud Light vende mais que as duas marcas de cerveja light seguintes, a Coors Light e Miller Lite, juntas.

A segunda tendência, de longa data, é o declínio gradual da marca Nº 2, a Miller Lite.

A primeira marca de cerveja light a ser lançada, a Miller Lite, perdeu sua liderança para a Bud Light e tem ficado atrás da Coors Light. O total de vendas de todas as marcas Coors deve superar a coleção Miller no futuro próximo.

O que está matando a Miller são suas numerosas extensões de linha. Além da Miller Lite, a cervejaria vende também a Miller High Life, a Miller High Life Light, a Miller Genuine Draft e a Miller Genuine Draft Light.

E não vamos esquecer das muitas outras marcas lançadas com o nome Miller ao longo dos anos, incluindo perdedoras como a Miller Clear, a Miller Ultra Lite, a Miller Regular, a Miller Reserve, a Miller Reserve Light e a Miller Reserve Amber Ale.

É difícil ser uma alternativa para a líder. É praticamente impossível ser uma família de alternativas para a líder. A Miller precisa colocar todos os seus recursos em uma única marca... e essa única marca é a Miller Lite.

Mas como a Miller Lite se torna o oposto da Bud Light? Exceto por ser a marca "do momento", a Bud Light é um produto anônimo, com pouca identidade, a não ser talvez por suas raízes na região Centro-Oeste.

Na realidade, a Coors Light possui uma imagem "inversa" natural, que deixou escapar pelos dedos. Em vez de ser uma cerveja do Centro-Oeste, a Coors é produzida em Golden, Colorado, com "água mineral das Montanhas Rochosas". Agora que a cerveja não é mais produzida exclusivamente em Golden, essa imagem se perdeu, embora a percepção perdure.

O Que a Miller Deve Fazer?

As percepções de fato perduram. Duas das percepções associadas à marca Miller são "Excelente sabor, menos calorias" e "Hora da Miller". A Miller deveria escolher uma dessas duas idéias para promover sua marca Miller Lite.

Mas qual delas?

"Excelente sabor, menos calorias" é uma idéia genérica que se aplica a qualquer cerveja light. Se você gosta de cerveja, então todas as cervejas light têm excelente sabor e menos calorias. Além disso, o slogan não construiu a marca. Foi a marca que construiu o slogan. Foi o estrondoso sucesso da cerveja Lite, a primeira cerveja light na mente, que fez as pessoas se lembrarem do slogan.

O inverso é verdadeiro para a idéia Hora da Miller. Em uma época em que a marca Nº 2 tradicional (Schlitz) estava em declínio, a cervejaria Miller relançou a Miller High Life com o tema uma "recompensa para um dia duro de trabalho". Anúncios na televisão mostravam fazendeiros, operários de chão de fábrica, da construção civil, indo para o bar após um dia duro de trabalho. Cinco da tarde era a "Hora da Miller".

As vendas da Miller decolaram. Em 1979, a fatia de mercado da Miller High Life estava apenas 21% atrás da Budweiser. A Miller era a marca Nº 2 forte de cerveja.

Aliás, nos anos 1978-80, as duas cervejas Miller juntas, a Miller High Life e a Miller Lite, superaram a Budweiser em vendas. A Miller estava com tudo.

Então, vieram os efeitos da extensão de linha. A Miller Lite cresceu e a Miller High Life caiu, os sintomas clássicos da doença extensão de linha. Do pico de 23,6 milhões de barris em 1979, a Miller High Life afundou para 5,3 milhões de barris em 2003.

De tempos em tempos, a cervejaria Miller, agora SABMiller, tenta revitalizar o slogan Hora da Miller, mas a execução tem sido patética.

Existem slogans verbais e slogans de ação. "Essa é a real" é um slogan verbal. Os consumidores captam imediatamente a idéia de que a Coca-Cola é a original e as outras marcas são imitações.

"Hora da Miller" é um slogan de ação. Tem pouco significado sem as ações que ocorrem antes do slogan ser verbalizado. Um comercial de televisão precisa da imagem enfática de um dia duro de trabalho para criar a conexão emocional com a recompensa, tomar uma cerveja às cinco da tarde.

É tarde demais para arrumar a bagunça na Miller? Será que a Miller vai seguir o caminho da Schlitz? Por coincidência, a Schlitz Light é a segunda cerveja light no mercado, uma iniciativa de extensão de linha que não conseguiu impedir o declínio da marca Schlitz.

Só o tempo dirá.

Procurando uma Grande Idéia Nova

A pergunta sempre surge em situações como a da Miller: por que devemos nos limitar ao que já está na mente? Com certeza deve existir uma nova idéia que vai revolucionar a marca.

Doce ilusão. Quando uma marca está no mercado há tanto tempo quanto a Miller (148 anos), que investiu tão pesado em publicidade (atualmente com orçamento anual de US$ 459 milhões), é uma ilusão acreditar que seja possível encontrar uma idéia nova mobilizadora. Uma idéia antiga com um algo mais? Talvez. Mas uma idéia totalmente nova? Não.

"Miller, a cerveja suave."

O quê? A Miller faz cerveja há 15 décadas e alguém acabou de perceber que é uma cerveja suave? O slogan parece tapeação.

Comandos em Ação Versus Barbie

Suponha que você queira desenvolver uma boneca para competir com a Barbie, da Mattel. É difícil porque brinquedos sempre envolvem uma guerra de padrões. Havia a Barbie e havia a marca Nº 2.

Então, a fabricante de brinquedos Hasbro levou o conceito de bonecas ao extremo. Em vez de uma Barbie melhor para meninas, a companhia desenvolveu um boneco para meninos chamado G.I.Joe.

Os meninos brincariam de boneca? Sem problemas. A Hasbro chamou seu novo produto de "comandos em ação".

Os bonecos agitaram o mercado de brinquedos, em 1964, da mesma forma que seus homônimos agitaram as praias da Normandia vinte anos antes. Cerca de 375 milhões de bonecos foram vendidos até hoje.

Bratz Versus Barbie

Em seu auge, em 1997, as vendas da Barbie chegaram a US$ 1,9 bilhão, ou mais que 90% do mercado de "fashion doll". Recentemente, entretanto, sua participação caiu para 70%.

A razão é a Bratz. Enquanto a Barbie atrai meninas de 3 a 7 anos de idade, a Bratz mira as pré-adolescentes, ou meninas de 8 a 12 anos. Lançada em 2001, pela MGA Entertainment, as bonecas Bratz são notoriamente diferentes. Com suas cabeças enormes, lábios franzidos e olhos de desenho animado, as bonecas Bratz projetam a imagem de diversão, enquanto as Barbies são doces e sérias. Estima-se que as vendas da Bratz, em 2004, ultrapassarão a marca do meio milhão de dólares.

Um lamento comum entre companhias e empresários é de que estamos muito atrasados. Perdemos as grandes oportunidades na televisão, nos computadores, na Internet. Entretanto, cada novidade cria infinitas oportunidades para marcas Nº 2 e novas categorias. E é surpreendente como essas oportunidades permanecerão abertas, apenas esperando que um empreendedor as abrace.

Passaram-se 43 anos entre o lançamento da Barbie e o da Bratz, a alternativa mais viável para o monopólio Mattel. Quarenta e três anos para surgir uma estratégia eficiente de Nº 2.

Não lamente a falta de oportunidade. Basta olhar a sua volta e você verá oportunidades em todas as direções.

Cuidado, Gerentes Machos

"Não existe espaço para um segundo lugar", disse Vince Lombardi. "No meu jogo só existe um lugar, e é o primeiro."

No mundo do futebol americano, talvez, mas no mundo dos negócios existe muito espaço para um segundo lugar. Um dos maiores erros que uma companhia pode cometer é tentar tomar o lugar da líder, quando deveria estar tentando conquistar um lugar Nº 2 seguro.

Cuidado. A cultura corporativa não é gentil com gerentes dispostos a conquistar um segundo lugar. Não é macho. Nas palavras de um comercial da Nike nas Olimpíadas: "Você não ganha uma prata; você perde um ouro".

A essência de uma boa estratégia de marketing é saber quando você pode ganhar e quando não pode. E, se não puder, é melhor partir para a prata do que cair fora tentando um ouro.

Os Problemas da Alta Tecnologia

Nas cervejas, e em outros bens de consumo, o problema de estabelecer uma posição Nº 2 é relativamente simples. Algumas vezes, até mesmo uma diferença trivial é suficiente para consolidar a posição de segunda marca. Na alta tecnologia, entretanto, o problema de estabelecer uma segunda marca é mais difícil.

Nos produtos de alta tecnologia, sempre existe a questão dos padrões efetivos. O sistema operacional OS do Macintosh pode ser melhor do que o Windows, mas ninguém vai mudar para o produto Apple se todos os demais na companhia estão usando Microsoft.

Com 95% do mercado, o Windows é o padrão efetivo de sistema operacional para computadores pessoais. Não existe ninguém no segundo lugar.

Você pode argumentar o que quiser sobre a excelência em engenharia da Apple, o design avançado da Apple, as cores vivas da Apple e os sucessos publicitários de Steve Jobs, mas fatos são fatos. Há algo de errado com a estratégia da Apple.

O iPod talvez seja um produto brilhante, com uma publicidade brilhante, mas não consegue fazer nada para resolver o problema da Apple, que é a Microsoft. Atualmente, a Apple detém apenas 2,6% do mercado mundial de sistemas operacionais para computadores pessoais, um pouco à frente dos 2,3% do Linux.

Uma Guerra de Padrões é Diferente

Em uma guerra de padrões é tudo ou nada. Se cada bar ou restaurante nos Estados Unidos pudesse vender apenas uma marca de cerveja, a fatia de mercado da Budweiser dobraria da noite para o dia. O segundo lugar não existe em uma guerra de padrões.

Essa não é uma situação hipotética. Na categoria cola, por exemplo, existe definitivamente um padrão uma-marca-cola-por-restaurante. Como seria de esperar, a marca líder (Coca-Cola) tem uma fatia muito maior do ganhador-leva-tudo no mercado de restaurantes do que nos supermercados e lojas de conveniência, onde enfrenta a concorrência da Pepsi-Cola. (A Coca-Cola detém 68% do mercado doméstico de refrigerante post-mix comparados aos 22% da Pepsi.)

Vender um sistema operacional para computador pessoal (e no caso da Apple, o computador para rodá-lo) é como vender uma marca de refrigerante cola em um mercado uma-cola-por-restaurante. Não é bom o suficiente estar no segundo lugar porque não existe segundo lugar.

Com a fatia do leão no mercado mundial de sistemas operacionais para PC, a Microsoft está em uma posição extremamente forte. Uma velha piada ilustra o poder da companhia.

"Quantos programadores da Microsoft são necessários para trocar uma lâmpada?"

"Nenhum. Eles simplesmente declaram a escuridão como padrão."

O que você pode fazer quando tem pela frente uma companhia como a Microsoft? Você precisa segmentar o mercado. Você descarta metade ou mais do mercado e concentra seus esforços no segmento remanescente. Em uma concorrência com a Budweiser você obviamente descartaria os bares e restaurantes populares e se concentraria no segmento de luxo.

O Que a Apple Deveria Ter Feito?

Nós teríamos desistido do mercado empresarial em geral, uma guerra que a Apple, de qualquer forma, já havia perdido, e nos concentrado no mercado de artes gráficas, uma guerra que a Apple já ganhou. Diretores de arte, designers, arquitetos e outros profissionais de artes gráficas, em sua maioria, só usam computadores Macintosh.

Mas eis a jogada. Teríamos promovido esses computadores Macintosh para um segmento da comunidade empresarial de grandes usuários de imagens gráficas. Milhões de executivos rodam pelo país semanalmente fazendo apresentações em PowerPoint. (A Microsoft estima que sejam feitas 30 milhões de apresentações em PowerPoint diariamente.)

Mas não a safra atual de computadores Macintosh, que são primos distantes das máquinas Wintel. Em vez disso, os Macintosh 2004 deveriam ter sido o resultado final de duas décadas de um foco em imagens gráficas. Em outras palavras, evoluir em uma categoria chamada computadores "gráficos", em vez de evoluir em uma categoria chamada computadores "empresariais gerais".

Você não consegue vencer uma guerra de padrões com um produto melhor; você precisa de uma estratégia melhor. (Pense no Betamax, da Sony.)

Quando a Apple lançou o Macintosh, em 1984 (lembra-se de seu comercial no Super Bowl chamado "1984"?), o computador foi aclamado como um grande avanço em relação ao IBM PC. Especialmente sua interface gráfica.

Não importa. Quando "1984" foi veiculado já era tarde demais para um produto novo.

Mas nunca é tarde demais para uma estratégia melhor.

Antes da Poda

Depois da Poda

Para manter uma planta saudável, você deve podá-la. Para manter uma companhia saudável (e uma marca), os jardineiros corporativos deveriam fazer o mesmo.

Capítulo 13

O Poder da Poda

COMO TODO JARDINEIRO SABE, a forma de manter uma planta vigorosa é podá-la.

Por que os jardineiros corporativos têm dificuldade em aceitar isso? O crescimento em todas as direções enfraquece uma planta e também enfraquece uma corporação.

A toda hora, todo dia, toda semana, todo mês, a companhia típica se expande para mais produtos, mais indústrias, mais canais de distribuição, mais pontos-de-venda. Assim como o crescimento orgânico, o crescimento corporativo é praticamente invisível. Você não consegue ver a grama crescendo. Você não consegue ver uma companhia crescendo.

Crescimento Irrestrito na Sears

Veja a Sears Roebuck. A maioria das pessoas pensa que a Sears Roebuck é um bom lugar onde se compram eletrodomésticos e talvez roupas. Dê uma olhada nas páginas amarelas e você descobrirá que a Sears também atua em muitos outros segmentos. Alguns exemplos:

- Sears Centros Automotivos
- Sears Limpeza de Carpetes e Estofados
- Sears Tinturaria e Sapataria
- Sears Reparos Elétricos
- Sears Óptica e Centro de Lentes de Contato
- Sears Cercas
- Sears Centro Auditivo
- Sears Serviço de Pintura
- Sears Desentupidora
- Sears Consultoria para Gerenciamento de Piscinas
- Sears Estúdio Fotográfico

- Sears Locadora de Automóveis
- Sears Controle de Pestes e Cupins

Certamente muitos desses serviços colaterais são operações franqueadas, mas mesmo assim requerem tempo de gerenciamento e atenção. Além disso, tiram poder da marca Sears.

Há alguns anos, a Sears se gabava de ser "A Varejista Mais Barata da Terra". Obviamente isso não é mais verdade.

Barato é apenas uma das muitas maneiras de se construir uma marca de varejo. Infelizmente, a Sears perdeu seu conceito de barata para o Wal-Mart e falhou em substituir o conceito fundamental por uma alternativa.

O que é uma Sears? Não sabemos, você sabe?

O que uma Sears poderia ser? Nós podaríamos os artigos têxteis e afins e focaríamos a varejista nos bens duráveis, especificamente os eletrodomésticos, em que a Sears é a Nº 1, com 39% do mercado.

Examine os eletrodomésticos do ponto de vista da competitividade. A Lowe's é a Nº 2 e a Home Depot é a Nº 3 e ambas estão alcançando a Sears. Por acaso a Lowe's ou a Home Depot vendem roupas ou jóias?

Os Limites do Crescimento

É a gerência que, em última análise, define o tamanho ideal de uma corporação. Como você pode gerir uma empresa que não entende?

Não pode. Além disso, se você entende sua empresa hoje, provavelmente não vai entendê-la amanhã, graças à evolução e à divergência.

Se Alfred P. Sloan voltasse do túmulo para gerir a General Motors hoje, ficaria perdido com a variedade de veículos e de segmentos de mercado que hoje marcam a atuação da companhia.

- Considere o negócio de correção visual. Você costumava ir a um oftalmologista, que examinava seus olhos e prescrevia um par de óculos. Hoje, temos diferentes tipos de óculos, incluindo aqueles com lentes progressivas. Temos também lentes de contato (comuns e descartáveis), assim como cirurgia a laser. À medida que uma categoria evolui e diverge, uma companhia precisa decidir que rumo vai tomar e qual vai ignorar.
- Considere o negócio de gravação de vídeo. Primeiro, tínhamos o videocassete, depois o disco laser. Hoje temos também o DVD, assim como o DVD+RW, o DVD-RW e o DVD-ROM.
- Considere a cadeira de bebês para automóvel. Agora, existem quatro variedades: bebê-conforto, cadeira de bebês voltada para o banco traseiro, cadeira de

crianças voltada para o banco dianteiro e cadeira *booster*. Ter um filho hoje significa passar por no mínimo três tipos de cadeira diferentes para carro. Costumava ser simplesmente a criança sentada no seu colo.

E o carrinho evoluiu para categorias como carrinho berço, carrinho de passeio, carrinho para todos os terrenos, carrinhos leves, carrinho guarda-chuva, carrinho para prática de corrida, carrinho para gêmeos e trigêmeos e estruturas (para acoplar bebê-conforto).

Em longo prazo, as coisas sempre ficam mais complicadas e mais confusas de serem administradas. Em longo prazo, a única solução é podar.

A Lei do Armário

Nos Estados Unidos, a cada dia os armários ficam mais bagunçados. A única solução para o problema é reestruturar o armário e podá-lo regularmente.

Entre os físicos, a lei do armário é conhecida como a segunda lei da termodinâmica. Em um sistema fechado, a entropia (ou o grau de desordem) sempre aumenta. Em outras palavras, as coisas sempre se tornam mais desordenadas.

É a natureza lenta e insidiosa do processo que desorienta os executivos. É difícil ver a divergência em ação no dia-a-dia. (Assim como ninguém vê a divergência em ação na natureza.) Você só consegue ver os efeitos da divergência, se fizer uma retrospectiva. Infelizmente, a essa altura geralmente é tarde demais.

No jardim, você houve a palavra *poda* freqüentemente. A palavra da moda na sala da diretoria é *expansão*. Como podemos expandir nossa empresa, para aumentar as vendas e o lucro?

Uma forma é por meio da fusão ou da aquisição. A grande onda da F&A avançou sobre a América do Norte corporativa na segunda metade da década de 90. Com exceção da indústria de bancos de investimento, as fusões e aquisições foram um jogo de perdedor. Segundo uma estimativa, para o acionista, a perda de valor decorrente de fusões entre os anos de 1995 e 2000 foi de US$ 1 trilhão.

Boas Fusões e Más Fusões

De um ponto de vista estratégico, as fusões não são necessariamente ruins. Quando uma companhia compra um concorrente direto, acontecem duas coisas, e ambas são boas. A companhia aumenta sua fatia de mercado e diminui a concorrência.

Quando uma companhia compra outra, de uma indústria diferente, acontecem duas coisas, e ambas são ruins. A marca fica enfraquecida porque agora representa uma variedade maior de produtos ou serviços, e a gestão fica enfraquecida porque sua abrangência de controle é estendida ao máximo.

Infelizmente, é o segundo tipo de fusão que ganha o aplauso de muitas pessoas de F&A. Fusões que aumentam a linha de produtos de uma companhia são geralmente consideradas uma "combinação perfeita". (Pense em AOL Time Warner.)

Como *expansão* é a palavra da moda, uma combinação perfeita poderia ser aquela entre uma companhia que fabrica carros caros e uma companhia que fabrica carros baratos. Dessa forma, cada companhia pode expandir seu mercado. Então a Daimler-Benz Aktiengesellschaft se funde com a Chrysler Corporation para formar a DaimlerChrysler.

Que desastre!

Desde a fusão, em novembro de 1998, o valor das ações da DaimlerChrysler caiu pela metade.

Outra fusão que ganhou publicidade favorável, mas que ainda precisa produzir muito, no tocante a resultados, foi a combinação Hewlett-Packard/Compaq. Em 4 de setembro de 2001, o dia anterior ao anúncio do acordo, o valor de mercado das duas companhias juntas era de US$ 66 bilhões.

Hoje, a Hewlett-Packard vale US$ 76 bilhões, graças a um mercado de ações em alta. Mas ainda não há um veredicto sobre se a fusão será positiva ou negativa para os acionistas.

E veja os árduos esforços da AT&T. Os computadores iam convergir para as comunicações. Então, a AT&T comprou uma companhia de computadores (NCR), que cindiu cinco anos depois, perdendo divulgados US$ 6 bilhões. Para se tornar um provedor de telecomunicações *one-stop*, a AT&T comprou a McCaw Cellular, na época a operadora Nº 1 de telefonia celular nos Estados Unidos.

As aquisições continuaram. O cabo ia convergir para as telecomunicações. Então, a AT&T comprou a Tele-Communications Inc e um par de outras companhias de cabo que tornaram a AT&T, por um breve período, a maior operadora de sistema a cabo do país.

Tudo em vão. Devido à crescente pressão de Wall Street, a AT&T fez a cisão de sua empresa de celulares e vendeu sua empresa de cabo para a Comcast.

Normalmente, à medida que as categorias divergem, as companhias deveriam fazer as cisões. Isso é bom para a divisão e bom para a companhia. Também é consistente com as leis da natureza. A soma das partes é maior do que o todo.

O Mito do Engrandecimento

Outro mito que prejudicou bastante a América do Norte corporativa foi o mito do "engrandecimento", isto é, a necessidade de definir o negócio de uma companhia da forma mais grandiosa possível. Por que a AT&T comprou todas aquelas companhias de cabo? Porque o negócio da AT&T não era de "telefones", era de "comunicações".

O que é um negócio de comunicações? Telefone, televisor, TV a cabo, TV por satélite, Internet, jornais, revistas, rádio, propaganda e relações públicas são facetas do negócio de comunicações.

Uma companhia deveria participar de todos esses negócios? Quando você amplia a definição do negócio em que atua, está nadando contra a maré da divergência. Com o tempo, você deveria pensar sobre estreitar a definição de seu negócio.

Estreitar sua definição (e podar sua companhia) conflita com a sabedoria convencional. Também conflita com o conselho dado no que provavelmente seja o artigo mais famoso a aparecer em qualquer publicação de gestão do mundo.

Cego pela "Miopia do Marketing"

Na edição de julho/agosto de 1960 da *Harvard Business Review,* Theodore Levitt escreveu um artigo que influenciaria milhares de gerentes corporativos por décadas a fio.

Intitulado "Miopia do Marketing", o artigo condenava "gerentes de visão curta" por definir seu negócio de forma muito estreita. Seu exemplo clássico era o da indústria ferroviária:

"As companhias ferroviárias não pararam de crescer porque a necessidade de transporte de passageiros e carga diminuiu. Isso cresceu. As companhias ferroviárias estão com problemas hoje não porque essa necessidade foi suprida por outros meios (carros, caminhões, aviões e inclusive telefones), mas porque *não* foi suprida por essas próprias companhias. Elas deixaram que os outros tomassem seus clientes porque supuseram estar no negócio de ferrovias, em vez de no negócio de transportes."

Com certeza, o negócio ferroviário não era o melhor para se estar. Mas você conhece alguma companhia bem-sucedida no negócio de "transportes"?

Temos companhias aéreas bem-sucedidas, companhias aéreas de frete de carga bem-sucedidas, companhias de transporte marítimo, companhias de transporte rodoviário, companhias de táxi, companhias de cruzeiros marítimos e inclusive companhias ferroviárias bem-sucedidas. Mas não conhecemos nenhuma companhia de "transportes" bem-sucedida. Transporte é um conceito de convergência em uma era em que as leis da natureza favorecem a divergência.

E as companhias ferroviárias que continuam bem-sucedidas foram na direção oposta àquela recomendada por Ted Levitt. Saíram do negócio de passageiros e focaram em frete de carga.

Na verdade, o principal tema do artigo de Levitt não dizia respeito à indústria ferroviária, mas à indústria do petróleo. Levitt condenava a indústria por se considerar do negócio de petróleo, em vez de energia. "Acredito que dentro de 25 anos", previu o Sr. Levitt, "a indústria do petróleo estará em uma posição muito semelhante àquela de glórias do passado experimentada pelas companhias ferroviárias agora."

O Negócio do Petróleo Versus o Negócio da Energia

Você já reparou como a indústria do petróleo vai bem?

Quarenta e quatro anos depois da publicação de "Miopia do Marketing", você conhece alguma companhia que poderia legitimamente se definir como pertencente ao negócio de energia?

Existem companhias petrolíferas, companhias distribuidoras de petróleo por oleodutos, companhias distribuidoras de energia elétrica, companhias de gás, companhias carboníferas e muitos outros tipos de companhias em um ramo ou outro do negócio de energia. Mas nenhuma companhia poderia denominar-se Global Energy Corporation e dar sentido a isso.

Bem, talvez uma pudesse. Em 1985, a InterNorth comprou a Houston Natural Gas, para criar o maior sistema de distribuição de gás natural do país. Com Kenneth Lay como CEO e um novo nome (Enron), a companhia se transformou, de uma operadora de gasodutos, na maior comercializadora de energia do mundo.

E todos sabemos no que deu essa estratégia.

Triste dizer que os administradores mais cobiçados da América do Norte corporativa não são aqueles que desposam a divergência, o *downsizing* e o foco. Os administradores mais cobiçados são os Ken Lays da vida, os grandes visionários que estão sempre à caça de sua próxima aquisição.

Queremos voar para as alturas, onde pairam os egos, ou queremos mergulhar onde está a grana?

O Engrandecimento na United Parcel Service

A propensão à pompa está profundamente incutida na psique corporativa. Um executivo de marketing sênior, da United Parcel Service, perguntou certa vez a Al o que ele achava da nova marca registrada da companhia.

"Gosto dela", disse Al, "mas o que a UPS de fato precisa é de uma idéia motivadora ou um grito de guerra, algo como 'A UPS entrega mais encomendas para mais pessoas em mais lugares do mundo do que qualquer outra companhia de entregas de encomendas.'"

"A UPS", disse o executivo de marketing sênior, "não está no negócio de entrega de encomendas".

"Ah, essa é uma grande surpresa para mim. Somos clientes e sempre pensei que o negócio da UPS fosse entrega de encomendas."

"Não. A UPS está no negócio de logística."

Ele não estava brincando. A UPS está repintando cerca de 88 mil veículos com o novo tema: "Sincronizando o Mundo do Comércio". (Soa como se a UPS estivesse pensando em entrar no negócio de relógios.)

Igualmente a FedEx. Quando pediram ao diretor de informação da companhia para descrever seu negócio, ele respondeu: "Nosso negócio é de engenharia do tempo".

Enquanto isso, a Ryder, um dos concorrentes menores da UPS, está fazendo o mesmo. O tema da Ryder: "Logística e soluções de transporte no mundo inteiro".

Engrandecendo a Linguagem e Desmerecendo o Significado

"Não estamos no negócio de cervejas", disse o vice-presidente executivo de marketing da Coors, "estamos no negócio de melhoria do humor social."

Um empecilho para o raciocínio claro é essa constante valorização da linguagem. Nenhum aspecto da vida escapa da política de valorização.

- Médicos agora são clínicos.
- Advogados agora são consultores jurídicos.
- Policiais agora são oficiais de aplicação da lei.
- Funcionários de manutenção agora são gerentes de planta física.
- Porteiros agora são engenheiros de zeladoria.
- Garis agora são engenheiros sanitários.
- Estratégias empresariais agora são modelos corporativos.
- Números agora são métricas.
- Firmas de contabilidade agora são firmas de serviços profissionais.
- Departamentos de compras agora são departamentos de aquisição.
- Departamentos pessoais agora são departamentos de relações humanas.
- Fogos de artifício agora são artefatos pirotécnicos.
- Cadeias agora são instituições correcionais.

"Qualquer pessoa soltando artefatos pirotécnicos será detida por um oficial de aplicação da lei e enviada para uma instituição correcional."

O Que É uma Companhia de Serviços Financeiros?

Uma das *buzzwords* persistentes é *serviços financeiros*. Muitas companhias querem ser líderes na categoria que definem como serviços financeiros. Mas é assim que as pessoas pensam?

- Se você quer comprar serviços bancários, vai a um banco como o Citibank.
- Se você quer comprar seguros, vai a uma companhia de seguros como a Prudential.
- Se você quer comprar ações, títulos ou fundos de investimento, vai a uma corretora de valores como a Merrill Lynch.

"Vamos a uma companhia de serviços financeiros, para que sirvam nossas finanças" não é como as pessoas falam. A pessoas falam em termos específicos, não genéricos.

(Segundo uma pesquisa conduzida pela TowerGroup, o domicílio típico nos Estados Unidos utiliza de doze a quinze produtos financeiros. Cartões de crédito, contas correntes, poupanças, hipotecas, seguro de vida, seguro de carro, seguro de casa etc. e esses produtos financeiros são fornecidos por *cinco* instituições diferentes.)

Aliás, é mais fácil ir do específico para o genérico do que vice-versa. As pessoas sabem que uma drogaria vende muito mais do que apenas remédios. Artigos de higiene pessoal, balas, refrigerantes, artigos de papelaria, filmes fotográficos etc.

Uma drogaria (perdão, farmácia) deveria descrever-se como uma loja de "serviços pessoais?" Achamos que não.

"Mercado" e "Comunicações de Marketing"

A Boston Chicken (literalmente Frangos Boston) fez um grande sucesso quando abriu suas portas. Foi a primeira cadeia de restaurantes fast-food a focar em frango assado para viagem. Mas então acrescentou peru, almôndegas, lombo e outros itens ao cardápio e mudou o nome para Boston Market (literalmente Mercado Boston).

Todos sabem o que é um frango para viagem, mas o que é um "mercado" para viagem? Não surpreende que a companhia tenha falido.

Você provavelmente conhece muitas agências de publicidade famosas, mas quantas agências de comunicação de marketing famosas você conhece?

Cite uma.

Clientes dessas agências infladas geralmente vêem esses nomes grandiosos como uma gabolice inofensiva. Se sua agência de publicidade se autodenomina agência de comunicações de marketing integradas, quem se importa? Você continua pensando nela como sua "agência de publicidade", a chama de sua "agência de publicidade" e refere-se a ela como sua "agência publicidade".

Comunicações de marketing, como nome de categoria, não tem futuro.

Uma Marca de Mídia Multiplataforma

Você pode ficar surpreso ao saber que o jornal de maior circulação nos Estados Unidos "não é mais um jornal", segundo o editor-presidente Tom Curley. É uma "marca de mídia multiplataforma". Inofensivo, contanto que os leitores e os anunciantes continuem a pensar no *USA Today* como um jornal de tiragem nacional.

Geralmente, não há problema quando uma marca antiga e estabelecida como o *USA Today* infla sua categoria, mas há problema quando uma marca nova tenta entrar em uma categoria mítica chamada marca de mídia multiplataforma.

Considere a Talk Media, uma divisão da Miramax, parte da Walt Disney Company. A força motriz por trás do novo empreendimento era Tina Brown, ex-editora da revista *Vanity Fair*, da *The New Yorker* e da revista inglesa *Tatler*.

A meta de Tina era grandiosa. Ela queria unir o mundo das revistas e dos livros ao das indústrias cinematográfica e da televisão. O primeiro elo da cadeia mídia multiplataforma foi a revista *Talk*.

A despeito da torrente de publicidade favorável, a revista *Talk* conseguiu perder US$ 54 milhões nos primeiros dois anos. Então, a Miramax encerrou sua publicação e Tina levou seus talentos para outro lugar.

Outra decepção multimídia é a DreamWorks SKG. Fundada há cerca de uma década pelo diretor Steven Spielberg, pelo executivo de animação Jeffrey Katzenberg e pelo todo-poderoso da indústria fonográfica David Geffen, a DreamWorks esperava tornar-se a usina de força da música, da televisão e do cinema.

O sonho se desvaneceu. O negócio de filmes não vai indo muito bem. Com exceção de *Spin City*, seus programas de televisão nunca decolaram de fato. E, recentemente, a DreamWorks vendeu sua divisão de música por cerca de US$ 100 milhões.

A despeito de todo o sensacionalismo sobre "multimídia", é difícil imaginar uma nova marca que tenha se estabelecido como marca multimídia.

É o velho enigma realidade/percepção. A vida é real, mas o que conta nos negócios, o que conta na vida, não é a realidade, mas a percepção da realidade. Só porque a General Motors tem lanchonetes para alguns de seus funcionários, isso não a torna uma companhia de transportes e restaurantes. Só porque o *USA Today* tem um web site que perde dinheiro, isso não faz dele uma marca de mídia multiplataforma.

Uma Companhia de Serviços Completos de Mídia

Um exemplo excelente do perigo de inflar sua categoria é a Primedia. Em 1999, Tom Rogers, da NBC, foi contratado pela Kohlberg Kravis Roberts, a nova controladora da Primedia, para expandi-la, de uma confusão de revistas e diretórios, para uma companhia de serviços completos de mídia.

Na época, Henry Kravis, da Kohlberg Kravis, disse: "Hoje, o que precisamos de fato é nos tornarmos uma companhia de serviços completos de mídia. Isso significa não apenas de mídia impressa, não apenas de televisão, não apenas da Internet, mas precisamos reunir nossos ativos e investir em novas tecnologias".

Meses após a contratação de Rogers, o valor das ações da Primedia atingiu a alta de US$ 34. Preço atual: US$ 2,60.

"Parte da razão para o preço da ação da Primedia nunca ter se recuperado", segundo o *New York Times*, "foi que o Sr. Rogers nunca condenou sua estratégia de convergir ativos impressos e digitais, disseram os analistas".

Tom Rogers renunciou e a Kohlberg Kravis Roberts está levando a Primedia de volta a um lucrativo conjunto de revistas especializadas como a *Guns & Ammo, National Hog Farmer,* e *Truckin'.*

Com os pés no chão. Isso é o que funciona melhor no marketing.

Multimídia Tudo

Um exemplo vívido do fracasso da multimídia em se somar a qualquer coisa é a Vivendi Universal e seu ex-CEO Jean-Marie Messier. De acordo com o *New York Times*, "ele morava em um apartamento de US$ 17,5 milhões na Park Avenue, voava ao redor do mundo em uma frota de jatos particulares e falava de 'sinergias' e 'convergência' com entusiasmo".

Em apenas seis anos, Messier conseguiu transformar a Vivendi (originalmente uma companhia francesa de abastecimento de água) em um conglomerado mundial de mídia com a aquisição da MCA Records, da Universal Studios, da USA Networks, mais uma série de editoras, parques temáticos, fabricantes de videogames e companhias de Internet nos dois lados do Atlântico.

Segundo a *Business Week,* o plano do jogo era o seguinte: "Por algum tempo, muitos executivos da mídia sonharam que adquirindo *start-ups* Web, sistemas Net e de distribuição sem fio, companhias de TV a cabo poderiam criar um novo mundo. Seria uma utopia em que todo tipo de mídia – de filmes a games, a música – poderia ser oferecido a qualquer pessoa, a qualquer hora, em qualquer lugar, via qualquer tipo inimaginável de engenhoca".

Hoje, Messier já não está mais lá e a Vivendi, após perder perto de US$ 70 milhões em valor de mercado, está sendo diluída e vendida. Poda financeira forçada.

Nossa experiência é que praticamente qualquer companhia, em qualquer indústria, pode tornar-se mais forte e financeiramente saudável vendendo, desmembrando, ou descontinuando algumas de suas operações.

Menos é mais, mas "menos" é extremamente difícil de vender na sala da diretoria, onde o foco está usualmente em "mais". Mais fusões, mais aquisições, mais canais de distribuição, mais linhas de extensão, mais atividades que tirarão proveito do patrimônio nas mãos da marca.

Os efeitos destrutivos do crescimento não-direcionado são difíceis de ver, especialmente quando ocorrem ao longo de décadas.

A Triste Situação na Sony

Veja a Sony Corporartion, por exemplo. Se você fizesse uma enquete, provavelmente descobriria que a Sony é a marca de eletrônicos mais admirada do mundo. Muito à frente de qualquer marca em segundo lugar.

Maravilhoso para os donos de produtos Sony. Mas, e quanto aos donos de ações da Sony? A companhia ganha algum dinheiro? O triste fato é não. O lucro líquido, depois dos impostos da Sony Corporation, é pequeno. Muito pequeno.

Nos últimos dez anos, a Sony Corporation teve receitas da ordem de US$ 519,2 bilhões. Mas o lucro líquido, depois dos impostos, foi de apenas US$ 4 bilhões. Isso representa 0,8% das vendas. Já é difícil saldar seus empréstimos no banco, quanto mais pagar dividendos aos investidores com esse tipo de retorno.

É claro, isso é o Japão. Portanto, alguém salda seus empréstimos no banco? Não quando o Banco do Japão baixou sua taxa básica de curto prazo para efetivamente zero.

Assim como muitas companhias japonesas, a Sony investe pesadamente em extensões de linha. A Sony coloca seu nome de marca em aparelhos de televisão, gravadores de vídeo, câmeras digitais, computadores pessoais, telefones celulares, semicondutores, filmadoras, DVD players, MP3 players, equipamentos de som, equipamentos de transmissão de vídeo, baterias e uma gama de outros produtos.

Ainda assim, o produto mais lucrativo da Sony é o console de videogame PlayStation, uma marca que faz uso mínimo do nome Sony. (Por mais poderosa que a marca Sony seja, PlayStation é um nome de marca ainda melhor para um videogame porque representa algo na mente dos clientes potenciais.)

Compare a Sony com a Dell

A Sony faz computadores pessoais e muitos outros produtos. A Dell faz apenas computadores pessoais (até recentemente, quando acrescentaram impressoras). Nos últimos dez anos, as vendas da Dell foram de US$ 140,3 bilhões e o lucro líquido, depois dos impostos, de US$ 8,5 bilhões, ou uma margem de lucro líquido, depois dos impostos, de 6,1%, comparados a 0,8% da Sony.

Isso não é justo, você deve estar pensando, comparar a Dell com a Sony. Você escolheu uma companhia (a Dell) que é excepcionalmente lucrativa.

Isso não é bem verdade. A Dell é uma empresa altamente competitiva em que as margens de lucro são magras. Como resultado, a margem de 6,1% de lucro da Dell não é particularmente espetacular, mas está acima da média.

Nos últimos dez anos, a margem de lucro líquido da companhia típica da *Fortune 500* foi de 4,7% das vendas. (Se você deixar de fora os últimos dois anos, esse valor salta para 5,7%.)

Muitas companhias americanas fizeram muito melhor. Microsoft: 31,7%. Intel: 21,6%. Coca-Cola: 16,5%. A Sony, com 0,8% de renda líquida depois dos impostos, só não está jogando na primeira divisão.

Temos pregado contra os perigos da extensão de linha desde a publicação do livro *Posicionamento*, há duas décadas. E sempre que o fazemos, alguém diz: "E os japoneses?

Eles fazem exatamente o oposto do que você está recomendando e são extremamente bem-sucedidos".

São mesmo?

O Registro de Desempenho dos Japoneses

Nos últimos dez anos, a Hitachi teve receita de US$ 708 bilhões e um prejuízo de US$ 722 milhões. A NEC teve receita de US$ 397 bilhões e perdeu US$ 1,3 bilhão. A Fujitsu teve receita de US$ 382 bilhões e prejuízo de US$ 1,6 bilhão. A Toshiba teve receita de US$ 463 bilhões e uma margem de lucro líquido de apenas 0,15%.

Companhias grandes, sem foco, têm pouco lucro depois dos impostos. E se você não ganha dinheiro, não consegue saldar seus empréstimos no banco. E se você não consegue saldar seus empréstimos, os bancos estão com problemas.

E se os bancos estão com problemas, a economia do país está com problemas, o sistema político do país está com problemas.

O topo do sistema econômico japonês está fraco porque a base está fraca. As companhias japonesas, em sua maioria, fazem de tudo, menos ganhar dinheiro.

Por que é tão difícil para as grandes companhias japonesas sem foco ganhar dinheiro? Não pode ser a qualidade do produto. A maioria das companhias japonesas tem uma reputação mundial de alta qualidade. Uma reputação que, em sua grande parte, elas merecem.

Nossa conclusão é que a linha de extensão inibe o *branding*. Quando uma companhia produz e comercializa uma ampla gama de produtos sob um mesmo nome, é extremamente difícil transformar esse nome em uma marca poderosa.

Nenhuma companhia japonesa ganha dinheiro? As companhias cujas marcas são relativamente focadas têm resultados muito melhores. A Sharp (1,8%), Toyota (3,1%), Honda (3,3%) e Canon (3,8%).

Acompanhamos as finanças das companhias japonesas durante anos. Achamos que a companhia japonesa grande típica tem uma margem de lucro líquido depois dos impostos de 1%, comparado com a margem de 5% da companhia americana grande típica.

O Registro de Desempenho da IBM

Um sucesso inicial gera confiança e lucros. Nenhuma companhia teve tanto sucesso inicial na indústria da computação quanto a IBM. Em certo momento, a IBM respondia por 80% da receita da indústria da computação. Com esse tipo de desempenho, era inevitável concluir que a IBM tentaria dominar todos os ramos de hardware e software da árvore do computador.

Com o tempo, dinheiro, recursos e talentos jorraram na indústria da computação, vindos de todos os lados, criando hordas de competidores. Em vez de cobrir cada segmento, teria sido aconselhável, para a IBM, podar suas operações, em vez expandi-las.

A IBM tem sido extensivamente criticada por sua "mentalidade mainframe", isto é, por não ter passado para os computadores pessoais rápido o suficiente. Mas talvez a IBM nunca devesse ter passado para os computadores pessoais, uma categoria de produto em que a companhia não ganhou nenhum dinheiro.

O ponto alto da estratégia da IBM, para dominar e controlar a indústria da computação foi o anúncio, em 17 de março de 1987, do SAA (Systems Applications Architecture), um conjunto de software, interfaces, convenções e protocolos que permitiriam que um software escrito para um dos três grupos de computadores da IBM (mainframe, de médio porte e pessoal) rodasse não só naquele grupo, mas nos outros dois também.

Era uma estratégia ousada colocar uma camada de cobertura de software em um enorme bolo de computadores integrados. Com um custo estimado em US$ 10 bilhões por um analista, o SAA era uma estratégia que apenas um gigante como a IBM poderia assumir.

Um dos componentes-chave do SAA era a noção de uma "visão comum". Todas as três linhas de produto (com suas muitas variações) teriam uma interface de usuário comum. É análogo a ter uma interface de usuário comum (o painel) para aviões, carros e barcos, com base em que são apenas "diferentes meios de transporte".

No início da década de 90, a IBM estava profundamente no vermelho e o SAA claramente não foi a lugar nenhum. (Projetos grandiosos nunca morrem; simplesmente desaparecem.) O CEO John Akers foi dispensado e Lou Gerstner foi recrutado da Nabisco.

"Qual é sua visão para IBM?", perguntaram a Lou Gerstner. Sua resposta: "A última coisa que a IBM precisa agora é de uma visão". Achamos que ele estava certo. Uma das coisas que deixaram a IBM em apuros foi uma visão encampadora chamada SAA.

A história se repete. O que a IBM tentou nos anos 80 e 90 com o SAA é exatamente a mesma estratégia que a Microsoft está tentando hoje. Juntar tudo em uma única bola de software.

O Fim dos Generalistas

Em uma indústria de expansão rápida (pense em divergência), você está procurando encrenca se criar uma visão que cobre todos os aspectos do mercado. O melhor é ser seletivo e escolher segmentos do mercado que você consegue dominar.

Hoje, a IBM responde por 11% da atividade econômica da indústria da computação e de suas aliadas, mas é uma companhia muito mais saudável do que nos tempos de crescimento rápido.

Se você voltar na história, verá que os primeiros grandes varejistas dos Estados Unidos eram lojas "gerais" que vendiam tudo, desde produtos de mercearia até roupas, artigos para a casa e móveis.

Os produtos de mercearia e as roupas foram as primeiras categorias a divergir, fazendo com que muitas lojas gerais se tornassem lojas de "produtos têxteis e afins". Com exceção daquelas em comunidades isoladas, as lojas gerais e as de produtos têxteis se foram, sendo substituídas por estabelecimentos mais especializados.

Também não sobraram companhias gerais de computadores. Até mesmo a IBM está se transformando em uma companhia global de terceirização e consultoria em TI. (Hoje, os serviços e o software respondem por 61% da receita da IBM.)

Lou Gerstner escreveu em seu livro *Who Says Elephants Can't Dance?* (Quem disse que elefantes não conseguem dançar?): "Quando faço uma retrospectiva de minha vida na IBM, não há dúvidas de que boa parte de nosso sucesso se deve a todos os negócios que *não* fizemos".

Cisões e Podas

Em vez de adquirir a Compaq Computer (um negócio que Gerstner recusou), talvez a Hewlett-Packard deveria ter procurado maneiras de tornar suas operações mais eficientes (talvez promovendo a cisão de sua divisão de impressoras), em vez de torná-las mais complexas.

As cisões são como a poda de uma planta. Como você garante que uma planta permaneça saudável? Você a poda com freqüência.

Como você garante que uma companhia permaneça saudável? Você a poda com freqüência, desmembrando divisões que divergiram do negócio principal, como tendem a fazer em um ambiente divergente.

A questão do nome de marca geralmente dificulta as cisões. Quando a Andersen Consulting tentou se separar das operações de auditoria e tributação da Arthur Andersen, o problema estava no nome da nova entidade. Era óbvio que as companhias não poderiam continuar usando o mesmo nome. (Hoje, é improvável que alguém queira o manchado nome Andersen.)

Um mediador decidiu que a Andersen Consulting poderia ser desmembrada da Arthur Andersen, mas que deveria usar um nome diferente. A nova entidade foi chamada de Accenture, e eles imediatamente gastaram US$ 150 milhões para criar um reconhecimento do novo nome de marca da companhia.

Grande parte deste dinheiro e muitos dos ressentimentos criados no processo de cisão poderiam ter sido evitados se a Andersen Consulting tivesse usado um nome diferente logo de início.

O Problema do Nome

O que acontece quando uma árvore se ramifica? Cada um de seus vários galhos se distancia cada vez mais do outro.

Então, o que acontece quando uma categoria diverge? A mesma coisa. As categorias se distanciam cada vez mais umas das outras. E o que acontece quando você tenta abranger todas as categorias com um único nome de marca?

Sua marca é estirada até atingir um ponto de ruptura. Ruim para a marca e ruim para a companhia.

Prospere com segurança. Ter um segundo nome de marca facilita muito o desmembramento de uma divisão. O Lexus poderia ter se desmembrado da Toyota? Claro, sem problemas. A Dockers poderia ter se desmembrado da Levi Strauss? Claro, sem problemas. A DeWalt poderia ter se desmembrado da Black & Decker? Claro, sem problemas.

A Silvertab, da Levi's, poderia ter se desmembrado da marca principal Levi Strauss? Só com grande dificuldade e só com uma mudança de nome.

Recentemente, a Palm Inc. anunciou que seu software de sistema operacional será desmembrado em uma companhia separada, a PalmSource. A nova companhia licenciará o software para a Palm e suas concorrentes.

Um bom passo, se não for tarde demais. O software da Palm, que costumava alimentar dois terços de todos os computadores de mão, agora está em apenas 57%. Enquanto isso, a fatia da Microsoft subiu para 30%.

Quando você comercializa ambos, software e hardware, comete o erro clássico de competir com seus clientes.

A cisão ajudará a encorajar clientes potenciais como a Dell, que atualmente licencia o sistema operacional Pocket PC, da Microsoft, com exclusividade. "A Palm precisava deste tipo de salvaguarda", diz Tony Bonadero, diretor da divisão de computadores de mão da Dell. "Agora não hesitaríamos em usar o sistema operacional da Palm."

What iz it (o que é)? Essa é a questão para todas as novas marcas. Se você não consegue definir a categoria, sua nova marca tem poucas chances de sucesso.

Capítulo 14

Criando uma Categoria

A TAREFA MAIS DIFÍCIL NO MARKETING, e também a mais recompensadora, é criar uma categoria nova.

Considere a situação enfrentada por uma companhia que está para lançar uma nova marca em uma nova categoria. Não existe definição sobre qual é a categoria, não existem canais de distribuição e não existem concorrentes para usar como modelo. A primeira marca em uma categoria nova é uma verdadeira pioneira, com todos os problemas que um pioneiro precisa superar.

A primeira questão, e a mais importante de todas, é qual será o nome da nova categoria. Se você não consegue definir uma categoria nova com termos simples, fáceis de entender, essa categoria tem poucas chances de sucesso.

Considere a Zima, uma bebida nova lançada em 1992 pela Adolph Coors Company. A Coors nunca nos disse o que é uma Zima. Aliás, a Coors veiculou anúncios vangloriando-se de que a categoria desafiava a lógica da definição. A seguir, está o texto de um dos primeiros anúncios da Zima*:

"A Zima ClearMalt é, vejamos... levemente carbonada, mas não tão calórica como a cerveja... (embora seja fermentada) e tem, hum, sabor sofisticado, porém, mais suave do que um coquetel e, hum, adocicado, mas não açucarado como um cooler (argh!); e é clara, então você consegue enxergar a sala inclusive enquanto bebe (muito importante) e... o que mais? Você pode tomá-la pura ou com gelo.

"Então, é diferente de ahh... tudo... mais."

O que é uma Zima? Alguém realmente sabe?

---

* Tradução do anúncio da página anterior. (N. da T.)

A Primeira Bebida Energética

Em contrapartida, considere a Red Bull. O produto é uma mistura levemente carbonada, com alto teor de cafeína, contendo quantidades generosas de ervas, vitaminas do complexo B e aminoácidos. O criador, Dietrich Mateschitz, baseou sua bebida no Krating Daeng, um tônico popular que viu na Tailândia.

Uma tentação difícil de ser resistida é a de dar um nome "exótico" para a categoria. Mateschitz poderia ter adquirido os direitos do nome Krating Daeng, por exemplo. Ou talvez ter chamado a nova bebida de Thailand Tea.

O que Mateschitz de fato fez foi chamar seu preparado asiático de "uma bebida energética". Casualmente, a primeira bebida energética.

Nomes simples funcionam melhor para definir uma categoria nova. "Bebida energética" não só é um nome simples, como também se beneficia de uma analogia com PowerBar, a primeira "barra energética".

O marketing pode ser visualizado como algo que preenche um espaço vazio na mente. Se existe uma categoria chamada barra energética, pensa um consumidor potencial, deve existir uma categoria bebida energética. A Red Bull, é claro, foi a primeira marca a preencher, na mente, esse espaço vazio chamado bebida energética.

Bebida energética funciona como um nome de categoria, embora haja pouca relação entre os ingredientes em uma lata de Red Bull e os ingredientes de uma barra energética como PowerBar, Balance bar, Cliff bar e Atkins Advantage bar.

O pessoal de marketing às vezes é muito literal quando tenta imaginar um nome para uma categoria nova. O que mais importa não é descrever exatamente quais os benefícios dessa nova categoria, mas expressar a essência da categoria da forma mais simples possível.

Afinal, Red Bull tornou-se uma marca poderosa porque é percebida como uma bebida que melhora o desempenho, especialmente em períodos de maior estresse ou demanda, que algumas pessoas entendem como desempenho sexual. (*Energética* é apenas uma maneira de expressar essa idéia de uma forma socialmente aceitável.)

A Red Bull é um sucesso monumental. Atualmente, as vendas mundiais de Red Bull são da ordem de US$ 1,5 bilhão anuais. E Dietrich Mateschitz é a pessoa mais rica da Áustria.

O Nome da Marca Segue o Nome da Categoria

Assim como a forma segue a função, o nome da marca segue o nome da categoria. Depois de chegar a um nome simples para a categoria, o próximo passo é escolher um nome de marca original, distintivo, que transmita a essência da categoria.

Note que é redundante tentar incluir o nome da categoria no nome da marca. Os nomes devem ser independentes, conectados apenas por uma idéia conceitual, não pela repetição de palavras.

Red Energy teria sido um nome redundante para uma marca de bebida energética. Além disso, desperdiça metade do nome que é muito melhor ocupado pela palavra *Bull* (touro).

Quando se trata de nomes de marca, palavras, sílabas e letras são preciosas. Você não quer desperdiçar nenhuma delas em nomes de categoria redundantes. Tampouco quer usar uma palavra longa, quando pode encontrar uma mais curta.

Os melhores nomes de marca são curtos, originais e distintivos. Rolex, Kodak, Tide, Crest, Nike, Sony, Aleve, Coors, Dell, Google, Ford, Lexus, Hertz, Intel, Linux, Palm, Visa, Xerox, Yahoo!, Zara, para citar alguns.

Quando Ser Diferente e Quando Ser Igual

Um aspecto freqüentemente negligenciado do *branding* é a embalagem. Existe uma hora para ser igual a todo mundo e uma hora para ser diferente.

Quando você está tentando ser uma marca Nº 2 forte em uma categoria, sua embalagem (mas não suas cores) deve refletir a do líder. A Pepsi-Cola vem em latas de 300 ml em embalagens com seis e doze unidades, o que diz aos consumidores que a Pepsi pertence à mesma categoria que a Coca-Cola.

Quando você está tentando estabelecer uma nova categoria, é hora de ser diferente. Praticamente todas as bebidas, nos bares e restaurantes, vêm em latas ou garrafas de 300 ml. Como era uma categoria nova, a bebida energética precisava ser diferente. Então, a Red Bull vem em latas de 250 ml.

O tamanho menor ajuda Red Bull a ser percebida como uma marca em uma categoria diferente da Coca-Cola, Budweiser ou Sprite. Além disso, o tamanho menor transmite melhor a idéia de potência e energia do que faria um recipiente maior.

À medida que a Red Bull ganhou impulso, concorrentes começaram a entrar na categoria de bebidas energéticas. Muitas dessas marcas eu-também tentaram enfiar a palavra *energia* em seus nomes de marca. Alguns exemplos: AriZona Extreme Energy, Bomba Energy, Energade, Energy Fuel, Go-Go Energy, Hansen's Energy e Jones Energy.

Até o momento, ninguém obteve sucesso em estabelecer uma marca Nº 2 forte na categoria bebida energética. O que uma candidata a marca Nº 2 precisa fazer é encontrar uma maneira de ser o oposto da Red Bull, sem sair da categoria bebida energética. Uma tarefa nada fácil.

Escolha o Simples, Não o Complicado

As pessoas geralmente gostam de nomes de categoria longos e complicados, pois acham que a categoria é importante e complexa. O primeiro computador foi chamado de ENIAC, um acrônimo para "electronic numerical integrator and computer".

Por que eles simplesmente não chamaram o novo dispositivo de computador? Qualquer coisa com quilômetros de fios, 18 mil válvulas e milhares de resistores e relês, era muito complexo para ser chamado apenas de computador. Além disso, o ENIAC pesava 30 toneladas. Uma máquina grande como essa precisava de um nome grande.

A IRIS Technologies inventou um produto que foi chamado de VideoTizer. Essencialmente um VCR "sem fita", o VideoTizer permite que os usuários digitalizem o conteúdo de um videoteipe para o formato de arquivos comuns MPEG2.

Uma vez digitalizado o vídeo, o usuário pode "catalogar" os arquivos digitais para permitir saltos "instantâneos" para qualquer parte do conteúdo. Este recurso (e muitos outros) fazem do VideoTizer um excelente dispositivo de apresentação para treinamento, educação e muitas outras aplicações.

Em essência, o VideoTizer de US$ 5 mil pode fazer muito mais do que um equipamento de *playback* de vídeo de US$ 150 mil faz para um time de futebol americano da NFL.

Mas o nome VideoTizer teria prejudicado seriamente a marca. Além de ser um nome não complicado, VideoTizer dá muita ênfase ao funcionamento do produto (os recursos), em vez do que ele faz (seus benefícios.)

Então, a IRIS decidiu chamar a nova categoria de *play analyzer* (analisador de jogadas) e comercializar o equipamento para os técnicos de times de futebol americano das escolas. Como nome de marca, a companhia escolheu *Landro*, uma abreviação do nome do CEO da IRIS Technologies, Jerry Salandro.

O sucesso do analisador de jogadas Landro tem sido estrondoso. Muitos técnicos de futebol americano das escolas creditam a melhora do desempenho de seus times ao uso dessa fabulosa ferramenta de treinamento.

Você Precisa de Dois Nomes, Não de um Apenas

O analisador de jogadas Landro demonstra outro ponto importante. Todo produto precisa de dois nomes.

Deixar de pensar claramente sobre as funções relativas do nome da marca e do nome da categoria associada freqüentemente causa uma confusão desnecessária. Veja o PalmPilot, o primeiro... bem, como é o nome da categoria?

Algumas chamam o Palm de agenda eletrônica. Outros chamam o Palm de computador de mão. E outros, ainda, de PDA (assistente pessoal digital).

Todos esses nomes de categoria são muito longos e complicados. Falta a eles a clareza e a simplicidade que um bom nome de categoria deve ter.

Se um computador pessoal que cabe sobre sua mesa (*desk* em inglês) é chamado de computador de mesa ou *desktop*, então o nome lógico para um computador que cabe na palma de sua mão (*palm* em inglês) deveria ser computador de palma, ou *palm computer*.

E é verdade que muitas pessoas usam o termo *palm* de forma genérica. "Que marca de *palm* você recomenda?

É claro, Palm Computer tomou o lugar de *Palm* como nome de marca, deixando uma indústria recém-nascida lutando para encontrar um nome genérico apropriado. Como marca líder em uma indústria emergente, a preocupação da Palm Computer em escolher um nome genérico apropriado deveria ter sido a mesma que teve para escolher um nome apropriado de marca.

As pessoas pensam primeiro no genérico e depois na marca. (1) "Estou com sede, quero uma cerveja." (2) "Que marca de cerveja devo pedir? Me dá uma Bud Light." Com certeza, o processo do pensamento leva apenas microssegundos, mas a evidência sugere fortemente que o nome da marca sempre vem depois no pensamento de uma pessoa.

Se você estivesse promovendo uma marca chamada Zima, o processo do pensamento seria: (1) "Estou com sede, quero uma ....." (2) Que tipo de ...... devo pedir? Me dá uma Zima." Não admira que as vendas da Zima despencaram.

A Coors deveria ter dado muito mais atenção ao nome da categoria.

Você Não Pode Deturpar o Processo

Para criar uma marca de sucesso, você precisa criar primeiro uma categoria de sucesso. Em vez de chamar sua nova marca de PalmPilot, a Palm Computer teria feito melhor chamando a marca de Pilot palm computer. (Esta solução desconsidera o fato de que a Palm perdeu seu nome Pilot em uma disputa de direitos de marca registrada com a Pilot Pen Company.)

Há outra lição a ser aprendida com a indústria do computador de mão ou PDA. Ao iniciar uma nova categoria, é importante criar uma "distância" suficiente entre a nova categoria emergente e uma categoria existente. A natureza abomina a correlação. A natureza favorece espécies que estão nos extremos opostos do espectro.

Na realidade, o primeiro computador de mão de sucesso foi produzido por uma companhia inglesa chamada Psion, PLC. O Psion era um *laptop* em miniatura, com um teclado em miniatura e um pacote de aplicativos imitando aqueles das máquinas Wintel. O Psion não proporcionou nada de diferente, como fez o PalmPilot. Como resultado, foi percebido como um computador pessoal "bebê", em vez uma categoria separada.

Nova Categoria Primeiro, Nova Marca Depois

Na pressa de construir uma nova marca, a necessidade de construir uma nova categoria quase sempre é negligenciada. Na categoria de bebidas, a moda atual é a bebida alternativa ao malte ou "malternativa". Agora, todas as grandes cervejarias possuem malternativas no mercado, com nomes como Smirnoff Ice, Mike's Hard Lemonade, Bacardi Silver, Skyy Blue, Stolichnaya Citrona, Sauza Diablo e Captain Morgan Gold.

Nos últimos anos, essas sete marcas sozinhas gastaram mais de US$ 300 milhões em propaganda. Embora as marcas possam ser bem conhecidas (especialmente Smirnoff Ice e Mike's Hard Lemonade), o sucesso da categoria, em longo prazo, é dúbio.

O que é uma malternativa? Vejamos, a cerveja é uma bebida de malte, então uma malternativa deve ser uma alternativa para a cerveja. Mas já não existem alternativas para a cerveja? O vinho é uma. Assim como as bebidas destiladas em suas inúmeras variações.

É um mau sinal que algumas pessoas estejam se referindo à bebida malternativa como *beer coolers*, lembrando aos consumidores a mania dos *wine coolers*, na década de 80, que esfriou rapidamente na década de 90.

Nossa previsão: os *beer coolers* seguirão o mesmo caminho dos *wine coolers*.

Caos e Confusão nos Carros

Do ponto de vista do marketing, uma das indústrias mais disfuncionais nos Estados Unidos é a indústria automobilística. Todo o mundo fabrica tudo e comercializa tudo sob cada um de seus nomes de marca.

Quando sua marca não representa nada, você precisa compensar isso aumentando seus gastos com marketing. O maior anunciante nos Estados Unidos é a indústria automobilística.

Sete dos treze maiores anunciantes são marcas de automóvel: Ford, Chevrolet, Toyota, Nissan, Honda, Dodge e Chrysler. Juntas, essas sete marcas gastaram US$ 4,2 bilhões em publicidade, em 2003.

Você se lembra de algum anúncio de qualquer dessas marcas de carro? A maioria não lembra.

Quando sua marca não representa nada, sua publicidade não consegue representar nada também. Não admira que a indústria automobilística tenha que cortar preços para dar mais agilidade ao negócio.

Em 2003, o desconto oferecido pela General Motors girava em torno de US$ 4.300. Esses descontos pesados não só corroem os lucros, como também desvalorizam a marca.

Quando todo o mundo faz tudo (uma tendência que não se limita aos automóveis), o custo de projeto, desenvolvimento, manufatura, distribuição e marketing aumenta para todos.

Quando todo o mundo faz tudo, a receita média por marca cai, devido à maior concorrência.

Isso explica por que as margens para carros de luxo, onde existem poucas marcas, é maior do que para os carros populares, onde existem dezenas de marcas semelhantes.

Os fundamentos da economia parecem indicar que a indústria automobilística estaria melhor se cada marca focasse em uma única categoria. A receita média aumentaria (devido a uma concorrência menor), e os custos médios cairiam (devido a uma redução de custos de produção e marketing). Até mesmo os consumidores estariam melhor devido à redução da confusão no mercado.

Infelizmente, os fundamentos da economia foram substituídos no mercado pelos fundamentos do CRM (gestão de relacionamento com o consumidor). E a primeira lei do CRM é "cuide bem de seus clientes".

A Porsche lançou um utilitário esportivo (o Porsche Cayenne) para desbancar o Jeep? Obviamente não, visto que o Cayenne custa US$ 60 mil, muito mais do que qualquer utilitário esportivo no mercado.

A Porsche lançou Cayenne para proprietários de Porsches que casualmente queiram comprar um utilitário esportivo da marca.

O Cayenne é o primeiro passo em um processo que, por fim, minará a marca Porsche.

A Escada da Vida

As marcas são os degraus da escada da vida. Conforme você sobe na escada, suas marcas demonstram seu progresso.

- Quando as pessoas são solteiras, no início da vida profissional, compram carros populares como Saturns ou Kias.
- Quando são promovidas (e ganham um aumento polpudo), não querem comprar um Saturn mais caro, querem comprar uma BMW.
- Quando se casam e têm filhos, compram um Volvo.
- E no curso normal da vida, quando um casal se separa, a mulher fica com as crianças e o Volvo, e o marido compra uma Ferrari.

Nenhuma marca pode representar todos os degraus da escada da vida. Quando você tenta representá-los, não representa nada.

Deixe Seus Clientes Irem

A fidelidade do cliente é o aspecto mais valorizado do marketing. Na teoria, todo o mundo quer ter clientes fiéis. Mas, na prática, o que significa fidelidade do cliente?

Fidelidade do cliente significa que seus clientes desejam fazer negócio com você, embora possam adquirir os mesmos produtos e serviços por um preço menor (ou qualidade melhor) em outro lugar.

Em longo prazo, seus clientes fiéis tendem a ser seus clientes burros. Pode levar algum tempo, mas quando descobrem que foram enganados, geralmente há uma reação reversa. Costumávamos ser fiéis à Delta Airlines, mas com o advento da AirTran e da JetBlue, agora percebemos que existe uma linha sutil entre fidelidade e burrice, e a cruzamos.

Existe uma forte analogia entre as indústrias da aviação e a automobilística. Cada uma costumava acreditar que devia ser tudo para todas as pessoas. Como resultado da falência da

United e da US Airways e dos problemas financeiros da American e da Delta Airlines, a indústria da aviação já não acredita mais na história "tudo para todos".

No futuro, você deverá ver uma evolução na aviação, pois as marcas começarão a ter algum significado. Southwest, AirTran e JetBlue estão na liderança do segmento econômico. Algum dia, veremos marcas semelhantes à frente do segmento de luxo.

A indústria automobilística tomará a mesma estrada? Eventualmente sim, mas será preciso um evento estremecedor, como uma falência, para fazer a indústria tomar uma nova direção.

Deixe-os ir. Sua melhor estratégia para lidar com clientes que querem algo novo e diferente é deixá-los ir para os concorrentes. Dessa forma, você mantém a pureza da marca. Dessa forma, você assegura que sua marca representa algo na mente dos consumidores.

Um Mundo Repleto de Marcas Sem Valor

Uma marca que não representa nada é uma marca sem valor. A única marca da American Motors que representava alguma coisa era a Jeep. E se a American Motors tivesse mudado seu nome para Jeep Corporation e vendido apenas jipes nas revendas Jeep? Jeep Corporation seria uma marca viável hoje?

Acreditamos que sim. Existe poder em construir uma marca em uma categoria divergente como a dos veículos utilitários esportivos (SUV) e então dominar esta categoria com seu nome de marca, como a Jeep fez. Especialmente se você concentra todo seu talento e recursos nessa única categoria. Como a Jeep deveria ter feito.

Quando a Chrysler Corporation comprou a American Motors, Lee Iacocca eliminou todas as marcas, exceto a Jeep.

E se a Chrysler tivesse mudado seu nome para American Motors Corporation e vendido apenas jipes, minivans Chrysler e caminhões Dodge? Três marcas, três categorias, três posições dominantes no segmento de automóveis.

A antiga Chrysler Corporation ainda seria uma companhia viável hoje, em vez de uma divisão deficitária da DaimlerChrysler?

O que funciona melhor no marketing não é expandir a marca, mas expandir o mercado. A Chrysler provavelmente detestava o fato de sua marca Jeep ser tão "limitada". O nome *Jeep*, em inglês uma gíria usada pelo exército para veículos "GP" (pronuncia-se Gee Pee) ou "general purpouse", isto é, para fins gerais, não podia ser usado em sedãs ou carros de passageiros. Motivo pelo qual a Chrysler chamou a versão sedã do Jeep de Eagle.

Manter um foco estreito no mercado de utilitários esportivos era uma grande vantagem para a marca Jeep. À medida que o mercado de SUVs crescia, o mesmo acontecia com a Jeep. Hoje, a Jeep vende 440 mil veículos por ano. Acreditamos que a Jeep seja a parte mais lucrativa da Chrysler.

Senão a única parte lucrativa da Chrysler.

A Confusão no McDonald's

A maré nem sempre está a seu favor. Algumas vezes está contra você. Considere a confusão no McDonald's.

McDonald's tornou-se uma marca global poderosa dominando uma categoria chamada hambúrguer. Cartazes em muitos restaurantes McDonald's dizem "bilhões e mais bilhões servidos". Não é preciso dizer para você que esses bilhões se referem a hambúrgueres.

Com o tempo, o McDonald's acrescentou café da manhã, frango, peixe, salada, sorvete e um leque de outros itens. Foram para o econômico (com um cardápio de um dólar) e para o luxo (com uma salada premium de US$ 3,99).

Não está funcionando. As vendas dos restaurantes McDonald's, por unidade, nos Estados Unidos, mantiveram-se no mesmo patamar na última década.

- 1993: US$ 1.550.000
- 1994: US$ 1.577.000
- 1995: US$ 1.538.000
- 1996: US$ 1.439.000
- 1997: US$ 1.399.400
- 1998: US$ 1.458.500
- 1999: US$ 1.514.400
- 2000: US$ 1.539.200
- 2001: US$ 1.548.200
- 2002: US$ 1.527.300

Colocando esses números em perspectiva, se o McDonald's tivesse apenas acompanhado a inflação, desde 1993, suas vendas por unidade, em 2002, teriam sido de US$ 1.909.290

Para o melhor ou para o pior, em tempos bons e ruins, McDonald's é uma marca que estará sempre presa a uma categoria denominada hambúrguer. Em vez de tentar tomar o negócio de frango de cadeias como KFC, Church's, Popeye's e Chick-fil-A, o McDonald's deveria tentar tomar o negócio de hambúrguer de cadeias como Wendy's, Burger King, Hardee's e Jack in the Box.

Além disso, se a carne não tem futuro, como se explica que restaurantes de carnes como o Morton's, Ruth's Chris e Outback vão tão bem? Se você fosse dono de um Outback, passaria a anunciar frango, peixe e saladas premium? Acreditamos que não.

A Maré Vem, a Maré Vai

Existe uma ascensão e um declínio natural em praticamente qualquer categoria que você possa citar. Hoje, os Republicanos estão no governo; amanhã estarão fora. Hoje, as saias estão curtas; amanhã estarão compridas. Hoje, os utilitários esportivos estão na moda; amanhã não estarão mais. Um político que muda de partido toda vez que o seu perde uma eleição, é um político sem futuro.

A marca que tenta seguir os modismos dos consumidores é uma marca que não tem futuro. A paciência compensa. Uma estratégia melhor é fechar a escotilha e esperar a maré ficar novamente a seu favor.

Considere o McDonald's de novo. Existe uma percepção de que nos Estados Unidos o consumo de frango disparou e o de carne caiu substancialmente, mas isso não é verdade. Enquanto o consumo per capita de aves saltou 20% na década de 90, o consumo anual de carne manteve-se praticamente sem variações, com 43,5 kg por pessoa em 1990 e 44 kg por pessoa em 2000. Nessa mesma década, a população americana cresceu 13%.

Portanto, na realidade, o mercado total de carne cresceu 13% em uma década. Por que voltar o relógio e transformar o McDonald's em uma antiga loja de café, e não em um restaurante de hambúrguer? Isso não faz sentido.

A verdade é que no dia em que o hambúrguer morrer, o McDonald's morrerá também. Não conseguimos pensar em uma única marca que tenha sobrevivido à morte de sua categoria. Certamente as marcas estenderam suas linhas e entraram em outras categorias, mas sua salvação tem sido geralmente a posição de domínio que ocupam em sua categoria principal.

Algumas Categorias Morrerão

Isso não quer dizer que uma categoria nunca morrerá. Algumas, certamente, sendo os cigarros um ótimo exemplo. É possível salvar a marca Marlboro movendo-a para chicletes? Acreditamos que não.

E a Polaroid? Não há dúvidas de que a fotografia instantânea entrará em extinção em futuro próximo. É possível salvar a marca Polaroid movendo-a para computadores? Acreditamos que não.

Quanto mais forte a marca, mais difícil é movê-la na mente. Aqui reside o paradoxo. Se você tem uma marca fraca, pode facilmente movê-la para outras categorias. Mas não vale a pena fazer isso porque a marca em si é fraca.

A Uniden é uma fraca marca de telefones. Um dos motivos é porque fabrica todos os tipos de dispositivos de comunicação, incluindo telefones celulares, telefones sem fio, equipamentos de rede residenciais, scanners, detectores de radar, radiocomunicadores e eletrônicos marítimos. A Uniden também fabrica produtos empresariais, incluindo telefones (baseados em IP, sem fio, PABX) e equipamentos de rede (sem fio, com fio, roteadores e *switches*).

A Suave é uma marca de artigos de higiene pessoal fraca porque o nome Suave é usado em uma variedade de produtos, incluindo xampus, sabonetes, hidratantes e desodorantes.

Existem muitas Unidens e Suaves no mercado. Elas não representam nada em particular, portanto, podem ser usadas em qualquer produto ou serviço. E venderão, contanto que seu preço seja suficientemente baixo.

Uma marca de "preço" ou "valor" não é uma marca no sentido tradicional da palavra. É apenas um nome de produto vagamente familiar, mas que não representa nada em particular.

Uma marca forte, entretanto, é difícil de mover porque sua força reside na associação com sua categoria: copiadoras Xerox, lenços de papel Kleenex e gin Tanqueray. Portanto, quando essas marcas introduziram extensões de linha como computadores Xerox, papel higiênico Kleenex e vodca Tanqueray, foram notavelmente malsucedidas.

Algumas categorias, assim como algumas espécies, estão fadadas a morrer, embora cause surpresa o fato de que poucas categorias morrem totalmente. Até mesmo a máquina de escrever ainda resiste, embora seus dias estejam contados.

Quando uma categoria ou espécie está no fim, não há muito o que uma companhia possa fazer. Veja o dinossauro, por exemplo. Mesmo com uma alimentação saudável e praticando exercícios regularmente, o dinossauro estaria extinto hoje. As condições mudam. Você não pode lutar contra a evolução.

Salvar a Marca ou Salvar a Companhia?

O que fazer se sua marca é um dinossauro caminhando na avenida da evolução? Você tem duas escolhas. A primeira é tentar salvar a marca. A segunda é tentar salvar a companhia.

Muitas companhias tentam salvar a marca. A Polaroid ficou com problemas porque a fotografia instantânea ficou com problemas. Então, a Polaroid concluiu que sua única esperança era usar seu nome de marca em diversos outros produtos, incluindo filme fotográfico convencional.

Não foi uma boa idéia. Polaroid significa fotografia instantânea, não filme convencional. Resultado: a companhia faliu.

A Kodak está adotando uma estratégia salve-a-marca semelhante. Está investindo pesadamente em pesquisa e desenvolvimento, para entrar no negócio de fotografia digital... usando o nome de marca Kodak. Até o momento, a posição da Kodak na fotografia digital não chega aos pés de sua posição de liderança em fotografia analógica ou com filme.

Atualmente, a Kodak está em terceiro lugar nas vendas de câmeras digitais nos Estados Unidos, com 12% de participação de mercado, atrás da Sony e da Olimpus.

Marcas: Apenas um Meio para um Fim

O fim é a criação da preferência do consumidor. Na verdade, os consumidores preferem câmeras digitais da Sony a câmeras digitais da Kodak, pois Sony significa "eletrônicos" e Kodak significa "fotografia com filme".

A Kodak deveria ter escolhido a segunda opção: salvar a companhia. A Kodak deveria ter lançado uma linha de câmeras digitais com um nome de marca totalmente novo. Isso traria dois benefícios.

Um segundo nome de marca para a linha digital teria permitido à Kodak manter o nome Kodak focado em fotografia. Fotografia com filme pode ser uma arte em extinção, mais ainda se passarão muitos anos, até que os consumidores joguem fora os milhões de câmeras fotográficas que possuem. Enquanto isso, a Kodak pode continuar a vender bilhões de dólares em filmes e papel fotográfico com o nome de marca Kodak.

O segundo benefício seria a criação de um novo nome de marca que representaria apenas câmeras digitais. Quando uma categoria está divergindo (como a fotografia digital da fotografia convencional), surge uma condição ideal para a criação de um novo nome de marca.

Se uma companhia puder combinar recursos adequados, com um segundo nome de marca original, o sucesso é quase sempre garantido.

Marcas Novas Quase Sempre Vencem Marcas Antigas

Se a categoria é importante o bastante, o vencedor final sempre é a marca nova, criada exclusivamente para a categoria, e não a marca antiga que foi estendida para se adequar à nova categoria.

Computador pessoal acabou tornando-se uma categoria importante. Portanto, quem venceu não foram as marcas antigas estendidas para abranger a nova categoria (IBM, Digital, Wang e várias outras), mas a marca nova criada especialmente para a categoria (Dell).

Telefone celular acabou tornando-se uma categoria importante. Portanto, quem venceu não foram as marcas antigas estendidas para abranger a nova categoria (Motorola, Ericsson, Sony e várias outras), mas a marca nova criada especialmente para a categoria (Nokia).

É certamente verdade que em muitas categorias importantes a marca dominante não é uma marca nova, mas uma marca antiga estendida para abranger categoria. Cerveja light e refrigerante diet, por exemplo. Um exame mais detalhado dessas e de outras categorias, geralmente mostra que nenhuma marca nova foi lançada como uma iniciativa de dominar a categoria. Ou se foi, não teve o suporte de recursos adequados.

Considere a cerveja light, por exemplo. Bud Light, Coors Light, Miller Lite, Michelob Light, Schlitz Light, Corona Light. A categoria está abarrotada de marcas estendidas, não de marcas novas. Não surpreende que a líder light (Bud Light) não seja marca nova.

Também é curioso o fato de que, em uma categoria nova sem marcas novas, não existe uma vantagem particular em ser o primeiro. O ranking de vendas das três principais cervejas light (Bud Light, Coors Light e Miller Lite) é inverso a suas datas de lançamento. A Miller Lite foi a primeira, a Coors Light a segunda e Bud Light a última.

Algo parecido está acontecendo com as "lâminas" para combater o mau hálito. A primeira marca da categoria foi a Listerine PocketPaks oral-care strips. O produto consiste de um estojo com 24 "lâminas", que se dissolvem na língua liberando um intenso sabor de menta destinado a refrescar o hálito.

As lâminas são populares, acumulando atualmente vendas anuais superiores US$ 250 milhões. A Listerine ainda é a marca líder, mas corre o risco de ser superada pela Eclipse flash strips lançada pela Wrigley's. O nome de marca Listerine PocketPaks oral-care strips tem três desvantagens:

- *Listerine* é uma marca de anti-séptico bucal.
- *PocketPaks* soa como uma marca de lenço de papel de bolso.
- *Oral care* é um nome de categoria usado por dentistas e pelo pessoal de marketing, não por consumidores.

Eclipse tampouco é um nome perfeito, mas é melhor do que Listerine. (A Wrigley's usa Eclipse para sua goma de mascar contra mau hálito.) Flash strips, por outro lado, é um nome de categoria curto, simples e fácil de ser lembrado.

Nossa previsão: a Eclipse vai eclipsar a PocketPaks em breve.

Vencendo a Guerra de Extensão de Linha

O que está correlacionado ao sucesso em uma categoria composta apenas por marcas estendidas? Na cerveja, a correlação é obviamente a liderança. A Budweiser é a cerveja comum líder. A Bud Light é a cerveja light líder.

Isso tudo significa, é claro, que os consumidores percebem a cerveja light e a comum apenas como variações de sabor. A cerveja light, como sendo a cerveja comum com adição de água. As duas categorias (light e comum) não divergiram muito.

Isso não é problema, se você for a Anheuser-Busch com sua poderosa marca Budweiser. Mas por que um jogador menor (Schlitz) usaria a mesma estratégia? Bud Light faz sentido, mas Schlitz Light não faz nenhum sentido.

É do maior interesse um jogador menor lançar uma nova marca, para estimular uma categoria nova a divergir. Em outras palavras, você quer que a nova categoria de cerveja esteja o mais distante possível da cerveja comum (e da marca dominante Budweiser).

Mas os consumidores aceitarão light como uma categoria separada da cerveja comum?

Vencendo a Guerra da Categoria Nova

Tenha fé. Com o nome certo e alguma diferença tangível, sempre é possível forçar a divergência. Os consumidores colocam a Evian na mesma categoria que a Aquafina? Ou a Aquafina na mesma categoria que a água de filtro?

Um químico pode facilmente dizer a diferença entre cerveja light e cerveja comum, mas talvez tenha dificuldade em achar a diferença entre a Evian e água de filtro.

De qualquer forma, a diferença que você precisa criar não deve estar no copo, mas na mente do consumidor. Uma indicação é o crescimento de uma marca chamada Natural Light. Com pouca promoção e um nome genérico fraco, a Natural Light tornou-se a quarta cerveja light mais vendida nos Estados Unidos.

Já imaginou o que a marca teria alcançado com um nome melhor e um orçamento de marketing maior?

Nomes de marca curtos, especialmente para produtos comprados ou consumidos em público, são geralmente melhores do que nomes de marca longos. E é por que um apelido curto também pode ser uma grande vantagem. *Bud* em vez de *Miller*, ao pedir uma cerveja. *Coca* em vez de *Pepsi*, ao pedir um refrigerante.

Nomes Novos Versus Nomes de Extensão

Uma das vantagens de um novo nome de marca (em vez de um nome de marca estendido) é que o novo nome é invariavelmente mais curto. Um nome de marca estendido precisa conter o nome da categoria e o nome da marca. Bud Light, Diet Coke, Tanqueray Vodka.

A Tab não precisa se chamar Diet Tab, pois Tab não é uma marca estendida. Tab é simplesmente um refrigerante diet. O poder inerente de um nome definidor de categoria é demonstrado pelo fato de que as vendas da Tab excediam as da Pepsi-Cola Diet em 32% no dia em que a Coca-Cola Company lançou a Diet Coke.

Que razão plausível havia para lançar uma extensão de linha (Diet Coke) em uma categoria em que você já era dono da marca líder (Tab)?

Se existe uma resposta legítima para esta pergunta, não sabemos qual é. Talvez a Coca-Cola não acreditasse que uma marca totalmente nova (Tab) pudesse de fato manter sua supremacia em longo prazo, frente a uma marca de extensão de linha poderosa como a Pepsi-Cola Diet.

Entretanto, a história mostra que uma marca nova que define uma categoria quase sempre supera em vendas uma marca antiga estendida para abranger uma categoria nova. (Tenha fé, Coca-Cola.)

Apostando no Futuro

Ao contrário dos vilões no filme *O Exterminador do Futuro*, as companhias não contam com o luxo de lançar marcas retroativamente. As companhias precisam apostar no futuro, motivo pelo qual tendem a ser conservadoras.

E se a nova categoria não se transformar em um grande mercado? Estaremos desperdiçando recursos, se optarmos pela despesa adicional de criar um nome de marca novo. Então, vamos usar um nome existente.

"Fracasse com segurança" é uma boa filosofia, se a categoria se mantiver pequena. Mas, e se a categoria decolar e se tornar um grande sucesso, como aconteceu com o telefone celular, o computador pessoal, a cerveja light e o refrigerante light?

"Prospere com segurança" é a melhor filosofia. Suponha que a nova categoria vai atingir um enorme sucesso. Essa suposição favorece o uso de um nome de marca novo, não um nome estendido ou de extensão de linha. Se a categoria de fato se tornar grande, você terá feito exatamente a coisa certa.

Onde Está a Oportunidade?

A oportunidade não está nas marcas, mas nas categorias. Mais de 2,5 milhões de nomes de marca estão registrados na agência de Registros de Marcas e Patentes dos Estados Unidos. A grande maioria dessas marcas vale muito pouco ou nada. Entretanto, algumas valem bilhões de dólares. O que torna uma marca valiosa?

- Starbucks é marca bilionária porque representa uma categoria chamada "loja de café de luxo".
- Rolex é marca bilionária porque representa uma categoria chamada "relógio suíço caro".
- Red Bull é marca bilionária porque representa uma categoria chamada "bebida energética".
- Tide é marca bilionária porque representa uma categoria chamada "detergente".
- Costco é marca bilionária porque representa uma categoria chamada "clube de compras".
- Home Depot é marca bilionária porque representa uma categoria chamada "atacadista de material de construção".

A força da marca depende da força da categoria. Se ninguém quiser comprar um relógio suíço caro, então a marca Rolex não valerá muito. Se o consumo de café de luxo diminuir, então a Starbucks perderá muito de seu valor.

As companhias devem pensar sobre criar categorias, não marcas. Se você conseguir inventar uma categoria nova excitante, e então prover essa categoria com um nome novo original, tem em mãos uma combinação poderosa.

Onde Estão as Categorias?

No comércio de rua ou no shopping center? Na drogaria, na loja de departamentos ou no supermercado?

Em nenhum desses lugares. As categorias estão na mente. Você cria categorias exatamente da mesma maneira que cria marcas. Posicionando o nome da categoria na mente dos clientes potenciais.

Entretanto, cuidado com as pesquisas. Se quiser descobrir que categorias existem na mente, não pode basear-se exclusivamente na pesquisa.

Os consumidores raramente usam nomes de categoria para descrever o que sentem. Quando você pergunta aos consumidores que carro preferem, eles raramente dizem: "um carro europeu de luxo". Normalmente respondem: "Mercedes ou BMW". Eles podem pensar em termos de categorias, mas expressam essas categorias em termos de marcas.

Quando você pergunta a alguém que tipo de cerveja prefere, poucas pessoas dizem: "uma cerveja européia de luxo". Normalmente respondem: "Heineken ou Beck's". Eles podem pensar em categorias, mas falam marcas.

Portanto, os profissionais de marketing naturalmente seguem o mesmo padrão. Tendem a esquecer a categoria e vão direto para a promoção da marca. Um grande erro. A menos que você seja o primeiro em uma categoria nova, tem pouca chance de capturar a atenção dos clientes potenciais.

Os clientes potenciais comparam marcas novas com marcas antigas. Quando a Coca-Cola lança a bebida energética KMX, um cliente potencial pensa: "Por que eu deveria beber KMX, quando Red Bull é a marca que todo o mundo acha ótima?"

Quando você introduz uma marca nova como uma categoria nova, remove o fator comparação. A nova marca agora tem uma chance na mente dos clientes potenciais porque ainda não existe outra marca ocupando a categoria.

Escaninhos da Mente

A mente é como um *rack* de triagem de correspondências em uma agência do correio, que tem uma divisão ou "escaninho" para o nome de cada rota de um carteiro. Toda correspondência é colocada dentro da divisão correspondente ao nome que consta no endereçamento. Se não existe uma divisão para o nome, em uma correspondência nova, ela é colocada em uma pilha chamada desconhecido.

O mesmo acontece com as marcas. A mente tem uma divisão ou escaninho para cada categoria. Se um escaninho é chamado de "carro seguro", esta é a divisão para colocar uma marca chamada Volvo.

Mas existe uma grande diferença entre o correio e a mente. O correio reconhece praticamente tudo. A mente não. Se existe uma marca fortemente estabelecida dentro de um escaninho da mente, sobra pouco espaço para uma segunda marca, a menos que ela se torne o oposto, seguindo a estratégia descrita no Capítulo 12.

Cite uma segunda marca que entre no escaninho chamado "carro seguro". Cite uma segunda marca que entre no escaninho chamado "máquina de dirigir". É difícil.

Portanto, marcas novas querem evitar entrar no escaninho de alguém. Marcas novas querem criar a própria divisão ou categoria.

Colocando uma Marca Dentro de um Escaninho

Existem categorias (os escaninhos da mente) e existem marcas (os nomes que estão dentro dos escaninhos da mente). As duas estão relacionadas quando o nome de marca fica dentro de uma categoria. Mercedes-Benz está dentro de uma categoria chamada carros importados de luxo.

Você precisa de ambas. Você não pode ser apenas uma marca. Não pode ser apenas um Rolex. Precisa ser um Rolex dentro de uma categoria chamada relógio suíço de luxo. Você precisa colocar Swatch dentro de uma categoria, na mente, chamada relógio de moda.

Até agora tudo bem. A maioria dos profissionais de marketing concorda que a marca precisa estar dentro de alguma categoria, embora algumas vezes seja impossível colocar na mente de alguém as categorias que as companhias tentam usar.

O que acontece com freqüência, entretanto, é que as companhias tentam encurtar o processo. Tentam tornar o nome da categoria e o nome da marca virtualmente o mesmo. Queremos ser a primeira marca de comida natural, então vamos chamar nossa marca de Nature's Choice (escolha natural).

Raciocínio pobre.

Dois Nomes, Duas Finalidades Diferentes

Os dois nomes, o da categoria e o da marca, têm finalidades diferentes. O nome da categoria é um termo genérico (geralmente com letras minúsculas) que engloba todas as marcas da categoria. O nome de marca é um nome próprio (geralmente escrito em maiúsculas). Como um único nome pode servir a duas finalidades?

Quando você ouve as palavras *Nature's Choice* (escolha natural), ouve a palavra natural com letra maiúscula ou minúscula? *Natural* é uma palavra genérica geralmente expressa em minúscula.

Considere a marca Seattle's Best Coffee (literalmente, o melhor café de Seattle). Pergunte a uma pessoa qualquer "o que é o Seattle's Best Coffee" e ela invariavelmente responderá "Starbucks". A pessoa ouve as palavras *best coffee* (melhor café) em minúsculas.

Considere a marca Vídeo Warehouse (literalmente videolocadora.) Pergunte a uma pessoa "onde é a Vídeo Warehouse mais próxima" e ela invariavelmente encaminhará você à Blockbuster.

Essas não são diferenças triviais. A mente trata as categorias como palavras genéricas, e as marcas como nomes próprios. Você quer que a marca (em maiúsculas) ocupe a categoria (em minúsculas). Você precisa de ambas e precisa pensar em ambos os nomes, quando desenvolve uma estratégia de marketing.

Oportunidades São Criadas Constantemente

A evolução e a divergência criam oportunidades em praticamente todas as direções em que você olhar. O semicondutor criou oportunidades em hardware e software, que criaram oportunidades na Internet. Por isso é importante pensar primeiro em categoria e depois em marca.

Não, a Internet não foi criada pela America Online, Yahoo! Amazon, Priceline e eBay. Foi a Internet que criou oportunidades para companhias construírem marcas como AOL, Yahoo! Amazon, Priceline e eBay.

Tampouco a criação de uma marca poderosa, mundial e bilionária depende de produtos ou sistemas complicados, de ponta, e sofisticados. Analogias simples funcionam melhor.

- Livros: Barnes& Noble
  Livros na Internet: Amazon.com
- Leilões: Sotheby's
  Leilões na Internet: eBay
- Software de CRM: Siebel
  Software de CRM na Internet: Salesforce.com

A Estratégia do Especialista

Muitas marcas são fruto de invenções com alguma complexidade. Mas as marcas não precisam ser construídas dessa forma. Também não é sempre necessário ser o primeiro.

Algumas vezes, tudo o que você precisa é ser um especialista em uma categoria de generalistas. Nike, Adidas e Reebok são grandes calçados generalistas para esportes, mas algumas marcas menores conquistaram uma fatia do mercado de calçados, especializando-se. A K-Swiss, em calçados para tênis. A Vans, em calcados para skate. A Sidi, em calçados para ciclismo.

As categorias existem na mente, não apenas nos mercados. A K-Swiss vende muitos tênis para pessoas que não jogam tênis. E a Harley Davidson vende muitas jaquetas para pessoas que não andam de motocicleta. A conscientização literal é um dos grandes empecilhos para uma boa estratégia de marketing.

A North Face (Face Norte), agora pertencente à VF, é uma marca bem-sucedida de roupas com vendas anuais em torno de US$ 250 milhões. Mas quantas pessoas praticam alpinismo como hobby? Não muitas. Além disso, quantas pessoas já escalaram a face norte do Monte Everest? Muito poucas, certamente não o suficiente para manter uma marca de roupas.

Existem muito mais surfistas do que alpinistas, mas mesmo assim não em número suficiente para manter uma marca de surfe como Quicksilver, uma companhia de roupas que vendeu US$ 705 milhões em 2003. E existem muito mais pessoas que praticam iatismo do que surfe, mas não o suficiente para manter a Nautica, uma marca de roupas que comprou recentemente a VF Corporation por US$ 586 milhões.

Menos geralmente é mais. A maior rede de academias de ginástica não é uma operação unissex. É a Curves, uma rede apenas para mulheres. (A revista *Entrepreneur* escolheu a Curves como a segunda melhor franquia do mundo, atrás apenas do Subway.)

A Clareza Vence a Inteligência

O pessoal da Dr Peppers/Seven-Up virou uma garrafa de cabeça para baixo e inventou a marca chamada dn L. (Vire esta página de cabeça para baixo para entender a piada.) Então fizeram tudo ao contrário com a marca.

- 7 UP é clara; dn L é verde.
- 7 UP não tem cafeína; dn L é cafeinada.
- 7 UP tem sabor de limão; dn L é uma mistura de sabores de frutas.

O que o pessoal da Dr Peppers/Seven-Up precisa virar de cabeça para baixo não é a garrafa, mas a curva de vendas da 7 UP. A marca vem perdendo fatia de mercado há sete anos seguidos. Eles precisam descobrir como ser o oposto da líder do mercado, a Sprite.

E em que escaninho da mente a dn L pode se encaixar?

E em que escaninho da mente o consumidor de cerveja colocará a nova cerveja Anheuser World Select? Além disso, o que você diz quando quer pedir essa cerveja? "Quero uma Anheuser World Select."

É muito mais fácil dizer "Me dá uma Bud".

Acrescentando Atributos Conforme a Marca Envelhece

Uma vez estabelecidas em uma categoria, as marcas acrescentam atributos à medida que o tempo passa. A BMW se estabeleceu como a primeira "máquina de dirigir". Então, acrescentou o atributo de carro dos *yuppies* (jovens profissionais urbanos).

A Starbucks pode ser percebida como um lugar descolado para executivos, mas o conceito central da marca é café de luxo. Tire a liderança em café de luxo da Starbucks e ela se tornará mais uma marca eu-também.

Um executivo da Kodak certa vez insistiu em que a marca Kodak não representava filmes fotográficos, representava confiança. As pessoas podem confiar na Kodak por produzir filmes fotográficos de qualidade, mas não muito mais do que isso. Tire da Kodak a liderança em filmes e ela se tornará mais uma marca eu-também em fotografia.

Até mesmo as situações mais complexas podem ser resolvidas com princípios simples. No jogo de golfe, mantenha a cabeça para baixo e o braço esquerdo reto.

No jogo dos negócios, pense primeiro em categoria e depois em marca.

Grande & confortável | **Direção**

Masculino | **Feminino**

Pessoas mais velhas | **Pessoas jovens**

Toda marca precisa de um inimigo. A BMW, a Lowe's e a Pepsi-Cola definiram os seus e se tornaram o oposto deles.

Capítulo 15

Definindo um Inimigo

DEFINIR UM INIMIGO é quase tão importante quanto criar uma nova categoria. Nenhuma categoria terá sucesso, se não tiver um inimigo. Nenhuma marca terá sucesso, se não tiver um inimigo.

O mundo está repleto de invenções que nunca vão adiante porque não têm um inimigo. São apenas conceitos interessantes, que nunca encontram um lugar na mente do consumidor.

Solucionar um Problema Não É Suficiente

A maioria das pessoas não pensa em termos de problemas, pensa em termos de categorias. "Preciso de um emprego melhor, uma casa melhor, um carro melhor, um salário maior."

Pergunte às pessoas em geral quais são os problemas que mais as incomodam e elas levarão um bom tempo pensando, antes de responder: "Aaaahh....meu casamento?"

Que problema o automóvel solucionou? As pessoas estavam felizes com seus cavalos. (Mesmo hoje, algumas pessoas gostariam de voltar no tempo, para se livrar do barulho, das despesas, dos engarrafamentos e de todos os outros problemas causados pelo carro.)

A identidade do inimigo está no ponto de divergência. Ao estabelecer uma categoria nova, é útil identificar a categoria inimiga pelo nome, e então tentar forçar a nova categoria a divergir o máximo possível da categoria existente.

O primeiro automóvel foi posicionado como uma "carruagem sem cavalos". Um veículo aberto parecido com uma carruagem e que andava como uma carruagem. Em outras palavras, o inimigo do carro era o cavalo.

A evolução mudou rapidamente a aparência do automóvel, enquanto as carruagens puxadas por cavalos, que você vê no Central Park, em Nova York, não mudaram muito.

Note a ausência de híbridos. Não houve carruagens puxadas por cavalos com um motor auxiliar, para a eventualidade de um cavalo se cansar. Os veículos híbridos de hoje (que, segundo nossa previsão, em última análise se mostrarão produtos de transição) usam baterias, para a eventualidade de o motor a gasolina se cansar.

Estabelecer uma Categoria Nova Não É Suficiente

Você constrói marcas estabelecendo uma categoria nova na mente, e depois assegurando que sua marca seja a primeira a ocupar a nova categoria. Mas isso não é suficiente para garantir sucesso de vendas.

Essa estratégia negligencia um ponto importante. Por que um consumidor quereria colocar uma categoria nova na mente? A verdade é: as pessoas já têm entulho mental suficiente para muitas gerações.

Se pudessem escolher, a maioria das pessoas preferiria eliminar o lixo que já existe em suas mentes. Elas não precisam ou não querem se lembrar de centenas de categorias e de milhares de marcas que já entopem sua mente.

Você precisa se perguntar por que um consumidor perderia tempo para colocar uma nova categoria na mente?

A melhor maneira de colocar uma categoria nova na mente é usar essa categoria para atacar uma categoria antiga. É como roupa e moda. A melhor maneira de colocar uma nova marca de moda em uma mente é tornar ultrapassada a marca de moda antiga.

Uma Categoria Nova Precisa de um Inimigo

É mais fácil ver como essa estratégia funciona, se você estudar o passado. O uísque era a bebida destilada mais vendida nos Estados Unidos. Então surgiu uma categoria nova chamada gin. Como o gin se tornou uma grande categoria? Tratou o uísque como inimigo. O uísque era ultrapassado e o gin era a bebida do momento.

Toda categoria nova entra na mente se posicionando contra uma categoria existente. Tratando uma categoria existente como inimigo.

Considere a categoria dos refrigerantes cola diet. O inimigo do refrigerante cola diet é o refrigerante cola normal, entretanto isso coloca a marca líder (Coca-Cola Diet) em uma posição difícil. A Diet Coke deveria estar atacando a cola normal veiculando anúncios como "150 calorias, para quê?".

Em outras palavras, a Diet Coke deveria colocar a cola normal na mesma categoria que fumar ou dirigir sem cinto de segurança. Elas fazem mal para você.

Isso é difícil de fazer psicologicamente, se a Coca-Cola faz parte do nome de sua marca, outra razão pela qual a Coca-Cola Company deveria ter usado Tab ou algum outro nome para seu produto diet.

Os números ilustram a relativa falta de sucesso da abordagem atual usada por ambas: Coca-Cola e PepsiCo. Embora a obesidade seja o problema de saúde Nº 1 nos Estados Unidos, as colas diet superam as vendas das colas normais em quase dois para um. Isso é uma vergonha.

A Diet Coke tem duas desvantagens contra ela. A metade *Diet* do nome estigmatiza a marca como com "sabor não muito agradável". A metade *Coca* impede a companhia de usar sua ferramenta de marketing mais poderosa: atacar a categoria cola.

No campo da alta tecnologia, um produto ou sistema novo é considerado inútil, se não tiver uma *killer application*, isto é, uma aplicação revolucionária e rentável. Considere a Internet, que era meramente uma curiosidade da alta tecnologia, até que surgiu uma *killer application*. Essa aplicação foi o correio eletrônico.

É fácil definir o inimigo do correio eletrônico. É o correio convencional e o fac-símile. Especialmente o fac-símile.

O fax varreu o telex e o TWX do mapa. E agora o correio eletrônico está varrendo o fax do mapa.

Concorrência em Categorias

A descrição da interminável luta pela vida e da sobrevivência do mais adaptado é uma boa metáfora para o que acontece na guerra do *branding*. Mas, em vez de "cachorro come cachorro", é "cachorro come gato", à medida que cada categoria, cada ramo, luta para dominar as categorias ao seu redor.

Quando a American Home Products (agora Wyeth) introduziu o Advil ibuprofen em 1984, quem era o inimigo? O Tylenol e a aspirina.

Então, as mensagens do Advil mostravam imagens dos três principais analgésicos e legendava cada um com sua data de lançamento. Aspirina: 1899; Tylenol: 1955; Advil: 1984. Então, para reforçar a idéia que o Advil era o mais novo (e presumivelmente o melhor) analgésico, sua propaganda usou o tema "medicamento avançado para a dor".

Quando a McNeil Nutricionals lançou o adoçante sem calorias chamado Splenda, quem era o inimigo?

O inimigo, obviamente, era o NutraSweet, o primeiro adoçante artificial sem sabor final desagradável. Em uma época em que comida "natural" está se tornando cada vez mais importante, o ângulo de ataque óbvio contra o NutraSweet é o ingrediente artificial.

Então o Splenda foi posicionado como "feito de açúcar, por isso tem gosto de açúcar".

A fatia de mercado do Splenda é praticamente igual àquela de seus dois concorrentes – o Equal (aspartame) e o Sweet'N Low (sacarina) – juntos.

Concorrência faz bem para a categoria e faz bem para a marca. Entretanto, as companhias freqüentemente relegam a concorrência, em favor da cooperação. Em uma companhia mutimarcas, tentam criar uma família de amigos, em vez de uma família de inimigos.

Para tanto, usam freqüentemente um nome corporativo ou de megamarca para os amigos na família. Coca-Cola, Gillette, Kraft, Hanes, Kellogg's, General Mills e muitas outras companhias estão casadas com uma estratégia de megamarca.

Péssima estratégia. Deixe suas marcas, ou melhor, as categorias que representam suas marcas, lutarem entre si, assim como com marcas e categorias concorrentes.

Cartões de Crédito Versus Cartões de Débito

As vítimas mais recentes de uma estratégia competitiva falha e nomes falhos são o Visa USA e o MasterCard International. Até agora, isso já custou US$ 3 bilhões às companhias, com possivelmente mais penalidades por vir.

As categorias são cartão de crédito (despesas do mês pagas integralmente ou em parcelas) e cartões de débito (despesas deduzidas diretamente da conta corrente). Seria difícil encontrar duas categorias mais competitivas. Os cartões de crédito são inimigos dos cartões de débito e vice-versa.

Então, o que o Visa e o MasterCard fizeram? Colocaram o mesmo nome nos dois cartões. Visa nos cartões de crédito e Visa nos cartões de débito. E o mesmo para o MasterCard.

Para aumentar o problema, ambas as companhias forçaram os varejistas a "honrar todos os cartões". Nas palavras deles, se uma loja aceita um cartão de crédito Visa, deve aceitar também um cartão de débito Visa.

Usaram para a cobrança do cartão de débito o mesmo sistema baseado em assinatura utilizado para a cobrança dos cartões de crédito, forçando o varejista a pagar de cinco a dez vezes mais em taxas do que se o cliente utilizasse uma das redes alternativas de cartão de débito como a Star, Pulse ou a NYCE, que utilizam um sistema baseado em número de identificação pessoal, ou PIN.

No maior processo antitruste da história, a Visa USA. concordou em pagar US$ 2 bilhões e o MasterCard International US$ 1 bilhão a um grupo de varejistas liderado pelo Wal-Mart. Sua acusação: "honre todos os cartões" era um esquema *tie-in* (vinculação) ilegal.

Por que não lançar uma segunda marca de "débito", para complementar as marcas de "crédito" Visa ou MasterCard? É o problema ovo-e-galinha, explicou um executivo do Visa. O Visa teria de começar uma nova marca do zero, uma ainda não lançada por nenhum banco, ou aceita por nenhum comerciante. "Mas por que razão possível faríamos isso?"

Podemos pensar em três bilhões de razões. Porém, mais importante do que o prejuízo financeiro em curto prazo, do Visa e do MasterCard, são as implicações em longo prazo de sua estratégia "honre todos os cartões". Ao integrar seu sistema de cartão de débito ao de cartão de crédito, o Visa (assim como o MasterCard) está preso a um processo de cobrança de cartão de débito mais lento, caro e menos seguro.

Na verdade, o MasterCard tentou uma estratégia segunda marca, lançando um produto PIN chamado Maestro. Mas o Maestro estava perdendo do cartão de débito Visa por assinatura, então o MasterCard inverteu o curso e lançou cartão de débito próprio, baseado na assinatura.

Pena. Se tivesse acreditado um pouco mais em sua estratégia, hoje o MasterCard estaria US$ 1 bilhão mais rico, e notavelmente à frente de seu concorrente Visa, em liderança de cartões de débito baseados em PIN.

Assim como muitos problemas de marketing, a situação do cartão de débito é complicada. Como você cria um produto que traz benefícios para todos os participantes do jogo – consumidores, varejistas, bancos e rede de cartões propriamente dita? Não é fácil.

É aqui que entra o poder do pensamento conceitual. Você pode não saber como, quando ou onde a divergência vai acontecer, mas pode ter certeza de que vai acontecer. Dois produtos diferentes, cartões de crédito e cartões de débito, acabarão divergindo, e não há nada que uma companhia possa fazer quanto a isso. Tentar mantê-los presos um ao outro sob a mesma marca é inútil.

Corretoras de Valores Versus Bancos de Investimento

A atual convulsão na indústria de mercado de capitais é outro exemplo de divergência em ação. Recentemente, dez firmas de Wall Street pagaram US$ 1,4 bilhão para solucionar um processo movido pelo governo, acusando-as de publicar pesquisas exageradamente otimistas sobre ações, para agradar clientes corporativos e ganhar seus negócios de banco de investimentos.

Isso não era muito segredo para o investidor médio. ("Estou chocado, *chocado* em saber dessa jogatina que anda acontecendo por aqui!")

Sandy Weil, diretor executivo do Citigroup, agora precisa de um advogado presente, se quiser discutir com os analistas de sua firma sobre as companhias subordinadas ao grupo.

O Citigroup e nove outras companhias que participaram do acordo têm à frente duas tarefas conflitantes:

- Maximizar o preço das ações emitidas por seus clientes de banco de investimentos.
- Minimizar o custo das ações compradas por seus clientes do varejo.

Uma empresa, obviamente, não pode fazer as duas coisas. É um conflito de interesses. A lógica sugere que o negócio de banco de investimentos seja desmembrado do negócio de corretora de valores, mas isso nunca acontecerá, enquanto jogadores poderosos se beneficiarem desse conflito de interesses.

É impossível administrar uma megacompanhia voltada para múltiplas direções. Uma pessoa com um relógio sempre sabe que horas são. Uma pessoa com dois relógios nunca sabe com certeza.

A melhor maneira de garantir que sua companhia está voltada para a direção certa é primeiro estabelecer um inimigo. Depois, atacar o inimigo, tendo a garantia de que cada passo que você dá esteja abalando a posição dele.

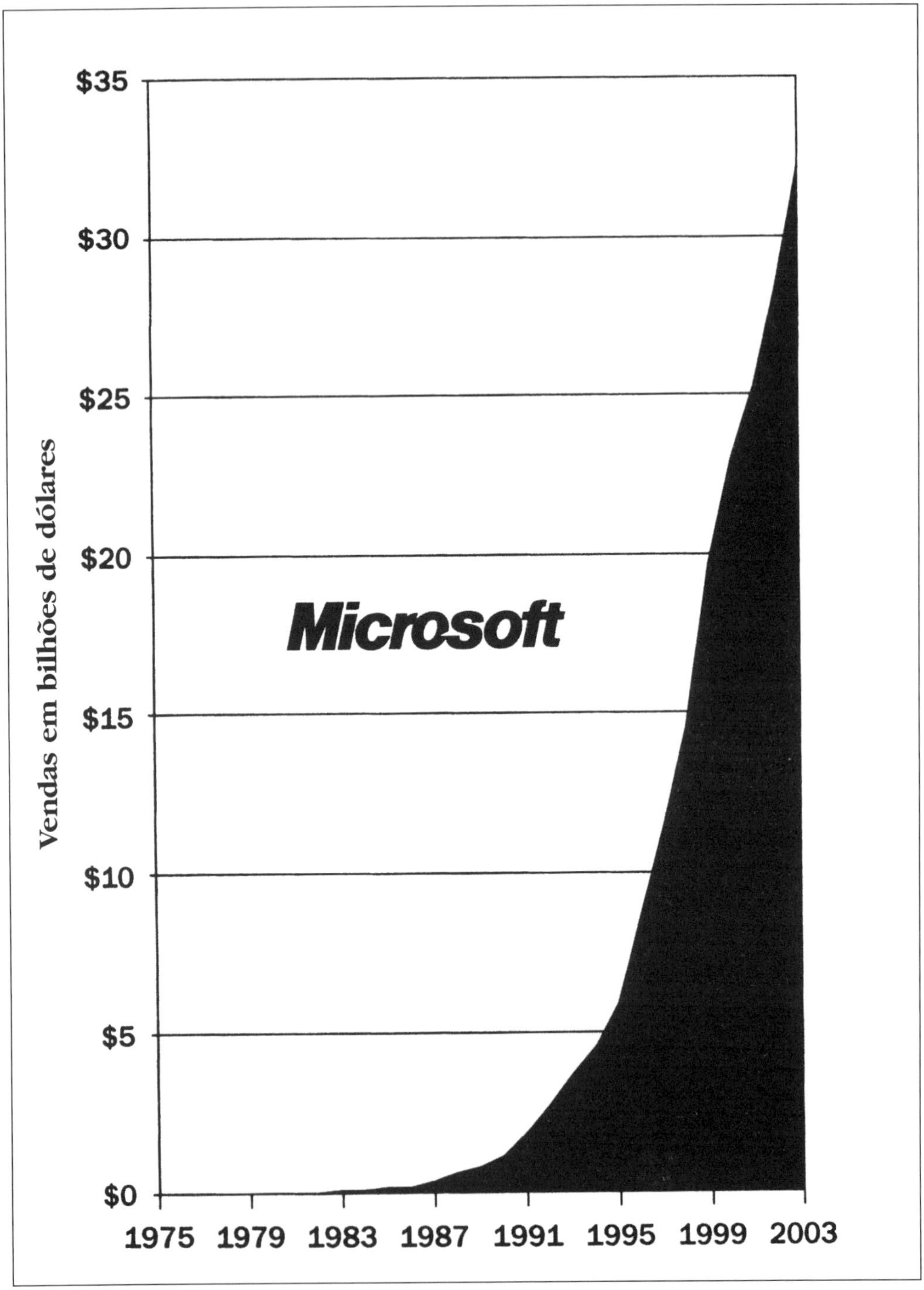

ASSIM COMO A MAIORIA DAS COMPANHIAS BEM-SUCEDIDAS, A MICROSOFT DECOLOU MUITO LENTAMENTE. FORAM DEZ ANOS PARA A COMPANHIA ULTRAPASSAR US$ 100 MILHÕES EM VENDAS.

Capítulo 16

Lançando a Marca

PARVIS E GLANDIBUS QUERCUS. Grandes carvalhos crescem de bolotas pequenas.

As maiores e mais poderosas marcas mundiais começaram a partir de pequenas idéias. Se você tenta superalimentar sua nova marca ou sua nova companhia com recursos maciços, incluindo um orçamento de publicidade maciço, tem poucas chances de sucesso.

O Tempo e a Paciência São Seus Aliados

Você pode matar uma planta, se regar e adubar em excesso. Você pode matar uma marca da mesma forma.

As marcas mais fortes e duradouras são criadas pela divergência de uma categoria existente. Mas esta divergência é um processo lento. A televisão foi inventada em 1927, mas não foi comercializada antes do fim da Segunda Guerra Mundial. Uma companhia criada para lançar uma marca de televisão, na década de 30, teria ido à falência.

Talvez nenhum produto revolucionário tenha crescido tão rápido quanto o computador pessoal. O primeiro computador pessoal foi lançado em 1975, mesmo ano em que Bill Gates largou a Universidade de Harvard para ir para Albuquerque, Novo México, escrever um programa de software básico para o computador Altair.

A Microsoft, a companhia fundada por Gates, é hoje a segunda mais valiosa do mundo, avaliada em US$ 304 bilhões no mercado de ações.

As coisas nem sempre foram um mar de rosas. Em 3 de fevereiro de 1976, Bill Gates escreveu uma carta aberta dirigida aos usuários do Altair reclamando da pirataria no software. Publicada no boletim informativo do Homebrew Computer Club, a carta de Gates dizia: "A quantia que recebemos em royalties das vendas para usuários faz o tempo gasto no Altair BASIC valer menos de US$ 2 a hora".

A maioria das pessoas que se descobrisse trabalhando por menos de dois dólares a hora, teria procurado outra linha de atividade. Não Bill Gates. Sua fé no futuro do software foi recompensada em grande estilo.

A divergência leva tempo. Leva tempo até para uma categoria ser reconhecida como nova. Um dos primeiros problemas de Bill Gates foi a percepção de que o software não valia nada. Portanto, os usuários simplesmente copiavam dos amigos o software necessário para operar seus computadores. (Menos de 10% dos donos do Altair compraram o software da Microsoft.)

Como você lança uma marca, afinal? Existem duas teorias.

Teoria A Versus Teoria B

A teoria A (de "avião") é a decolagem. Sua marca avança lentamente pela pista de centenas de quilômetros e então, após um esforço intenso, sai do chão. Depois que a marca está no ar por algum tempo, começa a acelerar, até atingir velocidade de cruzeiro.

A teoria B (de *big bang*) é o lançamento de um foguete. Sua marca é lançada como um foguete e entra em órbita.

A propaganda favorece o lançamento do foguete, porque campanhas publicitárias são lançadas tradicionalmente com um *big bang*. Essa é a única forma de gerar atenção suficiente para ficar acima no nível de ruído.

A RP não tem escolha. Precisa usar a decolagem do avião. Programas de RP invariavelmente são lançados de forma gradual, em um período extenso de tempo. Essa é a única maneira em que a RP consegue lidar com as necessidades da mídia, que estão focadas em furos de reportagem.

E no Mundo Real?

Uma marca decola como um foguete ou decola como um avião?

Considere uma marca nova, típica da indústria de bebidas. Esta marca levou quatro anos para romper a barreira dos US$ 10 milhões em vendas anuais, e outros cinco anos para chegar aos US$ 100 milhões.

Essa marca é a Red Bull, construída primariamente por RP e que decolou como um avião, não como um foguete.

Considere uma marca de software que levou ainda mais tempo que a Red Bull para sair do chão. Essa marca levou dez anos para chegar a US$ 100 milhões em vendas anuais.

A marca, é claro, é a Microsoft, que decolou como um avião, não como um foguete.

Considere outro exemplo de marca de varejo. Levou 14 anos para romper a barreira dos US$ 100 milhões em vendas anuais. Hoje, vende US$ 198 bilhões anuais e tornou-se a maior varejista do mundo.

A marca, é claro, é a Wal-Mart, que decolou como um avião, não como um foguete.

O momento decisivo para produtos novos chega quando as vendas lentas iniciais aceleram em direção a um mercado de massa. Segundo o relatório de uma pesquisa recente, isso leva em média seis anos, nos Estados Unidos.

A marcas maiores, mais poderosas, são aquelas que decolaram lentamente, como um avião. As marcas que decolam rapidamente, como um foguete, geralmente acabam sendo modismos. Hoje aqui, em lugar nenhum amanhã. Bambolê, Bartles & Jaymes wine cooler, Crystal Pepsi e muitas outras.

A princípio, os consumidores adoraram a Crystal Pepsi. Eles a elegeram como a "Best New Grocery Product" de 1992, segundo a AcuPoll, uma pesquisa independente sobre 16 mil itens novos de mercearia realizada nos Estados Unidos. A Crystal Pepsi também foi aclamada pela revista *Time* como um dos melhores produtos novos de 1992. E o *Washington Post* a incluiu na lista do que era "in" em 1993.

Três meses após seu lançamento nacional, a fatia de mercado da Crystal Pepsi era de 2,4%.

Um ano mais tarde, o produto não estava em lugar nenhum.

E a Natureza?

A natureza oferece muitos exemplos da superioridade do crescimento lento. Cachorros pequenos vivem mais que cachorros grandes. Árvores de madeira rija, de crescimento lento, vivem mais que árvores de madeira macia, de crescimento rápido.

A árvore mais antiga ainda viva não é uma sequóia gigante, é um pinheiro nativo da Califórnia, um Bristlecone Pine, com apenas 16,5 m de altura. Estima-se que tenha 4.767 anos, o que significa que este pinheiro vem crescendo à razão de quatro milímetros ao ano. (As unhas crescem muito mais rápido do que isso, em torno de 1,25 cm por ano.)

O concreto fica mais resistente, se endurecer devagar, em vez de rapidamente. No calor, os pedreiros borrifam água nas calçadas recém-cimentadas, para resfriar o concreto e diminuir o tempo de endurecimento.

O crescimento rápido enfraquece mais do que fortifica. Isso é verdadeiro para uma marca, assim como para uma planta ou um animal.

A pessoa mais alta que já existiu foi Robert Waldlow, que tinha 2,72 metros de altura. Infelizmente não viveu muito. Waldlow morreu as 22 anos.

Especialistas acreditam agora que o autismo em crianças seja causado pelo crescimento rápido do cérebro. Um estudo recente conduzido com 48 crianças autistas em idade pré-escolar constatou que a cabeça dessas crianças era menor do que a média no nascimento, mas cresceu extremamente rápido durante a infância. Em média, passaram do vigésimo quinto percentil para o octagésimo quarto percentil em aproximadamente um ano.

E o que é o câncer? Um crescimento rápido e anômalo de células.

Isso não quer dizer que você não queira que sua marca cresça o mais rápido possível. Assim como na natureza, as chances favorecem as marcas que conseguem esticar seu pescoço acima do de suas vizinhas, e obter mais do que sua parcela de comida. Você quer que sua marca domine a categoria, e para isso precisa impulsionar seu crescimento.

Seja paciente, entretanto. A divergência leva tempo. As pessoas suspeitam do novo e do diferente. Uma reação típica: "Vou esperar para ver se esse novo conceito vai vingar". Você precisa vender a categoria, assim como a marca.

O rádio por satélite decolou lentamente. Depois de mais de dois anos de promoção pesada, o XM Sattelite Radio, líder do mercado, tem apenas 1,4 milhão de assinantes. Isso parece muito, mas é menos do que 1% dos 200 milhões de carros que circulam nos Estados Unidos.

Além disso, para conseguir esse 1,4 milhão de assinantes o XM Sattelite gastou US$ 100 milhões em propaganda no primeiro ano e US$ 60 milhões no segundo.

Eles deveriam ter economizado o dinheiro e esperado pelo momento decisivo. Deixar a marca crescer lentamente, usando principalmente técnicas de RP. Então, quando o momento decisivo chegasse, entrariam com uma campanha publicitária agressiva.

Dois Problemas: Credibilidade e Convenção

O lançamento de uma marca nova, que define uma categoria nova, tem dois problemas.

O primeiro é credibilidade. As pessoas não acreditam em um conceito novo, especialmente quando é apresentado por uma propaganda. Se o Viagra tivesse sido lançado com uma campanha publicitária ("A pílula que pode curar a impotência"), provavelmente não teria chegado a lugar nenhum.

A propaganda é como o spam. (Na verdade, o spam é propaganda, embora nem toda propaganda seja spam.) A propaganda tem pouca credibilidade. Para ser eficaz, precisa da credibilidade que só terceiros podem proporcionar. Sendo esses terceiros amigos, vizinhos, parentes e especialmente a mídia.

É por isso que o programa de marketing mais eficiente para lançar uma nova marca começa com uma campanha de RP, que estimula o boca a boca, que cria credibilidade. Só depois que uma marca conquista certa credibilidade é que uma companhia pode se dar ao luxo de gastar seus recursos em um programa de propaganda.

Depois da credibilidade, o segundo problema é a "convenção". As pessoas querem comprar o que é "convencional". Em outras palavras, querem comprar o que os outros estão comprando. Em geral, não querem ser vistas como fora do convencional.

É claro, se esta conclusão fosse totalmente verdadeira, seria praticamente impossível lançar um novo conceito, seja ele de cerveja light ou de morar junto antes do casamento. Felizmente, um pequeno grupo de consumidores se considera fora do convencional e está não só disposto, como algumas vezes ansioso, por experimentar algo novo.

Portanto, o truque para lançar uma marca nova é criar uma conexão com pessoas fora do convencional, ou as pessoas que os profissionais de marketing chamaram de inovadores ou adotadores precoces. É por isso que o processo é demorado.

É preciso algum tempo para um novo conceito subir a escada da convenção. Do primeiro degrau, ou totalmente fora do convencional, até o último degrau, ou totalmente convencional.

Outros Fatores Complicadores

Todo o mundo é convencional e todo o mundo é fora do convencional. Isto é, as pessoas podem se vestir de modo convencional, mas querem experimentar um novo restaurante que abriu em seu bairro. Ou, de outro lado, existe o *nerd* em computação, que talvez queira comprar a nova bugiganga de alta tecnologia que a indústria oferece, mas vive à base de pizza, hambúrguer e Mountain Dew Code Red.

As gerações mais jovens também têm um papel neste processo. É natural cada geração criar identidade própria rebelando-se contra a geração anterior. Esta rebelião geralmente assume a forma de mudanças na música, nas roupas, no estilo de cabelo, comida, bebida etc.

Muitas marcas foram construídas criando a percepção de que representam a geração mais jovem. Exemplos incluem BMW, Mini Cooper, Pepsi-Cola, Mountain Dew, Red Bull, Tommy Hilfiger, The Gap e Abercrombie & Fitch.

O papel da mutação tampouco pode ser desconsiderado. Pais que esperam que os filhos sejam sua cópia carbono sempre se surpreendem. É a mutação e a seleção natural que garantem que a próxima geração não seja apenas rebelde, mas também diferente.

Lançar uma marca nova envolve solucionar diversos problemas. Como você avança rapidamente em um processo que é inerentemente lento? Como você cria credibilidade para uma nova marca (e uma nova categoria) que não tem credibilidade?

Esses dois problemas são inter-relacionados. A melhor maneira de lidar com ambas as questões é uma estratégia de relações públicas chamada vazamento. Você solta informações sobre a nova marca, antes de ela estar pronta para ser lançada. Quanto mais radical é o conceito, maior é o tempo de gestação.

A construção de uma marca, especialmente da variedade nova categoria, não é fácil. Você pode ter o melhor produto do mundo, pode ter a melhor estratégia de marketing do mundo, os melhores nomes (para a nova categoria e para a nova marca) e pode ter todos os recursos de que precisa.

Mas nunca terá sucesso, a menos que entre na mente de seus clientes potenciais primeiro.

Como Você Entra na Mente?

A resposta convencional da maioria das pessoas de marketing é propaganda. Contratamos uma agência de propaganda, definimos um orçamento de propaganda, preparamos um plano de propaganda (preferivelmente com uma alocação generosa para televisão), filmamos os comerciais e lançamos a campanha.

Então sentamos e esperamos pelos resultados. Na maior parte dos casos, o resultado é um grande desapontamento. Na verdade, a propaganda não é uma boa maneira de lançar uma marca. A propaganda tem seu papel e função, mas é de manutenção da marca, não de construção.

Essa é a era das relações públicas. Hoje você constrói marcas com RP, não com propaganda. Hoje a propaganda deve assumir um papel secundário.

Na verdade, marcas como Starbucks, Wal-Mart, Palm, Viagra e Red Bull foram construídas sem nenhuma propaganda.

A propaganda não dispõe de credibilidade, o ingrediente crítico para a construção de marca. Somente a RP pode proporcionar a credibilidade que permite a sua marca entrar na mente dos consumidores.

Além disso, a abordagem *big-bang*, defendida pelo pessoal de comunicação, também não funciona. Você precisa uma construção lenta por meio da RP. A propaganda deve ser usada apenas para manter marcas depois que já se estabeleceram... por publicidade.

Quando sua marca vira notícia, tem a chance de gerar publicidade. E a forma de virar notícia é simples. Anuncie uma nova categoria e não simplesmente um novo produto. A mídia das notícias quer falar sobre o que é novo, o que é o primeiro e o que é descolado. Ela definitivamente não quer falar sobre o que é melhor. Isso faz parecerem puxa-sacos de uma marca individual.

Além disso, o que os outros dizem sobre sua marca é muito mais poderoso do que aquilo que você mesmo fala. É por isso que a publicidade em geral é mais poderosa do que a propaganda.

E também por que durante as últimas duas décadas as relações públicas eclipsaram a propaganda como a força mais poderosa no *branding*.

Conceitos Revolucionários São Ainda Mais Lentos

Quanto mais revolucionário o conceito, mais lenta será sua decolagem. Neste sentido, o potencial em longo prazo e o crescimento em curto prazo são inversamente proporcionais.

Considere um novo produto, lançado em janeiro de 2001 pela Kimberly-Clark. Segundo o *press-release* da corporação, "é a inovação de categoria mais importante, desde o surgimento do papel higiênico em rolo, em 1890".

A inovação? "Cottonelle Fresh Rollwipes, o primeiro e único papel higiênico em rolo, pré-umedecido."

Em seu *press-release*, a Kimberly-Clark afirmou que as vendas anuais de papel higiênico no mercado norte-americano eram de US$ 4,8 bilhões e sua expectativa era de que as vendas do Fresh Rollwipes no primeiro ano deveriam alcançar no mínimo US$ 150 milhões (modestos 3% do mercado) e US$ 500 milhões anuais no prazo de seis anos.

Então, a Kimberly-Clark lançou confiantemente a marca Fresh Rollwipes com uma campanha publicitária com o slogan "às vezes molhado é melhor" e que mostrava imagens de pessoas saltando na água, vistas por trás.

Mas, em vez dos US$ 150 milhões em vendas, a marca proporcionou apenas um terço deste montante. Hoje, a marca continua lá, mas os executivos da Kimberly-Clark disseram que as vendas estão tão fracas que não são financeiramente materiais.

"Este não é o melhor momento para lançar um produto novo", disse o presidente e diretor de operações Thomas Falk, em uma conferência telefônica com analistas. "Parece-nos, até o momento, que a categoria levará, para se desenvolver, mais tempo do que pensamos inicialmente."

Fresh Rollwipes é um exemplo clássico de uma marca com potencial de longo prazo (um mercado de US$ 4,8 bilhões) e crescimento lento no curto prazo. Algumas vezes você precisa acreditar em seu *press-release*.

Se Fresh Rollwipes "é a inovação mais significativa na categoria, desde o aparecimento do papel higiênico no formato de rolo", então a companhia deveria ter esperado que a marca começasse lentamente. Além disso, quanto mais revolucionário o conceito, menor deveria ser o papel desempenhado pela propaganda.

Você Não Pode Simplesmente Substituir Propaganda por RP

Lançar uma marca com relações públicas e lançar uma marca com propaganda são coisas totalmente diferentes. Quando você lança uma marca com RP, precisa mudar praticamente tudo o que faz.

Desconsiderar o que você aprendeu nos fundamentos da propaganda não é fácil. Propaganda e marketing estão tão interligados na mente dos gerentes, que muitos deles não considerariam a possibilidade de lançar uma nova marca sem propaganda.

E tampouco uma campanha publicitária modesta. A filosofia *big-bang* está tão incutida na mente dos gerentes, que um lançamento é invariavelmente descrito como "a maior campanha publicitária que já promovemos".

Recomendamos fortemente que todas as marcas novas sejam introduzidas apenas com RP, um lançamento que invariavelmente envolve sete passos.

Passo 1: Vazamento

Boletins informativos e sites na Internet são os pontos favoritos.

A mídia adora notícias internas, que descrevem eventos que vão acontecer. Especialmente quando é uma exclusiva. Em outras palavras, um furo de reportagem.

Foi assim o lançamento do Segway. Quase 11 meses antes de sua introdução formal, o produto vazou no Inside.com. Apelidado de Ginger, o novo produto foi descrito como mais significativo que a World Wide Web.

Onze meses mais tarde, o Segway foi lançado formalmente no programa *Good Morning America* da rede ABC, onde Diane Sawyer e Charles Gibson deram um empurrãozinho com seus comentários favoráveis. Naturalmente o Segway foi assunto de todos os telejornais, assim como da maioria dos jornais do país.

Você perde um recurso enorme, se não vaza detalhes de seu novo produto ou serviço para a mídia. Sobre o que as pessoas gostam de falar? Boatos, fofocas, informações sigilosas. O mesmo acontece com a mídia.

A propaganda é o oposto. Uma campanha publicitária é geralmente lançada como um ataque militar. É normalmente mantida como altamente confidencial, até o dia em que o primeiro comercial é veiculado.

Passo 2: Construção Lenta

Um programa de RP se desenvolve lentamente como uma flor desabrochando. Uma companhia precisa alocar tempo suficiente para que um programa de RP ganhe impulso. É por isso que um lançamento de RP começa meses antes que os detalhes de um novo produto ou serviço estejam solidamente definidos.

O pensamento *big-bang* fica descartado. A menos que sua invenção seja de estremecer a Terra, você deve começar lentamente e esperar que a cobertura da mídia aumente gradualmente. (Se você tem uma invenção de estremecer a Terra, provavelmente não precisa de RP nenhuma. A notícia se espalhará independentemente do que você fizer.)

Felizmente, essa construção lenta é consistente com a forma como a maioria dos consumidores fica sabendo sobre produtos ou serviços novos. Um artigo aqui, a menção de um amigo ali, e logo você fica convencido de que já conhece o produto há tempos.

A propaganda é o oposto. Uma campanha publicitária freqüentemente começa com um comercial no Super Bowl.

Como os consumidores tendem a ignorar mensagens de propaganda, uma campanha publicitária nova precisa ser grande e audaciosa o suficiente para ficar acima do "nível de ruído". A coisa mais fácil de ser escondida nos Estados Unidos é um milhão de dólares em campanha publicitária. Se você dividir o milhão em pequenas quantias e gastar o dinheiro em diversas mídias, sua mensagem vai desaparecer em um buraco negro da propaganda.

Passo 3: Recrutando Aliados

Por que fazer sozinho, se você pode ter a ajuda de outros para comunicar sua mensagem?

A construção lenta de um programa de RP proporciona tempo suficiente para recrutar aliados para sua causa. Além disso, a publicidade geralmente atrai voluntários.

Quem são os aliados naturais? "O inimigo de meu inimigo é meu amigo." Quando escrevemos o livro *A Queda da Propaganda*, nos perguntamos quem poderia ser o inimigo de um livro como este.

O inimigo óbvio é o conglomerado da propaganda, os que controlam o grosso dos gastos com propaganda nos Estados Unidos. Quem é o provável inimigo dos conglomerados de propaganda? São as firmas independentes de RP que vêm perdendo negócios para as subsidiárias de RP desses conglomerados.

Assim, enviamos antecipadamente cópias de nosso livro para as 124 maiores firmas independentes de RP do país, seguidos de histórias da mídia sobre o livro.

Essa mala-direta gerou muitas respostas do tipo "compraremos cópias para enviar a nossos clientes e clientes potenciais, convidaremos você para palestras em reuniões da indústria, escreveremos cartas para editores de publicações de negócios etc.".

A propaganda é o oposto. Uma campanha publicitária tem dificuldade em recrutar aliados. Existem dois problemas: tempo e dinheiro.

Com um lançamento *big-bang*, geralmente não há tempo suficiente para arregimentar partidários. Além disso, alianças de propaganda geralmente discordam sobre quem paga pelo quê.

Passo 4: Crescimento de Baixo para Cima

Você precisa engatinhar antes de andar, e precisa andar antes de correr. A mídia funciona da mesma maneira. Você precisa começar pequeno, talvez com uma menção em um boletim informativo, depois passar para as publicações da indústria. De publicações da área, você pode subir um degrau passando para publicações gerais de negócios. Por fim, você poderá assistir ao seu novo produto ou serviço no noticiário *Nightly News*, da NBC.

Cada degrau da escada acrescenta credibilidade a sua marca. Se você for diretamente à NBC, poderá ser instantaneamente recusado. Entretanto, se eles virem seu novo produto ou serviço mencionado na revista *Time* primeiro, talvez chamem você.

A propaganda é o oposto. Uma campanha publicitária é mais como começar com uma rede de televisão. Novamente, a idéia é lançar a campanha com um *big bang* e dar continuidade com pequenos anúncios de "lembrete".

Passo 5: Modificação do Produto

O *feedback* é um elemento importante em um lançamento de RP. Lançar um programa de relações públicas, antes da verdadeira introdução do produto, proporciona tempo suficiente para modificar o produto antes que seja comercializado.

A propaganda é o oposto. Uma vez lançada a campanha publicitária, a companhia fica comprometida. Há pouco *feedback* e nenhum tempo para modificar o produto ou serviço, antes de sua introdução para os consumidores.

A Apple lançou o Newton MessagePad, o primeiro computador de mão, com uma grande coletiva com a imprensa no Consumer Electronics Show, a feira de eletrônicos, em Chicago.

A Apple seguiu o caminho de uma tradicional campanha publicitária, incluindo comerciais na televisão que proclamavam a impressionante afirmação: "O Newton é digital. O Newton é pessoal. O Newton é mágico. O Newton é simples como uma folha de papel. O Newton é inteligente. O Newton conhece você, entende você. O Newton é notícia".

Devido a seu software de reconhecimento de escrita ineficiente, o produto recebeu críticas duras e sarcásticas. Especialmente devastadora foi a tirinha *Doonesbury* de Garry Trudeau, publicada durante uma semana inteira, zombando do Newton. "Estou escrevendo uma sentença de teste" saiu como "Ceilão combatendo sentinela atômico".

Um consumidor testou o Newton escrevendo "Meu nome é Curtis." A revista *Business Week* reportou o evento com a manchete "Meus 15 Críticos Noruegueses", que é como o Newton interpretou a mensagem desse consumidor potencial.

Muito sensacionalismo é autodestruição. Você está pedindo à mídia para tornar seu produto mais humilde. O melhor é lançar uma marca de forma modesta, pedindo a amigos e aliados para dar suas sugestões, e então modificar o produto para atender às necessidades do mercado.

A Palm Computing simplificou a idéia do Newton. Descartou a função de telecomunicações e o elaborado software de reconhecimento de escrita, em favor de um sistema estilizado *all-cap* chamado Graffiti. O PalmPilot tornou-se um enorme sucesso.

Ao lidar com a mídia, a humildade sempre vence o sensacionalismo. Se você pede um conselho, recebe milhares de idéias que pode aproveitar.

Passo 6: Modificação da Mensagem

Quando você lança um produto novo, geralmente descobre que ele tem diversos atributos que podem ser associados à marca.

Em que atributo você deve focar?

Esse é o tipo de pergunta que pode gerar horas intermináveis de discussão na sala da diretoria. Freqüentemente, evita-se discutir a questão e a marca é lançada com um caldeirão de atributos (o que aconteceu com o Newton). Ou toma-se uma decisão que acaba se mostrando errada. Existe uma certa falta de objetividade no último andar.

A mídia pode ajudar. Que atributo um jornalista ou um editor acha mais importante? Afinal, a mídia enxerga um produto novo do ponto de vista do consumidor.

Suas opiniões não são apenas úteis, como também podem se mostrar extremamente convincentes para clientes potenciais. Elas têm poder sobre a opinião do consumidor. Você se opõe a elas assumindo risco próprio.

A Volvo levou anos anunciando durabilidade. Entretanto, a mídia se apaixonou pelos aspectos de segurança dos carros Volvo. Publicaram histórias sobre as invenções da Volvo como o cinto de segurança de três pontos, a coluna de direção retrátil, as zonas de absorção de impacto dianteira e traseira etc.

A Volvo finalmente jogou sua toalha de durabilidade e mudou sua propaganda para segurança. As vendas da Volvo decolaram.

Esqueça grupos de foco. Por que pagar aos consumidores por conselhos, quando a mídia pode lhe dar isso de graça? Além disso, a mídia vai respaldar os conselhos que lhe dá com histórias que plantarão sua idéia na mente do cliente potencial.

Você deve, em alguma situação, se contrapor aos conselhos da mídia? Certamente, mas quando o fizer, é melhor ter uma boa razão para isso.

A propaganda é o oposto. Uma vez lançada, uma campanha publicitária está gravada em pedra. É difícil, caro e embaraçoso tentar mudar estratégias e mensagens no meio de uma campanha.

Passo 7: Lançamento Suave

Quanto tempo deve durar a fase de RP de um produto? Isso depende de vários fatores. É por esse motivo que recomendamos um lançamento "suave".

O novo produto ou serviço deve ser lançado somente após o programa de PR estar em curso. O produto será introduzido quando estiver pronto. Em outras palavras, quando a cobertura da mídia estiver em curso. Nem muito cedo nem muito tarde.

O lançamento suave prejudica o planejamento orçamentário e corporativo. Pode inclusive causar problemas com a produção e a distribuição.

Que seja. No marketing, assim como na vida, o *timing* é tudo. O produto certo no momento certo, com suporte certo de RP, é uma combinação imbatível.

A propaganda é o oposto. Uma campanha publicitária geralmente está diretamente amarrada à disponibilidade do produto. O primeiro anúncio é veiculado na primeira data em que o produto está disponível para venda.

A maioria das campanhas publicitárias para marcas novas é planejada em torno de um dia D, o dia em que o produto chega à praia respaldado pelo poder da aviação da propaganda e da barcaça de desembarque promocional.

Uma metáfora militar propicia um discurso empolgante em uma reunião de vendas, mas não dispõe da flexibilidade para lidar com o mundo real. Ninguém pode prever o curso de um programa de RP. Quanto tempo levará, que idéias ou conceitos novos surgirão.

Escrevendo no *New York Times*, Michael R. Gordon disse: "A suposição comum é de que as guerras começam com um *bang*. Na verdade, elas freqüentemente começam com ataques aéreos limitados, movimentações cuidadosas na fronteira, operações psicológicas para enfraquecer a resistência do inimigo".

Guerras de marketing devem começar da mesma maneira.

UMA COMPANHIA PODE PASSAR ANOS MONTADA EM UM ÚNICO CAVALO, MAS AÍ A CATEGORIA DIVERGE E INSTAURA-SE O CAOS.

Capítulo 17

Concluindo

O EVENTO CRÍTICO NA HISTÓRIA DE UMA COMPANHIA ocorre quando a categoria à qual ela pertence diverge.

A divergência cria oportunidades e também problemas. Companhias que tentam participar de duas categorias, com a mesma marca, estão em uma posição extremamente perigosa.

São como um artista de circo que cavalga no picadeiro, de pé sobre dois cavalos ao mesmo tempo. Bela apresentação para um cavaleiro, mas o que aconteceria se cada cavalo fosse em uma direção diferente? Cavaleiro e montaria se separariam rapidamente.

No picadeiro isso não acontece porque o cavaleiro mantém os cavalos sob controle. No mercado é outra história. Uma companhia no *mushy middle* enfrenta a separação pela evolução das categorias.

Aconteceu com a Western Union. Aconteceu com a Wang. Aconteceu com a Polaroid. Aconteceu com a Xerox. E está acontecendo com a Kodak.

Este é um fenômeno com o qual o marketing tradicional não está treinado para lidar.

As Cinco Funções do Marketing

Um livro clássico de marketing enumera as cinco funções do marketing na seguinte ordem:

1. Definir o mercado.
2. Selecionar os segmentos de mercado.
3. Criar o apelo.
4. Gerar suporte de outras funções.
5. Monitorar o desempenho.

Considere a primeira função: definir o mercado. Vejamos, existem muitos mercados, assim, qual deles devemos escolher? Automóveis, baterias, cerveja, refrigerantes cola, celulares, detergentes etc. Obviamente a Anheuser-Busch não vai entrar na indústria de automóveis, nem a General Motors na indústria de cervejas.

Para uma companhia existente, definir um mercado é ao menos perguntar-se: qual é nosso negócio? O negócio da Anheuser-Busch é cervejas. O negócio da General Motors é automóveis.

A segunda função é selecionar segmentos de mercado. Aqui, novamente, companhias bem-sucedidas já definiram suas marcas em termos de segmento de mercado. A Busch é a cerveja barata da Anheuser-Busch. A Budweiser é a cerveja de preço moderado. A Michelob é a cerveja cara. O mesmo tipo de segmentação já ocorreu na General Motors, do Saturn, no segmento popular, ao Cadillac, no segmento de luxo.

As outras três funções (apelo, suporte e monitoramento) são na realidade apenas maneiras de fazer a "sintonia fina" de um programa de marketing.

Marketing Tradicional Não É Suficiente

Embora as cinco funções do marketing possam estabelecer uma forma capaz de manter uma marca, claramente não são uma fórmula para construir uma marca.

A Red Bull não se tornou uma grande marca correndo atrás do mercado de bebidas energéticas. O mercado de bebidas energéticas não existia. A Red Bull tornou-se uma grande marca criando um novo mercado e dando-lhe o nome de "bebidas energéticas".

A Duracell não se tornou uma grande marca correndo atrás do mercado de pilhas alcalinas. O mercado de pilhas alcalinas não existia. A Duracell tornou-se uma grande marca criando um novo mercado e dando-lhe o nome de "pilhas alcalinas".

E como esses novos mercados foram criados? Pela divergência de mercados existentes. Barras energéticas/bebidas energéticas. Pilhas de zinco-carbono/pilhas alcalinas.

A maioria das histórias de sucesso sobre construção de marcas deixa de fora o ingrediente essencial, a criação de uma categoria nova ou de um mercado novo. As histórias focam em todas as coisas excitantes que uma companhia está fazendo para criar interesse na marca.

Veja a Nike, por exemplo. Por que a Nike tem tido sucesso? Se você acredita no que lê nos jornais, a Nike obteve sucesso porque contratou Michael Jordan para endossar a marca e porque gastou milhões de dólares em uma campanha publicitária que chamou de "Just do it".

Bem, a Raytheon também contratou Michael Jordan. Também gastou muito dinheiro anunciando uma linha de baterias recarregáveis. E onde está a Raytheon hoje? Precisando urgentemente ser recarregada.

Todos os que escrevem livros sobre sucessos de marketing como a Nike, sempre deixam de fora o primeiro capítulo. Como a marca foi criada, antes de tudo. Se você examina a fundo qual era a situação antes do lançamento da marca, sempre encontra a mesma resposta. A marca nova deve seu sucesso à habilidade da companhia em criar uma categoria nova.

Antes da chegada da Nike, os adolescentes usavam tênis, de preferência Keds. O que a Nike fez foi criar uma categoria nova, os "calçados esportivos", e então partir para dominar essa nova categoria emergente.

Alcançar a Concorrência Não É Suficiente

Como a Uniroyal, dona da marca Keds, reagiu à chegada da Nike? Lançando o Super Keds.

Como a Eveready, a pilha líder de zinco-carbono, reagiu à chegada da Duracell? Lançando pilhas alcalinas Eveready.

Como a Smirnoff, a marca líder de vodca, reagiu ao sucesso da Absolut, uma marca de vodca super-premium? Lançando a Smirnoff Black.

Como a Tanqueray, a marca líder em gin, reagiu ao sucesso de marcas de vodca como Absolut e Stolichnaya? Lançando a vodca Tanqueray.

Como a Gatorade, a marca líder em bebida esportiva, reagiu ao sucesso de marcas de barra energética como PowerBar e Balance? Lançando as barras energéticas Gatorade.

Como você provavelmente sabe, marcas de extensão de linha como barras energéticas Gatorade, vodca Tanqueray, Smirnoff Black, pilhas alcalinas Eveready e Super Keds não deram em nada. O que leva companhias a cometer esses erros clássicos de marketing?

É uma crença compartilhada por muitos gerentes a idéia de que o marketing é uma guerra de marcas. Minha marca versus outra marca.

É por isso que um típico dono de marca investe somas consideráveis em propaganda, displays, promoções e merchandising para derrubar a concorrência. Que vença a melhor marca.

Manter os Clientes Felizes Não É Suficiente

E há também a ênfase atual em manter os clientes felizes. Bilhões de dólares foram gastos em gestão de relacionamento com o cliente ou software de CRM. (A Siebel Systems, líder de mercado em CRM, sozinha, atingiu um recorde de US$ 5,5 bilhões em receita nos últimos três anos.)

Também não faltou aconselhamento profissional sobre o assunto para os gerentes de marketing. A Amazon.com tem listados 2.634 livros sobre satisfação do cliente com títulos como *Delivering Knock Your Socks Off Service,* de Ron Zemke e Kristin Anderson, e *Customer Satisfaction Is Worthless, Customer Loyalty is Priceless: How to Make Customers Love You, Keep Them Coming Back and Tell Everyone They Know*, de Jeffrey Gitomer.

"Seja obcecado por fazer os clientes felizes", aconselha Tom Peters, que fala pouco sobre conquistar os clientes, antes de mais nada.

Além disso, milhares de companhias e marcas estão na UTI. O que você faria se fosse dono da marca Kmart, da marca Polaroid, da marca Royal Crown, da marca Schlitz? Ficaria obcecado em manter o cliente feliz? Acreditamos que não. Existem casos perdidos nas marcas também.

Não há nada de errado em aumentar a satisfação do cliente. Mas isso é apenas metade da história. Toda marca deveria evoluir com a mudança constante e a melhoria constante.

Até a Evolução Não É Suficiente

A evolução, o primeiro dos conceitos revolucionários de Darwin, recebe toda a atenção, enquanto a divergência, seu segundo conceito, é negligenciada. Uma marca não pode evoluir, antes de ser criada.

Divergência primeiro e evolução depois é a ordem das coisas na natureza. O mesmo acontece no *branding*. As companhias precisam, antes de tudo, prestar mais atenção em como criam suas marcas. Se você faz o trabalho de criar marcas direito, pode construir uma posição de marca insuperável.

Alguma marca competitiva dominará marcas como Dell ou Red Bull ou Starbucks ou *The Wall Street Journal*, no futuro próximo? A divergência criou essas marcas. A evolução as manterá no topo.

Marcas vivem e marcas morrem. As marcas não morrem porque não mantiveram seus clientes felizes. Morrem porque suas categorias morreram. Wang (processadores de texto) e Polaroid (fotografia instantânea) são dois exemplos.

Em longo prazo, toda companhia morrerá, a menos que substitua suas marcas obsoletas e moribundas por marcas novas, criadas em torno de categorias novas. Além de investir em software de gestão de relacionamento com o consumidor, as companhias deveriam investir também em um sistema de gestão de substituição de categoria.

Divergência É a Chave

A maior fonte de oportunidades para marcas novas é a divergência. Mas, ao contrário da natureza, as categorias não divergem em resposta a condições ambientais. (Pense em consumidores.) As categorias divergem em resposta a companhias que lançam marcas novas que divergem em conceito.

O *timing* é crítico. Talvez você não queira lançar uma categoria nova (via uma marca nova) porque isso pode tornar sua categoria atual obsoleta. Mas se você esperar, e deixar que um concorrente lance a categoria nova primeiro, sairá perdendo em longo prazo. A sobrevivência é dos primeiros.

Até mesmo um produto sensacional como o Apple Macintosh permaneceu como uma máquina de nicho porque não foi o primeiro.

Ao contrário da natureza, no marketing uma companhia tem uma segunda chance.

Se você não for o primeiro, tem a possibilidade de construir uma marca Nº 2, sendo o oposto do líder.

A Dell chegou atrasada ao jogo de computadores pessoais. As outras marcas eram vendidas por canais de distribuição, principalmente lojas de varejo. Então, a Dell fez o oposto. Vendeu diretamente, primeiro por telefone e agora pela Internet. Sobrevivência do segundo.

Consumidores Compram Categorias, Não Marcas

A despeito de toda essa conversa de marcas e *branding*, a verdade é que os consumidores compram categorias, não marcas. O nome da marca é um símbolo dos atributos representados pela categoria.

As pessoas que querem comprar um carro de "prestígio", geralmente compram um Mercedes-Benz. É mais fácil, rápido e psicologicamente mais satisfatório dizer "Eu tenho uma Mercedes" do que dizer "Eu tenho um carro de prestígio".

No dia em que o Mercedes-Benz perder sua conotação de carro de prestígio, será o dia em que a marca Mercedes-Benz perderá muito de seu valor.

A prova máxima de que os consumidores usam nomes de marca como substitutos de nomes de categoria é a crescente tendência de nomes de marca se tornarem genéricos: Kleenex, Xerox, Durex, Coca, Jell-O, Rollerblade, Palm*.

Muitos especialistas em marketing alertam sobre a necessidade de proteger nomes de marca com o símbolo © e outras técnicas, para evitar que se tornem genéricos. Os perigos são sempre enfatizados.

Quantas Marcas Registradas "Genéricas" Foram Perdidas?

Muito, muito poucas.

Aspirina, uma marca registrada que pertenceu à Bayer, é freqüentemente citada como uma marca que caiu na armadilha da marca registrada genérica. Não é bem assim. Depois que a Alemanha perdeu a Primeira Guerra Mundial, a Bayer foi forçada a renunciar à propriedade da marca registrada Aspirina como parte do Tratado de Versalhes, em 1919. (Os aliados deveriam ter pedido a Daimler-Benz.)

Ter um nome de marca, que também é usado de forma genérica, representa uma enorme vantagem de marketing. Uma marca genérica como Kleenex é excepcionalmente forte e dificilmente perderá sua liderança, contanto que exista mercado para lenços de papel.

O que *tornar-se genérico* realmente significa na mente do consumidor?

Se você olhar no dicionário, verá que muitas palavras têm diversos significados. *Coca*, por exemplo, pode significar cocaína e Coca-Cola, entre outras coisas.

---

* No Brasil, marcas mais representativas, além de Xerox, Coca e Palm, seriam Gillette e Chiclette. (N. da T.).

Quando um nome de marca se torna genérico, acontece o mesmo. Os consumidores atribuirão dois significados à mesma palavra em suas mentes.

Em outros termos, os consumidores usarão *Kleenex* para se referir à categoria, assim como para se referir à marca. A mesma palavra significa duas coisas diferentes em sua mente.

É por isso que muitas marcas que se tornam genéricas, normalmente não perdem seu poder de *branding*. Kleenex domina a categoria de lenços de papel. Durex Scotch domina a categoria de fita adesiva de celofane e Jell-O domina a categoria de gelatinas para sobremesa.

Uma Estratégia para Marcas Líderes

Se você foi abençoado com uma marca líder poderosa (Visa, Budweiser, Coca-Cola etc.) em uma categoria que mostra pouca ou nenhuma evolução, sua vida é doce.

Os ricos ficam mais ricos e os pobres ficam mais pobres. Você não só tem pouca probabilidade de perder sua liderança, como também grandes chances de aumentar sua liderança sobre a marca Nº 2.

Muitas companhias não são tão abençoadas. São como os arbustos na floresta. Seus concorrentes maiores, mais fortes e mais altos, bloqueiam a luz do Sol e dificultam seu crescimento.

Uma Estratégia para os Lanternas

Em vez de buscar uma estratégia de *branding* com poucas chances de sucesso, essas companhias devem esquecer as marcas e pensar em categorias.

"Como podemos inventar uma categoria nova e depois dar a essa categoria um nome de marca?" Esta estratégia permitirá que sua companhia saia da sombra da marca líder para um espaço aberto. Esta talvez seja a única chance que uma companhia menor tenha de tirar a sorte grande.

As escovas de dentes elétricas estão no mercado há décadas, mas a maioria das marcas custa US$ 50 ou mais. Então, John Osher, juntamente com outros três empreendedores de Cleveland, desenvolveram uma escova elétrica a pilha, que poderia ser vendida a US$ 5. Chamado de SpinBrush, o produto foi lançado em 1998.

Dois anos mais tarde, a SpinBrush foi vendida para a Procter & Gamble por US$ 475 milhões, um retorno substancial para um investimento de US$ 1,5 milhão.

Toda Categoria, sem Exceção, Divergirá

Nenhuma marca pode abranger todas as categorias divergentes. Especialmente em face da concorrência especializada.

Observe a derrota da IBM na batalha contra a Dell e a Compaq, em computadores pessoais. Contra a Microsoft, em sistemas operacionais para computadores pessoais. Contra a Intel, em microprocessadores. Contra a Toshiba, em *laptops*.

Na natureza, as categorias raramente, senão nunca, convergem. No mercado, as categorias convergirão em algumas ocasiões, mas apenas em áreas onde a conveniência é um fator importante. Xampu/condicionador. Loja de conveniência/posto de gasolina. Câmera/celular.

A convergência pode algumas vezes significar conveniência, mas sempre significa compromisso. É por isso que a convergência permanecerá como um jogador secundário no jogo do *branding*.

Uma das coisas mais difíceis de entender é a dinâmica do mercado. Por que algumas companhias vencem e outras perdem? Por que alguns consumidores preferem uma marca e alguns preferem outra? Por que uma marca que é quente hoje, pode esfriar amanhã?

Charles Darwin proporciona os conceitos teóricos para esse entendimento. As leis da natureza se aplicam igualmente às marcas e categorias.

Marcas Evoluem e Categorias Divergem

Se trabalhadas apropriadamente, as marcas podem evoluir ao longo do tempo, para se tornarem mais fortes e dominantes. Mas há sempre o perigo da divergência.

Uma marca que tenta cobrir todos os aspectos de uma categoria divergente, tem grande probabilidade de perder sua posição de domínio. Uma estratégia melhor é podar constantemente a marca, para que continue a representar uma idéia única na mente do consumidor.

Em longo prazo, entretanto, a manutenção de uma marca é um jogo de perdedor. A menos que tenha coragem de introduzir novas marcas, para tirar proveito de novas categorias criadas pela divergência, uma companhia não tem futuro.

A evolução é uma força poderosa, mas a evolução sozinha não pode responder por centenas de milhares de marcas encontradas nos supermercados, drogarias, lojas de roupas, lojas de sapatos, lojas de desconto e lojas de conveniência.

Marcas de alta tecnologia, marcas de baixa tecnologia. Marcas caras, marcas baratas. Marcas modernas, marcas tradicionais. Marcas para adultos, marcas para crianças. Marcas urbanas, marcas rurais. Marcas globais, marcas locais. Marcas femininas, marcas masculinas. Marcas comerciais, marcas profissionais.

A divergência criou uma variedade incrível de marcas. Do tronco de uma única árvore, vários galhos se formarão. De cada galho, vários ramos se formarão em um processo infindável. O que vemos hoje é uma pequena amostra dos muitos produtos novos maravilhosos e marcas que certamente surgirão no futuro.

Existe grandiosidade nesta visão das marcas, com suas várias capacidades, tendo sido inspiradas originalmente em poucas formas, ou em uma única. Enquanto este planeta gira obedecendo à imutável lei da gravidade, as marcas mais belas e admiráveis originárias de um início tão simples evoluíram, e continuam evoluindo.

E unum pluribus. (De muitos, um.)

Índice Remissivo

GRÁFICA PAYM
Tel. (011) 4392-3344
paym@terra.com.br

CADASTRO DO LEITOR

- Vamos informar-lhe sobre nossos lançamentos e atividades
- Favor preencher todos os campos

Nome Completo (não abreviar):

Endereço para Correspondência:

Bairro: Cidade: UF: Cep: –

Telefone: Celular: E-mail: Sexo: F M

Escolaridade:
☐ Ensino Fundamental ☐ Ensino Médio ☐ Superior ☐ Pós-Graduação
☐ MBA ☐ Mestrado ☐ Doutorado ☐ Outros (especificar): ____

Obra: **A Origem das Marcas – Al Ries e Laura Ries**

Classificação: **1. Marketing 2. Marcas 3. Negócios**

Outras áreas de interesse: ____

Quantos livros compra por mês?: ____ por ano? ____

Profissão: ____

Cargo: ____

Enviar para os faxes: **(11) 3079-8067/(11) 3079-3147**

ou e-mail: **vendas@mbooks.com.br**

Como teve conhecimento do livro?

☐ Jornal / Revista. Qual? ____
☐ Indicação. Quem? ____
☐ Internet (especificar *site*): ____
☐ Mala-Direta: ____
☐ Visitando livraria. Qual? ____
☐ Outros (especificar): ____

M. Books do Brasil Editora Ltda.

Av. Brigadeiro Faria Lima, 1993 - 5º andar - Cj 51
01452-001 - São Paulo - SP Telefones: (11) 3168-8242/(11) 3168-9420
Fax: (11) 3079-3147 - e-mail: vendas@mbooks.com.br

DOBRE AQUI E COLE

Carta Resposta
7212018100-DR/SPM
M.Books
CORREIOS

CARTA – RESPOSTA

NÃO É NECESSÁRIO SELAR

O selo será pago por

M. BOOKS DO BRASIL EDITORA LTDA

AC Itaim Bibi
04533-970 - São Paulo - SP

DOBRE AQUI

[ ][ ][ ]-[ ][ ][ ][ ]

End.: ....

Rem.: ....